Das Jugendstrafrecht an der Wende zum 21. Jahrhundert

Das Jugendstrafrecht an der Wende zum 21. Jahrhundert

Symposium zum 80. Geburtstag von Dr. Rudolf Brunner am 17. Juni 2000 in Heidelberg

Herausgegeben von

Dieter Dölling

W DE G

2001

Walter de Gruyter · Berlin · New York

∞ Gedruckt auf säurefreiem Papier,
das die US-ANSI-Norm über Haltbarkeit erfüllt.

Die Deutsche Bibliothek – CIP-Kurztitelaufnahme

Das Jugendstrafrecht an der Wende zum 21. Jahrhundert / Symposium zum 80. Geburtstag von Dr. Rudolf Brunner am 17. Juni 2000 in Heidelberg. Hrsg. von Dieter Dölling. – Berlin ; New York : de Gruyter, 2001
ISBN 3-11-016202-4

Printed in Germany

Satz: WERKSATZ Schmidt & Schulz, D-06773 Gräfenhainichen
Druck und Bindung: Hubert & Co., Göttingen
Umschlagentwurf: Thomas Beaufort, Hamburg

Inhalt

Rudolf Brunner zum 80. Geburtstag

Am 28. Mai 2000 wurde Dr. Rudolf Brunner 80 Jahre alt. Zu seinen Ehren fand am 17. Juni 2000 im Internationalen Wissenschaftsforum Heidelberg ein Symposium über das Thema „Das Jugendstrafrecht an der Wende zum 21. Jahrhundert" statt. Der vorliegende Band enthält die auf dem Symposium gehaltenen Vorträge. Das Symposium wurde von der Deutschen Forschungsgemeinschaft gefördert. Hierfür bedanke ich mich herzlich.

Das Lebenswerk von Rudolf Brunner ist durch hervorragende Leistungen in der juristischen Praxis und in der Wissenschaft gekennzeichnet. Er legte 1947 die Erste und 1950 die Zweite juristische Staatsprüfung ab. 1948 wurde er an der Universität Erlangen zum Dr. iur. promoviert. Thema der Dissertation war „Das älteste Fürther Gerichtsbuch als Quelle für Rechtsgang und Rechtsprechung an diesem Gericht in den Jahren 1439–1447". 1950 wurde Rudolf Brunner zum Gerichtsassessor ernannt, 1952 zum Staatsanwalt und 1954 zum Landgerichtsrat. Die weiteren Stationen seiner Laufbahn in der bayerischen Justiz waren: 1963 Erster Staatsanwalt, 1965 Landgerichtsdirektor und 1975 Vizepräsident des Landgerichts Nürnberg-Fürth. 1978 wurde er zum Leitenden Oberstaatsanwalt der Staatsanwaltschaft beim Landgericht Nürnberg-Fürth ernannt.

Im Vordergrund des wissenschaftlichen Werkes von Rudolf Brunner steht die Bearbeitung des Kommentars zum Jugendgerichtsgesetz. Dieser Kommentar wurde 1959 von Dr. Gerhard Grethlein begründet. Die erste Auflage hatte 295 Seiten. In der dritten Auflage 1969 ist Rudolf Brunner als Mitarbeiter hinzugetreten. Der Kommentar hatte jetzt einen Umfang von 497 Seiten. Ab der vierten Auflage 1975 hat Rudolf Brunner dann die alleinige Bearbeitung des Kommentars übernommen. Das Buch hatte jetzt einen Umfang von 570 Seiten, der bis zur neunten Auflage 1991 auf 859 Seiten anstieg.

Meine erste intensive Auseinandersetzung mit dem Kommentar erfolgte in Form einer Buchbesprechung der siebten Auflage von 1984 in der Juristischen Rundschau. Wie sehr ich von dem Werk des mir damals noch nicht persönlich bekannten Autors Brunner beeindruckt war, geht aus den folgenden Zitaten aus der Buchbesprechung hervor: „Brunners Kommentar besticht durch die klaren, sachkundigen und vom sicheren Blick für das Wesentliche geprägten Erläuterungen der Regelungen des JGG. Das Werk gibt nicht nur beim Nachschlagen von Einzelfragen zuverlässig Auskunft, sondern kann darüber hinaus aufgrund der fundierten Darstellung der Grundlinien des JGG als Lehrkommentar empfohlen werden. ... Insgesamt ist das Werk von Brunner ein Kommentar von hohem Rang und ein unentbehrliches Hilfsmittel für jeden Praktiker und Wissenschaftler, der sich mit Fragen des Jugendstrafrechts befaßt." (JR 1984, 394, 395) Es bleibt zu hoffen, dass auch künftige Auflagen des Kommentars ähnlich besprochen werden. Welche Leistung in diesem Kommentar steckt, wird immer wieder deutlich, wenn man sich anlässlich von Neuauflagen mit den einzelnen Abschnitten des Kommentars befasst. Eine Fülle von Rechtsprechung und Literatur ist über viele Jahre hinweg eingearbeitet worden und zahlreiche verwickelte Probleme werden kenntnisreich und auf der Grundlage einer langjährigen praktischen Erfahrung als Richter und Staatsanwalt behandelt, wobei immer wieder die Grundlinien des Kommentars deutlich hervortreten. In zunehmendem Maße hat Rudolf Brunner auch die Befunde der Kriminologie in die Kommentierung einbezogen. Wird berücksichtigt, dass dies alles über viele Jahre neben einer ausgefüllten Tätigkeit als Richter und Behördenleiter geschaffen wurde, wird deutlich, um was für eine bewundernswerte Leistung es sich hierbei handelt. Seit der elften Auflage arbeite ich mit Rudolf Brunner bei der Erstellung des Kommentars zusammen. Diese Zusammenarbeit ist für mich eine große Freude. Die anfallenden Rechtsprobleme werden gemeinsam diskutiert, und aufgrund der umsichtigen und für neue Gedanken immer aufgeschlossenen Erwägungen von Rudolf Brunner sind wir stets zu übereinstimmenden Ansichten gekommen.

Neben der Bearbeitung des Kommentars zum JGG stehen zahlreiche Aufsätze und Entscheidungsanmerkungen, mit denen Rudolf Brunner zur Weiterentwicklung des Jugendstrafrechts beigetragen hat. Sein besonderes Engagement für das Jugendstrafrecht wird auch daran deutlich, dass er von 1974 bis 1980 Mitglied des Geschäftsführenden Ausschusses der Deutschen Vereinigung für Jugendgerichte und Jugendgerichtshilfen war und zu den Mitinitiatoren der Gründung der Regionalgruppe Nordbayern der DVJJ gehörte. 1977 war er maßgeblich an der Denkschrift der DVJJ über die kriminalrechtliche Behandlung junger Volljähriger beteiligt. Außerdem war Rudolf Brunner Lehrbeauftragter für Jugendstrafrecht an den Universitäten Würzburg (1980 bis 1984) und Bayreuth (1986). 1985 wurde ihm das Bundesverdienstkreuz verliehen.

Der achtzigste Geburtstag von Rudolf Brunner fällt in die Wende vom 20. zum 21. Jahrhundert. Dieser Zeitpunkt gibt Anlass, Bilanz zu ziehen und Perspektiven für die Zukunft zu entwickeln. Das Symposium hat sich daher mit der Frage befasst, wie sich die Jugendkriminalität und das Jugendstrafrecht in den letzten Jahrzehnten entwickelt haben und wie die Entwicklung in Zukunft weitergehen könnte. Die Wichtigkeit dieser Aufgabe liegt angesichts der praktischen Bedeutung der Jugendkriminalität und ihres Stellenwerts in der wissenschaftlichen und auch der massenmedialen Auseinandersetzung auf der Hand. Diese Aufgabe kann freilich in einem eintägigen Symposium nicht in allen ihren Verästelungen erfüllt werden. Es kann nur darum gehen, Grundlinien herauszuarbeiten und einige Impulse für den künftigen jugendkriminalrechtlichen Umgang mit jungen Menschen zu geben und hierdurch einen Beitrag zur Verwirklichung des Anliegens von Rudolf Brunner zu leisten, mit straffällig gewordenen jungen Menschen erzieherisch sinnvoll und gerecht umzugehen.

Heidelberg, im Juni 2001 *Dieter Dölling*

Grußwort

„Das Jugendstrafrecht an der Wende zum 21. Jahrhundert" lautete das Thema des Festkolloquiums zum 80. Geburtstag von Dr. Rudolf Brunner. Mit den in diesem Band veröffentlichten Vorträgen von acht Wissenschaftlern wird ein Praktiker in einem Kreis von (fast ausschließlich) Wissenschaftlern geehrt – nach wie vor zwar eine Seltenheit, aber erklärlich aus der Hochachtung der Persönlichkeit des Jubilars und der Anerkennung seines fachlichen Lebenswerkes. Dazu Rudolf Brunner am gemeinsamen Abend:

Wenn man vor Professoren spricht,
Bleibt man ernst und dichtet nicht.
Gelegentlich war ich wohl Dichter,
Ansonsten Staatsanwalt und Richter.

Doch mit über achtzig Jahren
Habe ich es oft erfahren,
Dass ein Wort, einfach und leicht,
Den Adressaten gut erreicht.

Viel besser als mit Stirne-Runzeln
Kommt man an mit leichtem Schmunzeln.
Will kommentieren ich nun lassen,
Muss ich's halt in Reime fassen.

Mit dem Hinweis auf seine Kommentierung des Jugendgerichtsgesetzes beantwortet sich auch die Frage nach dem wechselseitigen Interesse von Theorie und Praxis: „Praxisnah und der forschenden Wissenschaft offen" in der Erkenntnis der Notwendigkeit einer „Zusammenarbeit zwischen Kriminologie und Strafrecht" – so beschreibt Rudolf Brunner das Anliegen seines Kommentars, dem er „jugendkriminologische Aspekte" aus der Sicht des „nur berichtenden Praktikers" voranstellt. Umfasste dieser Einführungsteil in der 5. Auflage 1978 bereits 16 Seiten mit 29 Randnummern, ist er in der 10. Auflage 1996 auf 38 Seiten mit 59 Randnummern auf mehr als das Doppelte angewachsen. Ein Vergleich der Auflagen zeigt die jeweils aktuellen praktischen Fragestellungen und die Schwerpunkte wissenschaftlicher Diskussion in Kriminologie und Kriminalpolitik und zeichnet stichwortartig Entwicklungslinien nach: Sekundäre Sozialabweichung und Etikettierung (1978), Drogenproblematik (1981), Jugendarbeitslosigkeit und junge Ausländer (1984), Entwicklung der Jugendkriminalität und Aussagekraft von Polizei- und Justizstatistik (1986), junge Mehrfachtäter (1991), deutsch-deutscher Kriminalitätsvergleich und Massenmedien (1996).

An der Wende zum 21. Jahrhundert und im Übergang in das neue Jahrtausend geht es jetzt auch um Europäisierung und Internationalisierung von (Jugend-)Recht in einer globalisierten Welt. Vor dem Hintergrund nationaler und internationaler Entwicklungstendenzen der Jugendkriminalität rückt der Grundsatz von Prävention statt Reaktion stärker in den Vordergrund, sind Rechtsfolgensysteme und Sanktionspraxis zu überprüfen und Perspektiven im Jugendstrafverfahren beispielsweise durch die Stärkung der Rolle des Opfers zu entwickeln. Dabei lohnt ein „Blick zurück nach vorn", wie der Untertitel des (25.)Jubiläums-Jugendgerichtstages 2001 in Marburg zum Gesamtthema „Jugend, Gesellschaft und Recht im neuen Jahrtausend" lautet. Seit fast 50 Jahren ungelöste Probleme wie etwa die Anwendung des Jugendstrafrechts auf Heranwachsende nach § 105 JGG werden dabei sichtbar.

Dazu Rudolf Brunner:

> Wann ist „Erwachsensein" erreicht?
> Das zu entscheiden ist nicht leicht.
> Wenn Buben Mädchen nicht mehr schlagen,
> Sondern es ganz einfach wagen,
> Oder sogar es nun müssen,
> Statt zu schlagen einfach küssen:
> Ist als Rezept kaum zu empfehlen,
> Weil sie's immer früher wählen.
> Es wäre vielleicht auch zu leicht,
> Wenn Solches zur Entscheidung reicht.

Lösungsmöglichkeiten zur vollständigen Einbeziehung von Heranwachsenden in das Jugendstrafrecht hat Rudolf Brunner 1977 in der Denkschrift der Deutschen Vereinigung für Jugendgerichte und

Jugendgerichtshilfen (DVJJ) über die kriminalrechtliche Behandlung junger Volljähriger mitunterbreitet. Ein Vierteljahrhundert später ist die Denkschrift heute wieder von aktueller Bedeutung. Rudolf Brunner war Mitglied der Redaktionskommission der 1977 erschienenen Denkschrift und gehörte von 1974 bis 1980 dem Geschäftsführenden Ausschuss der DVJJ an.

Im Namen der Deutschen Vereinigung für Jugendgerichte und Jugendgerichtshilfen, aber auch persönlich und herzlich wünsche ich Rudolf Brunner bei seinem „Blick zurück nach vorn" häufiger Gelegenheit zu einem leichten Schmunzeln und Zeit für Poesie bei bester Gesundheit.

Bernd-Rüdeger Sonnen
Vorsitzender der Deutschen Vereinigung
für Jugendgerichte und Jugendgerichtshilfen

Internationale Tendenzen der Jugendkriminalität und des Jugendkriminalrechts

Günther Kaiser

I. Jugendliches Fehlverhalten als soziales Problem und gesellschaftliche Aufgabe

„Jugend hat keine Tugend“, sagt bekanntlich schon der Volksmund. Er folgt dabei der Überlieferung. Denn solange es Jugend gibt, sind junge Menschen wohl auch negativ auffällig, ja straffällig geworden. So wird bereits von einer 3700 Jahre alten aus Mesopotamien, dem heutigen Irak, stammenden Klage berichtet:

„Mit unserer Erde geht es abwärts. Bestechung und Korruption breiten sich aus. Die Kinder folgen ihren Eltern nicht mehr. Der Untergang der Welt steht offensichtlich bevor“.[1]

Auch der folgende kennzeichnende Stoßseufzer eines alten Schäfers in Shakespeares Wintermärchen lässt die Klage über die Jugend erkennen:

„Ich wollte, es gäbe gar kein Alter zwischen 10 und 23, oder die jungen Leute verschliefen die ganze Zeit: Denn dazwischen ist nichts, als den Dirnen Kinder schaffen, die Alten ärgern, stehlen, balgen“.[2]

Doch in manchen Zeiten häufen sich offenbar bestimmte Formen auffälligen Jugendverhaltens. So scheinen junge Menschen heute die Welt der Erwachsenen stärker abzulehnen; mitunter pflegen sie zu protestieren. Als besorgniserregend betrachtet man das abweichende

1 Übersetzt nach dem Zitat von *Summerville* The Rise and Fall of Childhood, 1990, S. 50: „Our earth is degenerated in these latter days. Bribery and corruption are common. Children no longer obey their parents ... The end of the world is evidently approaching“.

2 *Shakespeare* Das Wintermärchen, 3. Akt, 3. Szene. Im Orginal lautet der Text: „I would, there were no age between ten and three and twenty, or that youth would sleep out the rest: For there is nothing in the between but getting ventures a child, wronging the ancientry, steeling, fighting“.

Verhalten Jugendlicher insbesondere dann, wenn es sich in Kriminalität äußert, zumal wenn das kriminelle Jugendverhalten, wie dies seit dem Zweiten Weltkrieg der Fall ist, international als ansteigend registriert wird, und die Jugendlichen in fast allen Ländern überdurchschnittlich an der bekanntgewordenen Kriminalität beteiligt sind. Deshalb können wir auch **epochalspezifische Ausprägungen** im sozial abweichenden Jugendverhalten vermuten. Demgemäß zählt seit der Jahrhundertwende die Jugenddelinquenz zu den international bevorzugten kriminologischen Problemen. Hier sind – verglichen mit den Rechtsbrüchen Erwachsener – anscheinend die strukturellen Unterschiede im gesamten Kriminalitätsbereich am größten. Erscheinungen der negativen sozialen Auffälligkeit lassen sich bei Jugendlichen überwiegend besser und leichter beobachten als bei älteren Bevölkerungsgruppen. Außerdem könnte die „Jugendkriminalität von heute" als mögliche „Erwachsenenkriminalität von morgen" bedeutsam sein.[3] Nicht selten freilich sehen wir die Jugendkriminalität in einen krisengeschichtlichen Zusammenhang gerückt (z. B. Jugendkriminalität als „Fieberkurve der Weltängste"), der seit den 70er Jahren gelegentlich mit der Behauptung „Jugend ohne Normen" charakterisiert wird. Dies kann eigentlich nicht verwundern. Denn Jugendliche müssen im Übergangsstadium zum Erwachsenenalter einerseits ihre eigene Identität finden; andererseits unterliegen sie verstärkt den Ansprüchen der Gesellschaft. Sie befinden sich somit in einem Spannungsfeld unterschiedlicher Anforderung. Nicht ohne Grund gilt die Jugend als „Mutationspotential" der Gesellschaft.

1. Neuere Blickschärfung durch spektakuläre Fälle

In der Gegenwart sind es besonders einige Kriminalfälle sowie das Auftreten sozial auffälliger Personen oder Gruppen, welche die Aufmerksamkeit der überregionalen Medienöffentlichkeit auf sich gelenkt und die Sorge um die Jugend motiviert oder gar verstärkt haben. Beschränken wir uns dabei nur auf die Medienberichterstattung in Deutschland der letzten drei Jahre, und zwar ehe die Gewalt in der Schule zum überbordenden Modethema wurde[4]:

[3] Kritisch gegenüber solcher Annahme allerdings *Brunner/Dölling* JGG, 10. Aufl. 1996, Einf. I Rn. 2 und 12.

[4] S. dazu nur die dichte Berichterstattung zur Gewaltbereitschaft und Gewalt von Schülern in der FAZ Nr. 268 v. 17. 11. 1999 („Warum ist die Aggressivität gegenüber Lehrern in Sachsen so groß?"), Nr. 281 v. 2. 12. 1999 („Gewalt an

So haben in Hamburg Jugendliche, die aufgrund vorausgegangener Straffälligkeit staatlich betreut wurden und unter öffentlicher Aufsicht standen, bei einem Raubüberfall einen Rentner vorsätzlich getötet, ferner haben in Hessen zwei Töchter im heranwachsenden Alter ihre Adoptiveltern durch gedungene Killer umbringen lassen, um auf diese Weise vorzeitig in den Genuss des Millionenerbes zu gelangen. Außerdem haben Punks sogenannte Chaostage in Hannover und Stuttgart veranstaltet, was zum Teil zu erheblichen Sachschäden geführt hat. Ferner sind rechtsextremistische Skinheads durch Gewalttaten wiederholt in Erscheinung getreten. Auch haben im Offenburger Raum bekanntgewordene Serientaten von sog. Klaukindern mobiler ethnischer Minderheiten aus dem Elsass große Beachtung gefunden, wie bereits zuvor offenbar von rumänischen Banden gekaufte und dann kriminell missbrauchte Kinder in Berlin, Hamburg und Köln.

Schließlich sind in Nürnberg und München strafunmündige Serientäter („Mehmet") auffällig geworden[5], ohne dass die zuständigen Jugendbehörden immer rechtzeitig dagegen nachhaltig und wirksam eingeschritten wären. Im Düsseldorf-Monheimer Fall des strafunmündigen Serientäters ist das Jugendamt zwar nach mehreren Taten des Autodiebes tätig geworden, indem es den Jungen zu einem sozialtherapeutischen Aufenthalt auf die kanarische Insel La Gomera geschickt hat. Doch ist der Junge mit dem Auto seiner Betreuerin „durchgebrannt", so dass aufgrund weiterer Straftaten alsbald eine mehrmonatige Freiheitsentziehung erfolgt ist, ohne freilich schon damit die Karriere des inzwischen 14-Jährigen zu beenden. Denn etwa 7 Wochen nach der Haftentlassung entwendete der Junge erneut einen Sattelschlepper und überfuhr bei einer Art Amokfahrt einen niederländischen Polizisten. Nicht weniger Aufsehen und Kritik hat die „erlebnispädagogisch" und als Resozialisierung gedachte Argentinienreise (Kosten von etwa 70000 DM) eines 14-jährigen Darmstädter Serientäters gefunden, der nach Bekanntwerden seiner kriminellen Karriere (ungefähr 160 Straftaten) in Argentinien ein so negatives Presseecho fand, dass er seinen „Abenteuerurlaub" abbrechen und das Gastland vorzeitig verlassen musste.[6] Sinn und Zweck sowie Art, Intensität und Umfang der zu treffenden oder auch unterlassenen Maßnahmen sind demgemäß Gegenstand des Streits.

Schulen wird bemäntelt und verschwiegen"); Nr. 287 v. 9. 12. 1999 („Jeder zehnte Schüler kommt mit der Waffe ... in den Niederlanden"); Nr. 26 v. 1. 2. 2000 („An Frankreichs Schulen herrscht das Faustrecht").

5 S. hierzu ferner die Pressemitteilungen; z. B. Badische Zeitung v. 21. 12. 1998 („51. Tat eines 14-Jährigen"); FAZ Nr. 29 v. 4. 2. 1999 („13-jähriger Junge wieder im Lastwagen unterwegs – Jugendamt soll eingreifen"); FAZ Nr. 73 v. 27. 3. 2000 („Jugendlicher überfährt Polizisten. Serien-Autodieb wieder unterwegs"); FAZ Nr. 74 v. 28. 3. 2000 („Lastwagen-Dieb erwartet Jugendstrafe").

6 Berichtet nach FAZ Nr. 220 v. 22. 9. 1998; besonders kritisch gegenüber „erlebnispädagogischem Abenteuerurlaub als Beispiel zeitgeistkonformer Erziehungsexperimente, die jeglichen Realitätsbezug entbehren", *Hinz* ZRP 2000, 107, 111; wenig ergiebig hingegen *von Wolffersdorff* RdJ 1999, 319ff.

2. Entdeckung („Erfindung") des „Jugendlichen" in der Moderne durch Prozesse der Sozialdisziplinierung und Jugendkontrolle?

Ausgehend von der Rousseauschen Annahme, dass der Mensch von Natur aus gut sei und das Schlechte an ihm erst von Gesellschaft und Staat herangetragen werde, wird in weiter Anlehnung an *Ariès* und *Foucault* mitunter angenommen, dass der Jugendliche eigentlich erst ein Produkt der modernen Sozialdisziplinierung und vornehmlich Angehöriger der Unterschicht sei. In der vormodernen Zeit sei der junge Mensch demgegenüber allgemein als „kleiner Erwachsener" behandelt worden. Zwar trifft es zu, dass im Laufe des 19. Jahrhunderts Einstellungsveränderungen in Gesellschaft und Staat gegenüber sozial auffälligen jungen Menschen sichtbar wurden. Doch lässt sich im Hinblick auf die historischen Vorläufer, etwa nach der Freiburger und Zürcher Stadtrechtspraxis, nicht ignorieren, dass auch schon in vormoderner Zeit das Jugendalter mitunter als problematisch erlebt und erfahren wurde. Daher vermag die vom Konstruktionismus motivierte These von der Erfindung und der gebotenen Auflösung der Jugend nicht zu überzeugen.[7] Dabei wird die „Erfindung" der Jugend mit einem Prozess radikaler Transformation der sozialen Kontrolle in einen engen Kontext gerückt. Jugend gilt geradezu als ein Korrelat sozialer Kontrolle. Demgemäß trägt auch die Jugendgesetzgebung dazu bei, den Prozess der Institutionalisierung von Jugend zu festigen. Die Entwicklung läuft auf ein einheitliches Konzept von Jugend hinaus, dessen normativer Gehalt vor allem im Gegenbild der Jugendkriminalität deutlich wird. Zum Konzept der Kontrolle durch Verinnerlichung tritt das Konzept der möglichst weitgehenden Kontrolle der Umwelt des jungen Menschen.[8]

[7] Kritisch zum Konstruktionismus *Hacking* Was heißt „soziale Konstruktion"? Zur Konjunktur einer Kampfvokabel in den Wissenschaften, 1999, S. 7, 15, 62.

[8] Dazu *v. Trotha* Kölner Zeitschrift für Soziologie und Sozialpsychologie 1982, 254, 263, und *Newburn* Youth, crime, and justice, in *Maguire u. a.* (Hrsg.) The Oxford Handbook of Criminology, 2. Aufl. 1997, S. 613, 614ff.

3. Von den „Kindesrettern" zur Jugendgerichtsbewegung und Herausbildung des Jugendstrafrechts als Sonderstrafrecht

In der ersten Hälfte des 19. Jahrhunderts waren es in der westlichen Welt vor allem christlich und menschenfreundlich eingestellte Bürger, die sich als „Kindesretter" verstanden und sich helfend aber auch bevormundend sozial auffälligen Jugendlichen aus den Unterschichten zuwandten.[9] Mit der allmählichen Anerkennung eines selbständigen Jugendstatus verlor sich der Charakter der mehr karitativ begriffenen Kindesrettung zugunsten der Jugendgerichtsbewegung mit der Herausbildung eines eigenen Jugendstrafrechts als eines Sonderstrafrechts. Damit galt Jugend nicht mehr als ein Merkmal der Schwäche, das im Falle der Straffälligkeit des Jugendlichen zu einem strafmildernden Umstand führte, sondern gewann nunmehr einen eigenen Status, der eine besondere Beachtung und Behandlung verdiente. Nicht die Tat sondern das Erziehungsbedürfnis sollte die Richtschnur bilden („not the deed, but the need"). Mit dem beginnenden „Jahrhundert des Kindes"[10] setzte sich der Jugenderziehungs- und Wohlfahrtsgedanke durch. Die Einrichtung des ersten Jugendgerichts in Illinois/USA 1899 entfaltete eine Signalwirkung. Bis in die Gegenwart hinein blieb der Siegeszug der Jugendgerichtsbewegung nahezu unangefochten. Doch seit einiger Zeit melden und mehren sich kritische Gegenstimmen namentlich im westlichen Ausland und in Nordamerika. Sie gipfeln in dem Vorwurf, dass Jugendgerichte weder effektiv noch gerecht seien. Sie haben gewöhnlich Verschärfungen des Straf- und Ordnungsrechts im Gefolge (z. B. Herabsetzung der Strafmündigkeit und nächtliche Ausgangssperren [sog. curfew orders]). Temporär hat man in den beiden letzten Jahrzehnten gar vom Ende **Erziehung** und der sog. Erziehungsideologie gesprochen, bis ehemalige Kritiker neuerdings angesichts der bedrohlichen Verschärfung des Jugendstrafrechts die humanisierende und begrenzende Funktion der Erziehung wieder entdecken. Deshalb denkt man er-

[9] Vgl. dazu die Schrift von *Platt* 1969 über die sog. „child savers" in den USA; bezüglich Frankreich s. *Nothhafft* Erziehen statt Strafen. Grundlagen und Tendenzen des französischen Jugendstrafrechts, in *Dünkel u. a.* (Hrsg.) Entwicklungstendenzen und Reformstrategien im Jugendstrafrecht im europäischen Vergleich, 1997, S. 129.

[10] So der Titel der Schrift von *Key*, 1902; im Ganzen ferner *Schaffstein/Beulke* Jugendstrafrecht, 13. Aufl. 1998, S. 28ff.; für Frankreich s. *Nothhafft* (o. Fn. 9), S. 130ff.

neut über den richtigen Weg in der Behandlung straffälliger Jugendlicher nach. Dies muss erst recht gelten, wenn man postmodernem Denken folgt und sowohl vom „Verschwinden der Kindheit“ wie vom „Abhandenkommen der Jugend“ überzeugt ist.[11]

4. Ende oder Wende der Jugendgerichtsbewegung?

Trotz aller Einwände und Wandlungen war die Jugendgerichtsbewegung international bislang fraglos erfolgreich. Doch lässt sich die namentlich in den USA gegen die Jugendgerichtsbarkeit ins Feld geführte **Kritik** seit einiger Zeit nicht mehr überhören. Vor allem ist es das Wohlfahrtsmodell, das angefochten wird, wobei man meint, dass es angesichts der zunehmenden, ja überbordenden Gewaltkriminalität an angemessener Strafe fehle. Auch sei die Rechtsposition des jungen Menschen vergleichsweise unzureichend ausgeprägt, so dass man z. T. das Wohlfahrtsmodell durch das sog. Justizmodell abgelöst, inzwischen ferner durch Anleihen an das sog. Partizipationsmodell oder auch Konfliktlösungsmodell gemäß der Richtschnur „schlichten statt richten“ ersetzt hat.[12] Die zwei **Konzeptionen des „do less“ versus „getting tough“** verknüpft mit unterschiedlichen Organisationsprinzipien **stehen einander scharf gegenüber**. Sie äußern sich nicht nur in Wissenschaft und Praxis, sondern auch in kriminalpolitischen Postulaten, etwa zum Vorrang von Sozialpolitik gegenüber der Kriminalpolitik (Abbau von Jugendarbeitslosigkeit, Armut und Desintegration, insbesondere bei Aussiedlern und Ausländern), oder der Propagierung „öffentlicher Beschämung“ anstelle von Strafe. Wie die international verbreitete Erneuerung des Jugendstrafrechts zeigt, tendiert man allgemein zu einer Annäherung der verschiedenen Modelle im Rahmen eines sog. Mischsystems. Wie immer auch dessen Ausprägung sei, die Entwicklung erlaubt keinesfalls den Schluss, dass die Jugendgerichtsbewegung schon am Ende sei.

[11] Dazu kritisch *Kaiser* Kinder und Jugendliche als Subjekte und Objekte in der Welt der Normen, in *Schweizerische Arbeitsgruppe für Kriminologie* (Hrsg.) Jugend und Strafrecht, 1998, S. 17, 24ff.

[12] Zum Ganzen *Kaiser* FS Blau, 1985, S. 441, 444f.; ferner *Dünkel* Jugendstrafrecht in Europa – Entwicklungstendenzen und Perspektiven, in *ders. u. a.* (o. Fn. 9), S. 565, 581ff.

5. Aktuelle Streitpunkte

Der aktuelle Streit freilich geht um den Beginn der relativen Strafmündigkeit oder Verantwortlichkeit einerseits und um die jugendstrafrechtliche Behandlung der 18- bis 21- bzw. 24-jährigen Straftäter andererseits. Hierbei handelt es sich vor allem um eine Kontroverse innerhalb der Politik, teilweise gestützt durch entsprechende Forderungen der Polizei, weniger heftig jedoch um einen Streit innerhalb der Wissenschaft oder der Jugendstrafrechtspflege. Auch treffen wir bei der Frage nach der angemessenen **Altersgrenze** keineswegs nur auf ein deutsches Problem, sondern vielmehr auf einen international aktuellen Fragenkreis, der sowohl den Europarat wie die Vereinten Nationen und natürlich auch viele ausländische Staaten immer wieder beschäftigt hat.[13] Trotz wiederholter Ansätze bleibt die Situation verwirrend und variiert der Anwendungsbereich spezifisch jugendstrafrechtlicher Sanktionen ebenso wie die Zuständigkeit von Jugendgerichten ganz beträchtlich. Trotz der im internationalen Vergleich in der Reformentwicklung zu beobachtenden Übereinstimmungen sind bislang die altersbezogenen Unterschiede davon weitgehend unberührt geblieben.

Obwohl um den Beginn der **Strafmündigkeit** seit langem gestritten wird, und diese Frage gegenwärtig in der schweizerischen Jugendstrafrechtsreform erhebliche Bedeutung erlangt hat, herrscht in Deutschland insgesamt die Auffassung vor, dass es bei dem bisherigen Beginn der relativen Strafmündigkeit mit 14 Jahren bleiben und von der etwaigen Herabsetzung auf 12 Jahre abgesehen werden sollte. Es verwundert nicht, dass die Diskussion um die „richtige" Altersgrenze in den letzten 100 Jahren kaum zur Ruhe gekommen ist.[14] Allerdings wird etwas spekulativ vermutet, dass Reifebegriff und Reifebeurteilung „vom jeweiligen kulturellen Entwicklungsstand einer Rechtsgemeinschaft" abhängig sind. Ob ein 16-, 14- oder 10-Jähriger oder gar ein Tier verantwortlich zur Rechenschaft gezogen wird, ob ein

[13] Nachw. bei *Dünkel* (o. Fn. 12), S. 565ff. und 582ff., und *Brunner/Dölling* (o. Fn. 3), Einf. II Rn. 36; ferner zur Schweiz *Schellenberg* DVJJ-Journal 2000, 3ff.

[14] Vgl. *Wolfslast* FS Bemmann, 1997, S. 176; dazu ferner *Brunner/Dölling* (o. Fn. 3), Einf. II Rn. 35, sowie die „Überlegungen zur Strafmündigkeit" von *Brunner* JR 1997, 492ff. und der anregende Beitrag von *Hinz* (o. Fn. 6), 107ff.

störendes Kind hingerichtet, bestraft oder gefördert wird, sei „natürlich nicht Sache seiner sittlichen Reife, sondern der sittlichen Reife der Gesellschaft".[15] Trifft es aber wirklich zu, dass eine Gesellschaft wie in England oder künftig in der Schweiz, welche die relative Strafmündigkeit bei 10 Jahren ansetzt, weniger „reif" ist als jene wie in Portugal und Spanien, welche die Verantwortungsreife erst mit 16 beginnen lässt? Eine solche Annahme erschiene jedoch äußerst anfechtbar, selbst wenn man von den an die Stelle des Jugendstrafrechts tretenden funktionalen Äquivalenten wie dem Jugendhilferecht absieht. „Denn Generalprävention fällt auch da, wo sie nicht intendiert ist, gewissermaßen als Nebenprodukt an; und zwar nicht nur dann, wenn Jugendstrafrecht angewendet wird, sondern auch dann, wenn nur jugendhilferechtliche Maßnahmen ergriffen werden".[16] Ferner ist nicht zu verkennen, dass die Mängel angemessener Behandlung strafunmündiger Täter vor allem dem Nichtstun oder der Hilflosigkeit von Jugendhilfeorganen anzulasten sind und weniger der Jugendstrafrechtspflege. Deshalb zielt das Bestreben dahin, für erziehungsschwierige delinquente Kinder erneut pädagogische Einrichtungen zu schaffen, die in fataler Weise aufgrund der Skandalisierung der Heimerziehung in den 70er Jahren abgeschafft worden sind. Aber selbst dann würde man sich bestenfalls erst in weiter Zukunft einer Rechtslage annähern, die etwa in England bereits seit 1994 besteht (mit secure training orders, secure local authority accommodation [community home], und police detention). So sind denn auch die Kontroversen um die Notwendigkeit von Heimerziehung und Freiheitsentziehung sowie um den Ertrag erlebnispädagogischer Maßnahmen noch keineswegs ausgeräumt oder befriedigend gelöst. Obwohl in Deutschland Richter und Staatsanwälte ein erweitertes Platzangebot für geschlossene Heimunterbringung befürworten, wird anscheinend das Angebot an Heimplätzen nicht genutzt.[17] Nach einer Umfrage bei den Landesjugendämtern 1998 standen bundesweit insgesamt 127 geschlossene Heimplätze zur Verfügung, davon allein 79 in Bayern und Baden-Württemberg.

[15] S. *Frehsee* FS Schüler-Springorum, 1993, S. 379, 388.

[16] *Wolfslast* (o. Fn. 14), S. 285.

[17] Vgl. *Ostendorf* Wie viel Strafe braucht die Gesellschaft? 2000, S. 134f. Zur sozialpädagogischen Problematik besonders *von Wolffersdorf* (o. Fn. 6).

Ferner ist man hinsichtlich der **jugendstrafrechtlichen Behandlung der 18- bis 21-jährigen** Straftäter in der Wissenschaft auch außerhalb Deutschlands weitgehend der Meinung, dass man für diese Altersgruppe eine Sonderregelung vorsehen sollte. Wie die Statistik der Jugendstrafrechtspflege zeigt, werden in Deutschland gegenwärtig im Durchschnitt etwa zwei Drittel aller 18- bis 21-jährigen Straftäter nach Jugendstrafrecht sanktioniert. Allerdings wird in Wissenschaft und Praxis mitunter kritisch eingewandt, dass diese Altersgruppe nach Jugendstrafrecht wesentlich schärfer als nach Erwachsenenstrafrecht behandelt würde, da sie im Falle jugendstrafrechtlicher Sanktionierung eher mit freiheitsentziehenden Sanktionen belegt würde. Eine solche Kritik erscheint jedoch anfechtbar, wenn man bei einem Vergleich die Deliktstypik und die Vorbelastungen der Täter mit berücksichtigt. Im übrigen kann nach der Kriminalstatistik nicht zweifelhaft sein, dass die fragliche Altersgruppe eine hohe Kriminalitätsbelastung aufweist. Gleichwohl trifft es wohl zu, dass auch hier die jugendstrafrechtliche Handhabung aufgrund ihres reicheren Instrumentariums bessere Möglichkeiten zur persönlichkeitsbezogenen Behandlung bietet als das sanktionsärmere Erwachsenenstrafrecht. Deshalb erscheint es kriminalpolitisch empfehlenswert, wenn man in einer Reihe europäischer Länder wie in Deutschland, England, Frankreich, Griechenland, Italien, Österreich, Schweiz, Spanien und in den skandinavischen Staaten für die 18- bis unter 21-Jährigen eine gesonderte Behandlung vorsieht.[18] Insgesamt lassen sich daher zahlreiche Regelungen eines flexiblen Übergangs vom Jugend- in das Erwachsenenstrafrecht finden, die entsprechend der Entwicklungsreife oder erzieherischen Bedürfnisse den Vorrang von Erziehungsmaßnahmen bzw. ambulanten Sanktionen gewährleisten sollen.

6. Methodenprobleme des internationalen Strukturvergleichs

Wie schon die bisherige Erörterung erkennen lässt, werden die Begriffe „Jugend“, „Jugendkriminalität“ und „Jugendkriminalrecht“ international nicht in gleicher, geschweige übereinstimmender Weise gebraucht. Schon der Jugendbegriff wird unterschiedlich festgelegt. So ist Jugendlicher i. S. des islamischen Rechts der 7- bis 14-Jährige; in England beginnt das Jugendalter mit dem 10., in den Niederlanden

[18] S. *Dünkel* (o. Fn. 12), S. 625ff. m. Nachw.

mit dem 12. Lebensjahr, in Deutschland und Österreich mit dem 14. und in der Schweiz mit dem 15. Lebensjahr.[19] Die unterschiedlichen normativen Altersgrenzen sind schon deshalb beachtlich, weil hierdurch die internationale Vergleichbarkeit der Jugendkriminalstatistik relativiert wird.

Dementsprechend wird auch der Begriff der Jugendkriminalität uneinheitlich verwendet. Dies gilt nicht zuletzt für Inhalt und Form der Verletzungen strafrechtlicher Tatbestände. Deshalb bedarf es hier der materiellen Abstimmung. Andernfalls würde der Vergleich aufgrund unklarer Grenzziehung und wegen meist fehlender Registrierung nicht kriminellen, aber abweichenden Verhaltens diffus, zumindest aber methodisch anfechtbar.

Entsprechendes gilt selbstverständlich auch für die Struktur der Jugendgerichtsbarkeit und darüber hinaus der Selektivität der Strafverfolgung. Der internationale Vergleich ist aus kriminalpolitischen und erkenntnistheoretischen Gründen zwar von besonderem Interesse. Aber er ist, wie geschildert, auch mit Problemen belastet.[20] Man muss sich daher der Grenzen seiner Aussagekraft stets bewusst bleiben, um Fehlschlüsse zu vermeiden.

Fragen wir nunmehr nach den Besonderheiten der heutigen Jugendkriminalität.

II. Strukturmerkmale, Schwerpunkte und Tendenzen der Jugendkriminalität

1. Strukturmerkmale

Eigentums- und Verkehrsstraftaten machen zahlenmäßig den Hauptanteil an der amtlich bekanntgewordenen Jugendkriminalität aus. Auch weisen Raub – allerdings überwiegend als kleine Räubereien –, Körperverletzung, Beleidigung, Hausfriedensbruch, Vergewaltigung,

[19] Vgl. *Dünkel* (o. Fn. 12), S. 582ff.

[20] Dazu eingehend *H.-J. Albrecht* Die Entwicklung des Jugendstrafrechts im internationalen Vergleich, in *Hubertus* (Hrsg.) Entwicklungen im Bereich der Jugendstrafrechtspflege, 1997, S. 22ff.

Sachbeschädigung und vor allem die Drogendelikte in der Nachkriegszeit die höchsten Zuwachsraten auf. Die Straffälligkeit junger Menschen äußert sich darüber hinaus – verglichen mit den Erwachsenen – eher als Gewaltkriminalität. Dies gilt allerdings nicht für weibliche Jugendliche. Diese werden allgemein weniger straffällig, gegebenenfalls wegen kleinerer Diebstähle.

Das Risikoverhalten junger Menschen äußert sich kennzeichnend im öffentlichen Straßenverkehr. Denn hier ist die Handlung von der Freude am Abenteuer erfüllt, vom Erleben der Gefahr und dem spielerischen Umgang mit den Normen, auch wenn das Verhalten nicht selten in Rechtsbrüche ausufert. Der Geschwindigkeitsrausch im öffentlichen Straßenverkehr, die fahrlässig verursachten Arbeits- und Verkehrsunfälle, die Faszination des Feuers bis hin zur Brandstiftung und der Reiz des Verbotenen beim Schwarzfahren sowie beim Ladendiebstahl veranschaulichen dies. Im Umgang mit Alkohol und Rauschmitteln experimentieren junge Menschen überdies mit ihrem Körper oder mit neuen Mitteln, mit Kombinationen und Einnahmearten bis in Todesnähe und renommieren noch damit.

2. Gewaltbereitschaft und kriminelle Gewalttätigkeit junger Menschen

Aggressivität und Gewalt finden in der Nachkriegszeit erhebliche Beachtung. Dies gilt besonders für Gewaltakte in der Schule, auf der Straße sowie in und bei Fußballstadien. Gelegentlich scheinen sich manche Gewaltphänomene, da hauptsächlich medienvermittelt und zugleich -verdichtet, zu häufen. Man denke etwa an die Gewalt in der Schule, ein Phänomen, das in Europa im Gegensatz zu Nordamerika in den 70er Jahren noch kaum thematisiert wurde, bis es Ende der 90er Jahre eine fast wellenförmige Verbreitung und entsprechende Publizität fand. Sichtbar und gefährlich erscheint vor allem die Gewaltausübung junger Menschen, zumal diese häufig gemeinschaftlich handeln.[21] Man denke etwa an spektakuläre Fälle wie an das Steinewerfen von Brücken wie z. B. beim Darmstädter Fall im

[21] Vgl. den Überblick von *H. J. Schneider* Kriminalistik 2000, 87, 88f.; ferner *Schubarth* RdJB 1999, 372ff. mit überzeugender Differenzierung zur Gewalttätigkeit von Schülern.

Februar 2000, ein Vorgang, dem alsbald mehrere Nachahmungstaten gleichen Zuschnitts folgten. Dem entspricht die moralische Abwertung und strafrechtliche Missbilligung, die gewalttätige Handlungen im öffentlichen wie im privaten Leben erfahren, ohne schon damit die Imitation durch ähnliche Fälle verhindern zu können.[22] Seit einigen Jahren haben ferner extremistische oder fremdenfeindliche Gewalttaten Bedeutung gewonnen und die Öffentlichkeit beunruhigt. Inwieweit hier auch die Massenmedien möglicherweise eine verstärkende Rolle spielen, ist umstritten, aber wohl nicht zu leugnen.[23] Immerhin wird bereits seit Ende der 50er Jahre auf die Zunahme von Gewalttätigkeiten junger Menschen hingewiesen. Dabei zeigen Gewaltdelikte gegenüber Personen eine doppelt so hohe Steigerungsrate wie die Gesamtdelinquenz. Raub und Erpressung, räuberische Erpressung und räuberischer Angriff auf Kraftfahrer nehmen aufgrund ihrer Vermehrfachung eine Spitzenstellung ein. Erst mit großem Abstand folgen vorsätzliche Tötungsdelikte, Straftaten gegen die persönliche Freiheit und Körperverletzungen. Demgegenüber liegt die Zuwachsrate bei Gewaltdelikten gegen Sachen erheblich unter jener der Gesamtkriminalität. Dabei muss man allerdings berücksichtigen, dass Gewaltdelikte gegen Personen eher zu einer förmlichen Verurteilung führen als gegen Sachen gerichtete Gewaltausübung (sog. Vandalismus), die häufiger eine abgeschwächte Sanktionierung erfährt, soweit derartige Gewalttaten wie sog. Graffitti-Schmierereien überhaupt aufgeklärt und wirksam verfolgt werden. Denn nach Dunkelfeldforschungen ist die relative Bedeutung der Gewaltkriminalität im Vergleich zur Eigentumsdelinquenz größer, als dies Polizei- und Strafverfolgungsstatistik erkennen lassen. Obschon junge Leute Gewalt- und Freiheitsdelikte erheblich schwerer einstufen als Straftaten gegen das Eigentum, sind sie doch insgesamt weniger anzeigefreudig als Ältere. Dies dürfte nicht zuletzt darauf beruhen, dass junge Menschen zumindest teilweise sowohl als Täter als auch als Opfer von Straftaten in Erscheinung treten, also Täter und Opfer partiell identisch sind.

[22] FAZ Nr. 50 v. 29. 2. 2000 („Steine auf Fahrbahn geschleudert"); FAZ Nr. 52 v. 2. 3. 2000 („Wieder Autofahrer von Brücke mit Gegenstand beworfen"); FAZ Nr. 56 v. 7. 3. 2000 („Abermals Gegenstände auf Autobahn geworfen").

[23] S. *Walter* DVJJ-Journal 1999, 348, 349f.

3. Gruppendelinquenz und jugendliche Subkulturen

Aufgrund der größeren Sichtbarkeit, aber auch Gefährlichkeit hat die Gruppendelinquenz jugendlicher Subkulturen wie Rockertum, Punks oder Skinheads und Drogensubkulturen verstärkte Aufmerksamkeit der Öffentlichkeit gefunden. Vornehmlich englischen Vorbildern entsprechend sind seit den 60er Jahren nacheinander folgend zunächst die gewalttätigen Rocker, später die sog. Punks und in der Gegenwart die Fußball-Hooligans und Skinheads in Erscheinung getreten.[24] Bei all diesen Gruppierungen handelt es sich vorwiegend, obschon nicht ausschließlich, um Angehörige von sozialen Rand- und Unterschichten. Während die Rocker und Skinheads, diese allerdings häufig fremdenfeindlich motiviert, wegen ihrer Gewalttaten imponieren, zeichnen sich die Punks durch ihre Rückzugsstrategie, die sog. Null-Bock-Haltung, aus und treten ferner wegen ihrer Auflehnung gegen Disziplin, Pünktlichkeit und Fleiß in Erscheinung. Nicht selten wirken dabei Alkohol- und Drogengenuss mit. Etwa ein Fünftel aller Jugendlichen gilt als rauschmittelerfahren, obwohl Alkoholgetränke und nicht Cannabisprodukte die Alltagsdroge der Jugendlichen darstellen. Insgesamt ist nach dem Anstieg der Drogenkonsumenten in den 70er Jahren eine gewisse Stagnation eingetreten. Man schätzt, dass etwa ein Fünftel bis ein Viertel aller jungen Menschen unter 25 Jahren als rauschmittelerfahren gelten.

Der Vandalismus spielt besonders als Schulvandalismus, durch Zerstörung von Telefonzellen sowie durch Graffiti-Wandschmierereien eine Rolle. Dabei haben sich die Schmierereien in den 80er Jahren wie eine Seuche ausgebreitet und z. T. wie in Berlin zur Bildung von speziellen Sonderkommissionen der Polizei geführt, um schlagkräftig gegen derartige Sachbeschädigungen vorgehen zu können.[25]

[24] Zur französischen Entwicklung vgl. *Narcy* DVJJ-Journal 1999, 400ff.; zu England *Newburn* (o. Fn. 8), S. 618ff., und zu den Niederlanden *Sagel-Grande* DVJJ-Journal 2000, 9ff.

[25] Hierzu und zum Folgenden *Brunner/Dölling* (o. Fn. 3), Einf. I Rn. 11ff.; 37ff., und *Kaiser* Kriminologie. Ein Lehrbuch, 3. Aufl. 1996, S. 585ff., 599ff. m. Nachw.

4. Mehrfache und schwere Deliktsbegehung

Die nähere Analyse der Straffälligkeit junger Menschen zeigt allerdings, dass sowohl nach amtlicher Erfassung als auch nach der Dunkelfeldforschung mehrfache und schwere Deliktsbegehung durch Jugendliche nur in geringem Ausmaß vorkommen. Einzelne leichte Delikte werden zwar häufig, wiederholte schwere Rechtsbrüche hingegen seltener oder nur von einem verhältnismäßig kleinen Täterkreis begangen. Verglichen mit der Erwachsenenkriminalität wiegt die Jugenddelinquenz nach Ausführungsart und Schadensfolge weniger schwer. Öfter bleiben die Rechtsbrüche im Versuch stecken; seltener werden Schusswaffen eingesetzt und Androhungen wahr gemacht. Auch sind die mit den Eigentumsdelikten verbundenen Schäden durchschnittlich weitaus geringer als bei Erwachsenen. Die Straftaten entstehen meist spontan, erfolgen ungeplant und impulsiv. Nur äußerlich ähneln sie Vorbildern professioneller Verbrechen. Einschränkend gilt freilich, dass Ziel und Begleitschäden meist erheblich auseinander klaffen und dass im fehlenden Planen und Abwägen sowie in der Gruppendynamik auch Momente gefährlicher Unberechenbarkeit liegen. Mangelnder Tatplanung entsprechen abgeschwächte Rücksichtnahme auf mögliche Entdeckung, leichtere Überführbarkeit und größere Geständnisbereitschaft nach der Tat sowie gefolgt von geringerem Beschwerdeverhalten während der Strafverfolgung und des Jugendvollzugs.

5. Intensivtäter

Neuere Kohortenstudien lassen erkennen, dass eine Minderheit von etwa 5 % der registrierten Jugenddelinquenten (sog. Intensivtäter) 35 bis 50 % aller bekanntgewordenen Jugendstraftaten begeht, hauptsächlich Eigentumsdelikte. Hingegen entfallen auf sog. Einfachtäter, die nur einmal wegen eines Rechtsbruchs polizeilich erfasst werden und 50 bis 70 % der Jugendtäter ausmachen, lediglich 16 bis 24 % aller bekanntgewordenen Straftaten von Jugendlichen. Daher ist begründet anzunehmen, dass der Großteil der registrierten jungen Ersttäter allgemein weitere nachweisbare Konflikte mit dem Strafgesetz zu vermeiden versteht. Selbst der größte Teil der Mehrfach- und Intensivtäter delinquiert im Verlauf mehrerer Jahre nicht ständig, sondern bringt es fertig, die kriminelle Entwicklung abzubrechen. Die lange „Verweildauer im System“ bildet auch hier die Ausnahme. Immerhin ist nicht zu bestreiten, dass gerade junge Serien- und Intensivtäter in den letzten Jahren für Aufsehen gesorgt haben, insbesondere da sie noch an der Grenze der Strafmündigkeit standen. So ergab im März 1999 eine Spezialauswertung der baden-württembergischen Polizeistatistik 381 junge Intensivtäter mit jeweils 20 und mehr Straftaten. Von ihnen hatten 26 Kinder insgesamt rd. 900-mal gegen Gesetze verstoßen, 355 Jugendliche mehr als 14 000-mal.[26]

6. Ubiquität und Episodenhaftigkeit der Jugenddelinquenz

Gleichwohl ist für die große Zahl der Jugenddelinquenten die vorübergehende, episodenhafte und flüchtige Deliktsbegehung im Jugendalter kennzeichnend. Von hier aus wird denn auch die These von der Normalität der Jugenddelinquenz zwar nicht hergeleitet, so doch vor allem genährt, unabhängig davon, ob sie entwicklungsbiologisch oder soziologisch begründet wird. Aus diesem Befund leitet sich wiederum die Folgerung ab, gegenüber Ersttätern im minderschweren Deliktsbereich möglichst nachsichtig, informell und nicht stigmatisierend vorzugehen, um Verfestigungen des Fehlverhaltens und kriminelle Karrieren zu vermeiden. Dem suchen Jugendstaatsanwälte und Jugendrichter zu entsprechen. Denn gegenüber mehr als der Hälfte aller schuldigen 14- bis 21-Jährigen wird nur durch sog. formlose Erziehungsverfahren, also ohne förmliche jugendgerichtliche Verurteilung eingeschritten. Einer weltweiten Strömung folgend, wird die förmliche Verurteilung innerhalb der Jugendstrafrechtspflege zu vermeiden gesucht; daher spricht man hier von „Diversion“.[27]

III. Sozialprofile junger Rechtsbrecher

1. Sozialmerkmale und Delinquenzbelastung

Neben Alter und Geschlecht, denen im Hinblick auf die Kriminalitätsbelastung universelle Bedeutung zukommt, sind nachfolgend

26 Berichtet nach Badische Zeitung v. 3. 3. 1999 („Im Lande gibt es 381 Mehmets“); instruktiv ferner *Krüger* Kriminalistik 1999, 374ff.

27 Dazu mit eingehenden Belegen besonders *Heinz* ZStW 104 (1992), 591 ff.; *ders.* Neue Kriminalpolitik 1994, 29ff.; für die nordamerikanische Situation *Sprott/Snyder* Overcrowded Times 1999, 5, 1, 12, 15ff.; für den internationalen Vergleich *H.-J. Albrecht* (o. Fn. 20), S. 38 und *Dünkel* (o. Fn. 12), S. 588ff., 592f.

Schichtzugehörigkeit, Arbeitslosigkeit, ungünstige Wohnverhältnisse und relative Armut sowie funktional gestörte Familienverhältnisse charakteristisch für die Sozialprofile von jungen Rechtsbrechern. Dabei handelt es sich freilich vorwiegend um Kennzeichen der offiziell registrierten jungen Straffälligen. Geht man aber von der Normalität der Jugenddelinquenz aus, so verlieren die schon als gesichert erscheinenden Sozialmerkmale zusehends an Gewicht. Denn sie treffen offenbar nur für eine – wenn auch beachtliche – Minderheit innerhalb der gesamten Delinquentenpopulation zu. Dann aber lässt sich sowohl ihre Widerspiegelung der Selektionskriterien als auch die Rückbeeinflussung des Selektionsprozesses von negativ sozial Auffälligen nicht ausräumen. Denn es leuchtet ein, dass das Zusammentreffen von sozialer Auffälligkeit und z. B. Störungen in Familie, Schule und Beruf den Blick der sozialen Kontrollinstanzen schärft und diese zur aufmerksamen Kontrolle ermuntert. Dass aber jene die jungen Rechtsbrecher so kennzeichnenden Merkmale nicht nur reine Selektionskriterien bilden, lassen die Dunkelfeldanalysen solchen Materials erkennen, welches rein verhaltensorientiert und nicht persönlichkeitsbezogen gewonnen wurde. Auch der Befund, dass die Indikatoren für familiäre Sozialisationsdefekte mit nahezu tendenzieller Regelmäßigkeit zeitüberdauernd und geografisch fast überall beobachtet werden, spricht für die diagnostische Relevanz. Man kann in den Merkmalskombinationen verschieden geprägte Syndrome der Verwahrlosung, der Fehlanpassung, Unreife oder Sozialisationsdefekte erkennen. Man kann in ihnen Faktoren für reduzierte Startchancen zu einer erfolgreichen Lebensbewältigung erblicken, aber auch Handlungsmuster der sozialen Kontrollinstanzen wahrnehmen. Im günstigen Fall entsprechen offizieller Handlungsstil und Auffälligkeitssyndrom einander. Die Bündel anomischer Merkmale zeigen dann nicht nur den Sozialisationsdefekt an, sondern gleichzeitig die Behandlungsbedürftigkeit, die Aufforderung zu stärkerem sozialpädagogischen Engagement. Aber die Befunde lassen nicht minder erkennen, dass Diagnose und Prognose häufig fehlerhaft erfolgen, dass der Spontanbewährung des Delinquenten zu wenig Raum gegeben wird, dass selbst Maßnahmen sozialer Hilfe als makelhaft empfunden werden. Im Übrigen gilt die Häufung der skizzierten Sozialmerkmale hauptsächlich für Mehrfach- und Karrieretäter, weniger jedoch für die Einmal- oder Situationstäter. Für diese wird denn auch die Aussagekraft von Sozialisationsdefekten oder Erziehungsmängeln angezweifelt. Demgegenüber wird mehr auf den „Reifungs- und Anpassungsprozess“ zurückgegriffen. Dies leuchtet zwar ein, kann aber nicht ganz überzeugen, weil mit dieser Erklärungsformel die unterschiedliche Häufigkeit und Intensität von Kriminalität im Jugendalter, insbesondere bezüglich der Geschlechter sowie der Einfach- und Mehrfachtäter, nicht aussagekräftig gedeutet werden können.

2. Unterschiede zwischen Registrierten und Nicht-Registrierten

Aber selbst soweit Sozialisationsmängel im häuslich-familiären Bereich vorliegen und als Selektionsmerkmale dienen, bestimmt deren Symptomatik die Handlungskriterien der sozialen Kontrollinstanzen nicht beliebig. Denn nähere Analysen haben auch im Übrigen signifikante Unterschiede zwischen registrierten Jugenddelinquenten und offiziellen Nichtdelinquenten erbracht. Ferner weisen neuere Längsschnitt- und Vergleichsuntersuchungen Unterschiede nach Persönlichkeitsmerkmalen, Schulleistungen, Arbeits- und Freizeitverhalten aus:

Die jungen Rechtsbrecher erscheinen danach öfter und mehr als andere innerlich unharmonisch und von Spannungen besetzt. Sie weisen eine erhöhte Risikobereitschaft auf, insbesondere in sozialethischer und finanzieller Hinsicht. Sie erleben insgesamt ihre Eltern strenger und weniger unterstützend. Dabei trifft die Mutterstrenge mit hohen Aggressionswerten zusammen. Je mehr hingegen die Freizeit innerhalb der Familie verbracht wird, desto häufiger wird auch die Unterstützung durch die Eltern angegeben. In der Familie der jungen Delinquenten fallen die Kinder den Eltern eher zur Last und sind häufiger den augenblicklichen Stimmungen von Eltern und Geschwistern ausgesetzt. Für die Erziehung bleibt wenig Zeit und Kraft, was wiederum uneinheitliches Erziehungsverhalten und generelles Laufenlassen, aber auch gelegentlich übergroße Strenge einschließt. Die Eltern begünstigen durch inkonsistente Erziehungs- und Verstärkungsmuster den Aufbau undifferenzierten Sozialverhaltens beim Kind und behindern die Verinnerlichung von Handlungskontrollen. Diese Eltern sind daher keine dem herrschenden Wertsystem entsprechenden Musterpersonen. Ferner unterscheiden sich die registrierten jungen Rechtsbrecher durch eine negativere Arbeitseinstellung und durch eine geringere Ausdauer im Arbeitsverhalten, ablesbar am häufigen Lehrabbruch und Arbeitsplatzwechsel. Infolgedessen finden sich unter den registrierten Jugendtätern erheblich mehr ungelernte Hilfskräfte, als dem Bevölkerungsdurchschnitt entspricht.

3. Migranten und deutsche Spätaussiedler

Junge Ausländer, Angehörige ethnischer Minderheiten, aber auch deutsche Spätaussiedler im Jugendalter gelten seit einiger Zeit als besondere Problemgruppen im Zusammenhang mit der Jugendkriminalität. Auch wenn man eine systembedingte Überschätzung durch unterschiedliches Anzeigeverhalten von Bevölkerung und Polizei sowie höhere Sichtbarkeit annimmt, ist doch die Delinquenzbelastung der Migranten durchweg doppelt so hoch wie jene der Mehrheitsgesellschaft. Dieser für Deutschland gesicherte Sachverhalt entspricht ähnlichen Erfahrungen in den USA, Großbritannien, Israel, Schweden und der Schweiz.

Während sich seit Mitte der 70er Jahre die Beobachtungen zu einer wachsenden Straffälligkeit der jungen Ausländer häufen, wird über entsprechende Wahrnehmungen bezüglich auffälliger Russlanddeutscher aufgrund des späteren Zuzuges in das Bundesgebiet erst seit Anfang der 90er Jahre berichtet. Obwohl es sich bei beiden Gruppierungen um ganz unterschiedliche Populationen handelt, sind doch die zur Straffälligkeit führenden Integrationsprobleme ähnlich gelagert. Da aber Berechnungsgrundlagen aufgrund fehlender Basisdaten unsicher sind, kann man bezüglich der jungen Ausländer von einer etwa doppelt so hohen Delinquenzbelastung ausgehen, verglichen mit jener der im Bundesgebiet aufgewachsenen deutschen Altersgruppe. Ähnliche Überrepräsentationen in der Kriminalitätsbelastung dürften die jungen Russlanddeutschen betreffen. Welcher Sachverhalt bestimmt aber die eigentümliche Problemsituation der beiden Gruppen?

Gerade die überrepräsentative Delinquenzbelastung der deutschen Spätaussiedler belegt, dass es dabei nicht auf die Nationalität per se und die ethnische Zugehörigkeit als solche ankommt, sondern dass hier vielmehr spezifische Problem- und Lebenslagen vorliegen, die auf Integrationsmängel und daraus resultierende Konflikte hinweisen. Zu denken ist hier besonders an Defizite von Sprache, Ausbildung und Beruf sowie Wohnsituation. Aufgrund der kulturellen Unterschiede nach Herkommen, Mentalität und Lebensstil hat man nicht selten einen Kulturkonflikt vermutet und zur Erklärung der Kriminalitätsbelastung von Migranten herangezogen. Zwar lassen sich Anhaltspunkte eines solchen Kulturkonflikts nicht schlechthin bestreiten. Jedoch dürfte es sich bei der nachwachsenden Generation häufiger um einen sog. Eltern-Kind-Konflikt handeln. Denn gerade im Elternhaus ergeben sich Reibungen und Zusammenstöße zwischen den rivalisierenden Normensystemen des Herkunftslandes, repräsentiert durch die

Eltern einerseits und der Gast- und Wirtskultur, vertreten durch Schule, Beruf und Peer Group, andererseits. Hier nämlich äußert sich der Kulturkonflikt im Verhältnis der Zuwanderereltern zu ihren Kindern. Danach ist die unterschiedlich geglückte Anpassung an das kulturelle Normensystem des Mehrheitsvolkes die Ursache dafür, dass Sozialisations- und Kontrollkapazität der Elternfamilie abnehmen. Hierfür liefern die überproportionale Beteiligung junger Migranten wie auch der Spätaussiedler sowie die Kumulation von defizitärer Sozialisation, Konflikten im sozialen Nahbereich, Jugendarbeitslosigkeit, Peer Group-Einfluss und schärferer Sozialkontrolle zureichende Indikatoren.[28] Deshalb hat man kennzeichnend von der „Entwurzelung zur Arbeitslosigkeit und zur Straffälligkeit" oder gar von einer sog. sozialen Zeitbombe gesprochen.

4. Straffällige Mädchen

Sowohl bei Mädchen wie auch bei erwachsenen Frauen, die in den vergangenen Jahrzehnten häufiger straffällig wurden als ehemals, weisen die Befunde auf einen verhältnismäßig stabilen Anteil des weiblichen Geschlechts mit generell weniger als einem Fünftel an der Kriminalität hin. Dies gilt selbst für jene Zeiten, als die Frauenbewegung besonders aktiv war. Nach Delinquenzbefragungen verringert sich allerdings der Geschlechterabstand erheblich, namentlich im Bereich der Kleinkriminalität. Doch ist die Verweildauer im System der jugendstrafrechtlichen Sozialkontrolle vergleichsweise kurz und die Mehrfachdelinquenz selten, wie kriminalstatistische Analysen und die Kohortenforschung belegen. Folglich wächst auf dem Weg vom kriminellen Dunkel- zum Hellfeld und überdies bis hin zum Strafvollzug – hier beträgt der Frauenanteil nur 3 bis 5% – der Abstand zwischen den Geschlechtern, und der Frauenanteil nimmt erheblich ab. Im Übrigen wiegen die Straftaten der Mädchen weniger schwer als jene der Jungen. Derartige Befunde lassen sich international weitgehend verallgemeinern.[29] Allerdings ist nach den Befunden der Dunkelfeldforschung die allgemeine Delinquenzbelastung der Mädchen durchweg höher als nach der Kriminalstatistik. Aber selbst

[28] Zum Ganzen *Steffen* RdJB 1999, 332ff.; ferner *Luff* Kriminalität von Aussiedlern, 2000.

[29] Dazu Belege bei *Kaiser* Jugenddelinquenz im internationalen Vergleich, in *Innenministerium Baden-Württemberg* (Hrsg.) Jugend und Kriminalität, 1989, S. 13, 31 m. Nachw.; ferner *Junger-Tas* Delinquency in Thirteen Western Countries: some Preliminary Conclusions, in *dies. u. a.* (Hrsg.) Delinquent Behaviour among young people in the Western World, 1994, S. 372, 376.

dann ist die Belastung der Jungen noch immer doppelt so hoch, weshalb von einer Gleichverteilung im Sinne gleicher Belastung fundiert nicht die Rede sein kann, ganz abgesehen davon, dass sich die Straffälligkeit der Mädchen durchweg mit leichter Eigentumsdelinquenz, insbesondere Warenhausdiebstahl, auszeichnet im Gegensatz zur stärkeren Gewalttätigkeit und Mehrfachtäterschaft der Jungen.

5. Werden die Täter immer jünger?

Aufgrund der Verhaltensprobleme von strafunmündigen Kindern, insbesondere von sog. Kinderdelinquenten, wird nicht selten die Annahme vertreten, als würden die Täter immer jünger. Eine derartige Annahme reicht aber bereits bis zum Beginn der 60er Jahre zurück. Schon damals versuchte man die sich europaweit abzeichnenden Veränderungen in der Jugendkriminalität mit der Chiffre von der „Mode der Gewalt" zu charakterisieren. Mitte der 60er Jahre vermutete man aufgrund der ansteigenden Jugendkriminalität, dass es sich dabei in Wirklichkeit um eine Art Ablaufverschiebung, um die Vorverlagerung der Kriminalitätsspitze auf die jüngeren Altersgruppen handle, wobei jedoch im Übrigen das im Lebenslauf übliche Kriminalitätspensum gleichbleibe.[30] Diese Hypothese erinnert an das Phänomen der sog. Kinderkrankheiten, das hier auf das Sozialverhalten übertragen wird. Man nimmt also an, als häufe sich jetzt im Kindes- oder Jugendalter die früher über ein ganzes Leben verteilte Delinquenz gleichsam wie eine Art Kinderkrankheit. Außerdem kann man an die biologischen Prozesse sog. Entwicklungsbeschleunigung denken.

Obwohl es zutrifft, dass sich die Belastungsspitze der registrierten Täter immer mehr zu den jüngeren Altersgruppen hin verlagert hat, erweist sich der Erklärungsansatz aber nicht als genügend tragfähig. Worauf es jedoch in diesem Zusammenhang ankommt, ist der Befund, dass schon damals und ferner in den 70er Jahren überproportionale Zuwachsraten in der Jugendkriminalität zu beobachten waren. Ferner darf man nicht übersehen, dass in der Gegenwart nicht selten Kinder von Erwachsenen und von Banden zum Betteln und

[30] Dazu insbesondere *Kaufmann* Steigt die Jugendkriminalität wirklich? 1965; ähnliche Annahmen wurden auch in England vertreten, vgl. *Newburn* (o. Fn. 8), S. 616.

zum Ladendiebstahl missbraucht werden, nicht zuletzt deshalb, weil die Kinder noch strafunmündig sind und deshalb sanktionsrechtlich wenig Risiken eingehen. Nach dem Ergreifen werden sie gewöhnlich alsbald wieder auf freien Fuß gesetzt, weil die Polizeidienststellen für die Unterbringung und Betreuung weder zuständig noch dafür ausgestattet sind, die Jugendhilfebehörden hingegen zögern, initiativ zu werden und finanzielle Leistungen zu erbringen.

Abgesehen davon hat sich an der altersspezifischen Kriminalitätsverteilung und -belastung in den Spitzenwerten um das 18. bis 20. Lebensjahr auf dem europäischen Kontinent, wie schon seit dem frühen 19. Jahrhundert justizstatistisch belegt, nicht viel geändert. Dies gilt auch dann, wenn man berücksichtigt, dass die kriminal- und justizstatistischen Daten in erster Linie die Verfolgungsstrategien und Erfassungsmechanismen der sozialen Kontrollinstanzen (Polizei und Justiz) widerspiegeln. Immerhin zeigt der historische Rückblick, dass die rapide Zunahme der Jugend- und Heranwachsendenkriminalität seit den 50er Jahren nicht nur für die Bundesrepublik zutrifft, sondern sich in vielen europäischen Ländern wie auch in den USA findet und neuerdings selbst aus Japan berichtet wird.[31] Soweit sich partielle Abweichungen zu ausländischen Entwicklungen ergeben, handelt es sich überwiegend um Ergebnisse von unterschiedlichen Kontrollsystemen, indiziert etwa durch eine andere Festlegung des Alters der Strafmündigkeit oder durch die Kontrolle kindlichen und jugendlichen Verhaltens durch die Schaffung sog. Statusdelikte, also deliktische Verhaltensformen, die nur für Menschen im Kindes- oder Jugendalter gelten.

6. Junge Menschen als Opfer

In den Zusammenhang von Jugendkriminalität, Jugendschutz und Verbrechenskontrolle ist auch die Täter-Opfer-Beziehung eingebettet. Wie die Opferbefragungen seit den 70er Jahren belegen, geraten selbst junge Menschen schon in beachtlichem Umfang in Opfersituationen. Dieser Gefährdungs- oder Viktimisierungsgrad steht jenem der älte-

[31] Dazu neuerdings *Yokoyama*, Juvenile justice: An overview of Japan, in *Winterdyk* (Hrsg.) Juvenile justice systems. International perspectives, 1997, S. 1, 7ff.; ferner *Miyazawa* FS Blau, 1985, S. 277ff., 278.

ren Bevölkerungsgruppen keineswegs nach; eher trifft das Gegenteil zu. Auch zeigen sich **hochgradige Verschränkungen zwischen passiver und aktiver Gefährdung**, von Viktimisierung und Täterschaft junger Menschen. Lediglich die Kriminalitätsfurcht und die Anzeigebereitschaft ist bei jungen Menschen geringer, insbesondere beim männlichen Geschlecht. Der rapide Zuwachs der Viktimisierung von Kindern und Jugendlichen durch Gewalttaten bezieht sich aber ganz überwiegend auf die Entwicklung der 90er Jahre und ist im Wesentlichen auf das männliche Geschlecht bezogen. Das höhere Viktimisierungsrisiko von jungen Männern wird vor allem im Zusammenhang mit der riskanteren Lebensweise und der vermehrt im öffentlichen Raum verbrachten Freizeit erblickt. Wahrscheinlich treffen mehrere Faktoren zusammen. Auch wenn man die Bedeutung der konfliktreichen sozialen Lebens- und Problemlagen für Verbrechensentstehung und Opferwerden nicht gering einschätzt, muss man einräumen, dass wir die Gründe, die zu der fraglichen Entwicklung geführt haben, nicht genau kennen und daher auf mehr oder weniger plausible Annahmen zurückgreifen müssen. Dazu gehören ferner der soziale Wandel während der letzten Jahrzehnte, einschließlich der Migration, sowie die Sensibilisierung und Blickschärfung für die Äußerung roher Gewalt, die zugleich die Wahrnehmung und Bereitschaft beeinflusst haben, Gewalthandlungen zur Anzeige zu bringen. Familie, Schule, Straße und Fußballplatz gelten als spezifische Handlungsfelder, in denen Kinder und Jugendliche nicht nur zu Gewaltopfern werden, sondern auch in den „**Kreislauf der Gewalt**" (cycle of violence) durch Lern- und Leidensprozesse einbezogen werden. Obwohl bereits seit den 70er Jahren durch empirische Forschungen die partiellen Täter-/Opferidentitäten belegt und als Ausdruck „selbstgefährdender Lebensführung" nachgewiesen wurden, wonach also kindliche oder jugendliche Gewaltopfer gleichzeitig oder später zu Gewalttätern werden, lassen sich diese Beobachtungen nicht verallgemeinern. Andernfalls müssten sich die von Mädchen früh erfahrenen Verletzungen später durch eine gesteigerte Mädchenkriminalität äußern, was tatsächlich nicht der Fall ist, und zwar nicht einmal dort, wie in Ostdeutschland, wo das weibliche Geschlecht pauschal als „Verlierer" der Wiedervereinigung gilt. Im übrigen haben Einzelfallstudien gezeigt, dass selbst sog. Multiproblemfamilien mit häuslicher Gewalt auch gegensteuernde Schutzmechanismen entwickeln lassen, die einen etwaigen Gewalttransfer verhindern.

IV. Jugendkriminalität und ihre Erklärung

1. Mehrheitlich erfolgreiche Integration

Auch wenn man sich angesichts von Modernisierung und Globalisierung der Lebensverhältnisse die gesteigerten Integrationsschwierigkeiten junger Menschen in der Gegenwart vor Augen führt und ferner das erhebliche Abweichungspotential berücksichtigt, lässt sich der herausragende Befund nicht übersehen, dass es immerhin zwei Dritteln der gesamten jungen Altersgruppe gelingt, gravierende und für sie folgenreiche Konflikte mit der Jugendstrafrechtspflege zu vermeiden. Gemessen an Gefahren und Gefährdung, denen junge Menschen heute ausgesetzt sind, sollte man eher das Gegenteil vermuten.

So betrachtet, erscheint vor allem erklärungsbedürftig, warum und auf welche Weise es der überwiegenden Zahl der Jugendlichen gelingt, von kleinen Verstößen abgesehen, weitgehend normkonform zu leben. Hier setzen dann auch die neueren Sozialisations- und Kontrolltheorien an, die zu erklären suchen, wie normkonformes Verhalten erlernt und praktiziert wird. Trotz der herausragenden Bedeutung von Kontroll- und Bindungstheorien für das Verhalten des Menschen kann man widersprüchliche Verhaltenserwartungen der modernen Gesellschaft und deren Konfliktreichtum durch Modernisierung und Globalisierung nicht übersehen. Bindungsverluste und anomische Situationen lassen sich daher nicht stets vermeiden oder neutralisieren.

2. Jugendarbeitslosigkeit, Armut, Perspektivelosigkeit und Jugendkriminalität

Angesichts der Bedeutung, die berufliche Tätigkeit und Einkommen in der modernen Gesellschaft gewonnen haben, leuchtet es ein, dass entsprechende Defizite aufgrund wirtschaftlicher Krise, Jugendarbeitslosigkeit und Armut zur Perspektivelosigkeit junger Menschen beitragen, die sich auch in Jugendkriminalität äußert. Gelegentlich wird eine solche Annahme auch von der Ideologie einer **Gewinner- und Verliererkultur** theoretisch überhöht.[32] Eine solch **spekulative Ver-**

[32] In diesem Sinne etwa *Pfeiffer* Crime and Justice 1998, 255, 257, in Anlehnung an *D. James* Juvenile violence in a winner-loser-culture, 1995; ausgewogen und kritisch hingegen *B.-D. Meier* „Neue Armut" und die Entwicklung der Jugendkriminalität, in: *H.-J. Albrecht u. a.* (Hrsg.) Internationale Perspektiven in Kriminologie und Strafrecht, 1998, S. 1069, 1075f., 1081ff.

mutung unterstellt, dass nur oder hauptsächlich Verlierer straffällig werden sowie alle Straffälligen von der Verlierermentalität geleitet seien. Ein solches Konzept erscheint jedoch als viel zu einfach und zu grob in Schwarzweißmanier gezeichnet, um der Komplexität der Kriminalitätsentstehung einschließlich der Täter-Opfer-Konstellation gerecht zu werden. Im Hinblick auf die partielle Täter-Opfer-Identität junger Menschen ist kaum treffsicher zu entscheiden, wer sozial als Gewinner und wer als Verlierer gelten soll. Zwar dürften Sozialisationsmängel und Mehrebenenkonflikte im sozialen Nahfeld mit Jugendarbeitslosigkeit oder ungünstigen Zukunftsperspektiven häufig zusammentreffen. Arbeits- und Berufsnot junger Menschen steigern das bereits vorhandene Konfliktpotential, wie immer sie sich auch im Einzelnen psychosozial auswirken mögen. Gerade die Zunahme arbeitsloser Schulabgänger und längerfristig Arbeitsloser belegen den risikoerhöhenden Charakter der Jugendarbeitslosigkeit. Allerdings stimmen die neueren Analysen international weitgehend darin überein, dass keine starke Beziehung zwischen Arbeitslosigkeit und Verbrechen besteht, also die Arbeitslosigkeit keinesfalls die alleinige oder gar wichtigste Determinante für die Deliktsbegehung ist. Somit existiert zwar eine Reihe empirischer Anhaltspunkte dafür, dass eine Beziehung zwischen Beschäftigungslosigkeit und Delinquenz besteht, jedoch eingebunden in die ohnehin vorhandene Gefährdungslage der fraglichen Population. Diese ist wiederum stark abhängig von dem Alter der Betroffenen; der Zusammenhang zwischen Arbeitslosigkeit und Kriminalität steigt nach Erreichen der Volljährigkeit stärker und nimmt mit zunehmendem Alter wieder ab. Wahrscheinlich führen Sozialisationsmängel sowohl zu Jugendarbeitslosigkeit und Armut als auch zur Straffälligkeit junger Menschen. Man darf daher die Kausalbeziehung zwischen Jugendarbeitslosigkeit, Armut und Jugendkriminalität nicht eindimensional verengen. Weder im Längs- noch im Querschnitt lassen sich Armuts- und Kriminalitätsverteilung zur Deckung bringen. Ferner stimmen Armutsgeografie und Kriminalitätsgeografie nicht miteinander überein. Andernfalls hätte die Kriminalität in den 60er Jahren nicht wie geschehen steigen dürfen und hätten in den 90er Jahren die Kriminalitätsbelastungen in den neuen Bundesländern, namentlich bei den jungen Frauen, die als die eigentlichen „Verlierer" der Wiedervereinigung gelten, erheblich höher sein müssen. Entsprechendes gilt für den internationalen Vergleich von Arbeitslosigkeit, Armut und Kriminalitätshäufigkeit. Auch decken sich die Sozialprofile der Armen und der Straffälligen nicht. Andernfalls müssten wie erwähnt vor allem die Frauen, insbesondere die Alleinerziehenden, straffällig werden, da sie schätzungsweise zwei Drittel aller Armen stellen. Bekanntlich ist jedoch die weibliche Kriminalität noch immer sehr gering. Im Übrigen lässt sich bestenfalls im Deliktsbereich der Eigentums- und Vermögenskriminalität der angefochtene Zusammenhang denken. Doch entbehrt ein vergleichbarer Kontext bei der Verkehrsdelinquenz, von singulären Fällen abgesehen, ebenso jeglicher Grundlage wie bei der Sachbeschädigung. Die Verständnis, ja „Betroffenheit" suggerierende Interpretation des angefochtenen Zusammenhangs ist daher kriminologisch zu einfach, undifferenziert und nur vordergründig politisch gedacht. Empirisch jedoch erweist sie sich nicht mehr als pure Spekulation.

3. Konfliktsteigerung durch sozialen Wandel, Transformation und Globalisierung

Trotz der herausragenden Bedeutung von Kontroll- und Bindungstheorien für das Verhalten des Menschen lassen sich widersprüchliche Verhaltenserwartungen in der modernen Gesellschaft und deren Konfliktreichtum durch Modernisierung und Globalisierung nicht übersehen. Angesichts der enormen Umbrüche in Ostmitteleuropa seit 1989 haben politökonomische Transformationen und Modernisierung als Haupttypus der Theorie des sozialen Wandels große Beachtung erfahren. Die Modernisierung als „interdependentes System von Wandlungsprozessen", mit den Dimensionen der „kulturellen, politischen, wirtschaftlichen, sozialen, psychischen und internationalen Entwicklung", macht auch die Komplexität der Zusammenhänge und Prozesse plausibel. Doch die Relevanz der einzelnen Dimensionen, ihre Beziehungen untereinander und im Hinblick auf die Verbrechensentstehung bleiben noch immer recht vage. Dies gilt selbst für die kriminellen Auswüchse von Rechtsextremismus und Fremdenfeindlichkeit durch „Modernisierungsverlierer" und die Deutung als „antimodernistischen Protest".[33] Gleichwohl kann nicht zweifelhaft

[33] A. A. offensichtlich *Scherr* Befunde der Rechtsextremismusforschung: Gründe und Ursachen der Attraktivität rechtsextremer Orientierungen für Jugendliche, in *Dünkel u. a.* (Hrsg.) Rechtsextremismus und Fremdenfeindlichkeit, 1999, S. 69, 71, 74.

sein, dass jeder Deutungsversuch auch die Veränderungen der Verbrechenskontrolle, einschließlich der Kriminalisierung und des Sanktionenwandels miteinzubeziehen hat. Zwar ist nach der kriminologischen Modernisierungstheorie zu erwarten, dass die Verbrechensraten entsprechend dem Grad von Industrialisierung und Urbanisierung ansteigen. Aber die Verbrechensraten sind in den vergangenen zwei Jahrhunderten nicht stets gewachsen. In manchen Zeiten des schnellen ökonomischen Wachstums und der Urbanisierung haben sie sogar abgenommen. Auch die Theorie unterschiedlicher Gelegenheiten lässt sich nicht durchgängig erhärten, weil die Verbrechensraten bezüglich Eigentum und Vermögen nicht parallel zur Erzeugung und Verbreitung von Konsumgütern im 19. und 20. Jahrhundert angestiegen sind. Die Theorie des Zivilisationsprozesses wiederum findet in den Trends der Tötungsdelikte nur z. T. eine Bestätigung, zumal die allgemeinen Zuwächse sowohl von Gewalt- als auch Vermögensdelikten in diesem Jahrhundert seit den frühen 60er Jahren unerklärt bleiben. Offenbar reichen einfache Modelle, die eine lineare Beziehung zwischen sozioökonomischer Modernisierung und Verbrechen annehmen, nicht aus, um langfristige Entwicklungen und ihre Veränderungen über die letzten 150 Jahre aussagekräftig zu erklären.[34] Es ist noch immer schwierig, die vielschichtigen Veränderungen in unserer Gesellschaft, die man als sozialen Wandel begreift, zu erfassen sowie überzeugend mit der Delinquenzentwicklung zu verknüpfen. Denn Politik, Wirtschaft und Sozialwesen ebenso wie Wertsystem, Familienstruktur und Arbeitswelt, Mobilität und Migration bis hin zu den technologischen Veränderungen müssen sämtlich in ihrer mannigfachen Interdependenz einbezogen werden. Immerhin lässt sich feststellen, dass vor allem wirtschaftlich-politische Transformationen, Modernisierungsschübe und Kriminalitätsanstieg in Ostmitteleuropa der 90er Jahre einen Zusammenhang stützen. Bei alledem gewinnt auch die Rolle der Massenmedien durch Beeinflussung bis hin zur selbständigen Konstruktion als Medienkriminalität Bedeutung.[35] Bindungsverluste und anomische Situationen lassen sich daher nicht stets vermeiden oder neutralisieren. Man wird daher in Zukunft ein

[34] S. zu dieser Problematik besonders *Eisner* Das Ende der zivilisierten Stadt? Die Auswirkungen von Modernisierung und urbaner Krise auf Gewaltdelinquenz, 1997, S. 19, 74ff.

[35] Dazu neuerdings *Walter* (o. Fn. 23), S. 349f.

weiteres Wachstum an Jugenddelinquenz annehmen dürfen, so dass damit auch wiederum die staatliche Reaktionspolitik in Jugendhilfe und Jugendstrafrechtspflege auf den Prüfstand gelangt, um sich zu rechtfertigen und neuen Reformimpulsen Raum zu geben.

V. Jugend unter sozialer Kontrolle

1. Dimensionen, Schwerpunkte und Profile der Jugendpolitik

Kann es nach der auf die „Jugend" bezogenen Analyse kein unproblematisches Hineinwachsen in die Gesellschaft geben, da alternative Wege, Anomie und damit auch kriminelle Abweichungen stets präsent sind, muss dem auch die Jugendpolitik einschließlich der Jugendkriminalpolitik Rechnung tragen. Deren Dimensionen reichen von **Hilfe** und **Schutz** der Jugend einerseits bis hin zur Zuerkennung von **Autonomie** und Verantwortungsreife gegenüber Jugendlichen andererseits.[36] Dennoch kann der beachtliche Bestand an fördernden, schützenden und sichernden Normen nicht darüber hinwegtäuschen, dass sich junge Menschen in einem Spannungsfeld widersprüchlicher, zumindest vielfältiger Erwartungen, Anforderungen und Angebote sehen. Diese räumen ihnen zwar die Chance ein, in der Auseinandersetzung mit dem Vorhandenen die eigene Identität zu finden.

Ist ihnen aber ein großer Spielraum eröffnet, so ergeben sich aus dieser Lage auch tiefgreifende **Integrations- und Anpassungskonflikte**. Denn der soziale Lernprozess bedeutet ein Experimentieren, ein Erkunden neuer Lebenssphären. Daher erscheint es nur folgerichtig, dass diese Übergangszeit von erheblicher Verhaltensunsicherheit und erhöhtem Abweichungspotential begleitet wird. Dies gilt umso mehr, als sich die Jugend über eine beträchtliche Zeitspanne erstreckt. So gesehen ist die Tatsache, dass es überhaupt zu Jugendkonflikten kommt, geradezu normal, jedenfalls aber nicht problematisch.[37] Gleichwohl bieten Fehlentwicklungen und vor allem Straffälligkeit junger Menschen Anlass zur Besorgnis und nicht selten zur Intervention. Denn trotz aller Normalität und Episodenhaftigkeit der Jugenddelinquenz lässt sich nicht verkennen, dass nur ein kleiner Teil der Jugendlichen durch Straffälligkeit mit den Organen der strafrechtlichen Sozialkontrolle in Konflikt gerät.

[36] In diesem Sinne auch das französische Konzept gem. Art. 122.8 NCP, Art. 2 Abs. 1 Ord. 45; dazu *Northhafft* (o. Fn. 9), S. 130.

[37] Vgl. *Schüler-Springorum* FS Jescheck, 1985, S. 1107ff.; *Walter* Jugendkriminalität, 1995, S. 19ff., 109ff., 141; *Brunner/Dölling* (o. Fn. 3), Einf. I Rn. 5.

2. Jugendstrafrechtliche Sozialkontrolle – Modelle, Anwendungsbereich, Organisation, Verfahren und Mittel

Trotz der in der modernen Industriegesellschaft ähnlichen Problemsituation der Jugend und des nahezu universellen Anstiegs der Jugendkriminalität sind die **Antworten**, welche die Staaten **zur Bewältigung der Jugendkriminalität** gefunden haben, recht **verschieden**. Daran haben auch die Harmonisierungsbestrebungen der Vereinten Nationen nur wenig geändert. So stehen den vielfältigen internationalen Wandlungen vor allem Invarianzen in der Zuständigkeit von besonderen Jugendgerichten sowie im Anwendungsbereich spezifisch jugendstrafrechtlicher Rechtsfolgen gegenüber.[38] Dem widerspricht auch die breite Anlehnung an das Gedankengut oder gar an eine gemeinsame Orientierung in den Zielvorgaben der Jugendgerichtsbewegung nicht, was allerdings zu einer weitgehenden Übereinstimmung in den Entwicklungstendenzen führt.

Aber die **gravierenden Unterschiede in den** rechtlichen Grundlagen und den **Organisationsprinzipien** der Jugendstrafrechtspflege in Mitteleuropa verglichen mit den Problemlösungen des anglo-amerikanischen Rechtskreises lassen sich nicht übersehen. In Deutschland, in Österreich und in der Schweiz, ebenso wie in Frankreich, Italien und Spanien ist zwar die Überwachung des Verhaltens junger Menschen immer auch strafrechtlich verankert.[39] Hingegen verlief im angloamerikanischen und teilweise auch im skandinavischen Bereich die Entwicklung nahezu umgekehrt. Dort nämlich befindet sich das sog. **Wohlfahrtsmodell** (social welfare model), das herkömmlich das Leitbild für das Jugendgericht oder die Jugendbehörde, jedenfalls aber für den Umgang mit den straffälligen Jugendlichen prägt, in einer Verteidigungsstellung, wenn nicht gar in einer Rückzugsposition zugunsten des sog. **Gerechtigkeitsmodells** (justice model oder due process model). Entsprechendes gilt für die gegenwärtigen Reformtendenzen in Japan. Damit verbinden sich Bestrebungen nach stärke-

[38] Dazu insbesondere *Dünkel* (o. Fn. 12), S. 565f.; ferner *Vogt* Trendanalyse – Schwerpunkte aktueller amerikanischer Entwicklungen, 2000, S. 68ff.

[39] Vgl. dazu *Kaiser* (o. Fn. 12), S. 444f. sowie die in dem von *Dünkel u. a.* herausgegebenen Band (o. Fn. 12), S. 101ff., abgedruckten Beiträge zu den jugendstrafrechtlichen Systemen des Auslandes; sowie *Schellenberg* (o. Fn. 13) für die Schweiz.

rer Verrechtlichung, nach schärferer Herausbildung und Gewährleistung der Rechte junger Menschen und ihrer Verteidigungsmöglichkeiten gegenüber Polizei, Staatsanwaltschaft und Jugendgericht. So gesehen könnte es scheinen, als bewegten sich die prägenden und stilbildenden Kontrollsysteme im Jugendrecht der Welt aufeinander zu. Dieser Tendenz kommt das Bemühen der Vereinten Nationen entgegen, weltweit sog. Mindestgrundsätze für die Rechtsstellung von jugendlichen Rechtsbrechern und deren Behandlung auszuarbeiten sowie für alle Nationen für verbindlich zu erklären.[40] Neuerdings ist im Rahmen internationaler Bestandsaufnahme als dritte Perspektive auf ein **kommunales Konfliktlösungsmodell** (participatory process model) hingewiesen worden, welches bereits in vorindustriellen Gesellschaften und in Entwicklungsländern Anwendung gefunden haben soll. Es kann nicht zweifelhaft sein, dass eine solche Orientierung bei Anhängern des Abolitionismus, der Schlichtung und privaten Konfliktregulierung mit beachtlichen Sympathien rechnen kann und deshalb auch für hochindustrialisierte Gesellschaften als zukunftweisend empfohlen wird. Ob und inwieweit sich allerdings rechtsstaatliche Belange damit, insbesondere bei der Behandlung von Mehrfachtätern, voll vereinbaren lassen, erscheint noch ungeklärt. Entsprechendes gilt für die gegenwärtig umstrittene Prävention durch Video-Überwachung öffentlicher Straßen, Fußgängerpassagen, Plätze, Straßenbahnwagen, Bahnhöfe und Haltestellen öffentlicher Verkehrsmittel.[41]

Nicht minder bedeutend ist folgender Sachverhalt: Obwohl sich Länder mit verschiedenen Kulturen, Traditionen, Modellen, Systemen, Gesetzen, Strategien und Maßnahmen gegenüberstehen, stößt man auf dem Gebiet der Kriminalität und der Sozialkontrolle von Jugendlichen **überraschend** auf **ähnliche Befunde sowie Schwierigkeiten in den Aufgaben und der Bewältigung**. Die bereits vollzogenen oder doch beabsichtigten Veränderungen im Jugendrecht europäischer Staaten während der letzten zwei Jahrzehnte[42] können als Ausdruck ähnlicher

[40] S. dazu *Schüler-Springorum* (o. Fn. 37) und *H. Jung*, in *H.-J. Albrecht u. a.* (o. Fn. 32), S. 1047, 1049ff., 1054ff.

[41] Vgl. *Keller* Kriminalistik 2000, 187ff.; ferner *Hefendehl StV* 2000, 270ff.; ferner Badische Zeitung v. 4.3.2000 („Wo der Bär los ist, schaut die Polizei genau hin?") und FAZ Nr. 58 v. 9.3.2000 („Nach Hamburger Beispiel").

[42] S. dazu die von *Dünkel* (o. Fn. 12), S. 581ff., ausgebreiteten Befunde.

Befundlagen und Reformbedürfnisse gelten, obschon sich die Neuerungen nur teilweise zur Deckung bringen lassen. International, ja weltweit gesehen, kommt man nicht an der Tatsache vorbei, dass der Anstieg der Jugendkriminalität in der Nachkriegszeit, ferner die verbreitete Enttäuschung über die herkömmliche Jugendstrafrechtspflege, die beachtliche Ernüchterung bezüglich der Behandlungsideologie und die nicht übersehbaren Konflikte zwischen den verschiedenen Berufsrollen innerhalb der Jugendgerichtsbarkeit zum Nachdenken, zur Überprüfung und auch zur Suche nach neuen Wegen angeregt haben. Dabei haben sich die internationale Regelungsvielfalt und die nationalen Besonderheiten keinesfalls als hinderlich, sondern eher als stimulierend erwiesen.

3. Informalisierung und Mediation als internationale Strategien jugendkriminalpolitischer Entwicklung in der Gegenwart

In den letzten zwei Jahrzehnten verstärken sich in der Jugendkriminalpolitik Tendenzen, die man als Ausbau rechtsstaatlicher Verfahrensgarantien einerseits sowie Begrenzung und Reduzierung der Eingriffsintensität im Rechtsfolgenbereich andererseits kennzeichnen kann. Es handelt sich dabei um die Ausprägung von Grundsätzen, die den Rechtsgedanken der **Subsidiarität und Verhältnismäßigkeit** von staatlichen Eingriffen gegenüber straffälligen Jugendlichen verpflichtet sind.[43] Entsprechend setzt sich eine an der Tatproportionalität orientierte und zeitlich limitierte Sanktionierung gegenüber der für traditionelle Wohlfahrtsmodelle charakteristischen und ausschließlich auf die Persönlichkeitsentwicklung bezogenen Erziehungs- bzw. Behandlungsorientierung immer mehr durch.[44] Darüber hinaus spielt der Vorrang von Alternativen zum Freiheitsentzug im Jugendkriminalrecht weltweit eine herausragende Rolle und hat auch vielfach ähnlich den Regelungen in §§ 5 und 17 des deutschen JGG gesetzlichen Niederschlag gefunden. Demgemäß findet der Grundsatz der Subsidiarität von Strafe und Strafverfahren i. V. mit dem

[43] Dazu und zum Folgenden eingehend *Dünkel* (o. Fn. 12), S. 569f. m. Nachw.; ferner *Brunner/Dölling* (o. Fn. 3), Einf. II Rn. 18.

[44] So auch die ausdrückliche Empfehlung des Europarats; vgl. Recommendation Nr. R (87), 20, Nr.12; *Schneider* (o. Fn. 21), 96, lässt die Entscheidung über „retributive, rehabilitative oder restaurative Jugendkriminalpolitik" offen.

Erziehungsgedanken gleichfalls weltweit Anerkennung, was u.a. im Rahmen der Verabschiedung von Mindestgrundsätzen für die Jugendgerichtsbarkeit durch die Generalversammlung der Vereinten Nationen deutlich wurde.[45]

Seit Ende der 80er Jahre lassen sich in Europa intensive gesetzgeberische Aktivitäten im Bereich des Jugendkriminalrechts beobachten. Dies trifft für Deutschland ebenso zu wie für England, Frankreich, Italien, die Niederlande, für Österreich oder die Schweiz.[46] Gelegentlich erfolgt die Rechtserneuerung wie z. B. in England derart hektisch, dass der Beobachter mit der schnelllebigen Entwicklung kaum Schritt zu halten vermag und ihm die kritische Begleitung schwer fällt.

In diesem Rahmen sind **zwei markante**, obschon wenig übereinstimmende **Entwicklungen** besonders hervorzuheben. Dies gilt einmal für die Reform des österreichischen JGG aus dem Jahre 1988, die mit der Einführung des außergerichtlichen Tatausgleichs als vorrangige Reaktionsform einen kühnen Schritt gewagt hat. Verglichen damit tritt der in der deutschen Reform erprobte und allmählich auch gesetzlich stärker verankerte **Täter-Opfer-Ausgleich** sowohl an Kühnheit als auch an Anwendungsbreite erheblich zurück, kann allerdings dabei an eine reiche **Diversionspraxis** anknüpfen.[47]

Auf der anderen Seite lassen sich freilich auch die gegenläufigen Tendenzen nicht verkennen. Diese haben durchweg zu **Verschärfungen des Jugendstrafrechts** mit einer Anhebung der Höchststrafen bei der Jugendstrafe und der Einführung anderer Formen der sicheren Unterbringung geführt. Hervorzuheben sind in diesem Zusammenhang vor allem die Jugendstrafrechtsreform in den Niederlanden 1995 und Frankreich 1996 sowie der Criminal Justice Act 1994 und der Crime and Disorder Act 1998 in England und Wales. Die eng-

[45] Nachweise bei *Schüler-Springorum* (o. Fn. 37); Jung (o. Fn. 40), S. 1052, 1055.

[46] S. die unter Fn. 39 angeführten Belege.

[47] Dazu Nachweise oben unter Fn. 27; ferner *Schöch* RdJ 1999, 278ff.; *Kilchling* TOA-E versus ATA-E – Empirische Befunde zur Praxis des Täter-Opfer-Ausgleichs mit Erwachsenen im deutsch-österreichischen Vergleich (im Erscheinen); und *Schneider* (o. Fn. 21), 96; kritisch hingegen *Meßner* Recht im Streit. Das Jugendstrafrecht, die alternativen Sanktionen und die Idee der Mediation, 1996, S. 157, 168.

lische Gesetzgebung hat nicht nur den Rahmen für die zulässige Freiheitsentziehung erhöht, sondern auch die sichere Unterbringung („secure training order") für 12- bis 14-Jährige eingeführt sowie außerdem Möglichkeiten für Ausgangssperren (sog. curfew order) vorgesehen.[48] Noch darüber hinaus greift freilich die amerikanische Entwicklung, während Japan gerade im Begriff steht, die Jugendstrafrechtsreform parlamentarisch zu bewältigen, wobei der einzuschlagende Weg äußerst umstritten und der Ausgang der parlamentarischen Beratungen noch völlig offen ist.

Insgesamt betrachtet erscheint es freilich plausibel, dass ein **eigenständiges Jugendstrafrecht** mit einem differenzierten, auf Deeskalation, Erziehung und Hilfe ausgerichteten Reaktionenkonzept den besonderen Integrationsproblemen junger Menschen am ehesten gerecht wird. Dabei besticht das deutsche System aufgrund seines vielfältigen Instrumentariums. Ein abgestuftes und flexibles, jugendtypischen Problemlagen angemessenes Rechtsfolgensystem ebenso wie ein teilweise stärker informalisiertes Verfahren, das aber fundamentalen rechtsstaatlichen Maximen Rechnung trägt, lässt sich mit den neueren jugendkriminologischen Erkenntnissen wohl **am besten** absichern.[49]

4. Historischer Rückblick und international vergleichende Analyse – eine vorläufige Bilanz

Zwar erscheinen Umfang und Entwicklung der Jugendkriminalität wenig befriedigend, so dass man sich auch damit keineswegs abfinden kann. Dies einmal im Interesse der gefährdeten jungen Menschen, aber zum anderen auch im Hinblick auf die Belange der (potentiellen) Opfer und der Gesellschaft. Dabei erscheint wenig tröstlich, dass wir es hier nicht nur mit singulär deutschen Phänomenen zu tun haben, sondern vergleichbare Erscheinungsformen und Tendenzen nahezu weltweit beobachten können. Demgemäß haben sich auch Europarat, Vereinte Nationen und mehrere Nichtregierungsorgani-

48 S. *Ashworth* ZStW 109 (1997), 677, 678f.; *ders.* Overcrowded Times 1999, 5, 3 und 7–8; für die USA s. *Vogt* (o. Fn. 38), S. 68f.

49 *Dünkel* (o. Fn. 12), S. 577, 590; ferner *Brunner/Dölling* (o. Fn. 3), Einf. II Rn. 6ff., 18ff., 26ff., 43ff.

sationen (sog. NGOs) seit langem diesem Problemfeld zugewandt, um die bestehende Handhabung in der Kontrolle von Jugenddelinquenz zu überprüfen und neue Konzepte zu entwickeln. Aber auch in Deutschland stehen die **Anpassung an die Herausforderungen des 21. Jahrhunderts** und damit die Auswirkungen von Modernisierung und Transformation auf fast allen Tagesordnungen relevanter Organisationen und Instanzen. Es ist daher nicht verwunderlich, dass sich jetzt verbreitet, ja hektisch Bilanzierungsversuche sowie Prognosen zur Verbrechensbekämpfung und Inneren Sicherheit bei Polizei, Strafrecht und Kriminologie häufen, fokussiert auf die Frage, ob wir neue Konzepte brauchen und gegebenenfalls, wie diese beschaffen sein könnten.

Im historischen Rückblick fällt freilich die **Bilanz im sanktionsrechtlichen Umgang mit jugendlichen Straftätern nicht uneingeschränkt positiv** oder ermutigend aus. Offenbar waren die Erwartungen der Reformväter zu hoch gesteckt und ist Bescheidenheit angezeigt. Denn Jugendstrafrecht, Jugendgerichtsbarkeit und Jugendvollzug weisen gravierende Gebrechen auf. Trotz des Mängelprofils der Gesetzesanwendung empfiehlt sich, ebenso am Erziehungsgedanken wie an den Verfahrensgrundsätzen und dem Interventionssystem des Jugendstrafrechts festzuhalten. Freilich lässt sich nicht leugnen, dass es sich hierbei nicht nur um unterschiedliche und z. T. gegenläufige Ideen und Strategien handelt, sondern dass auch differierende Handlungsstile durch Konflikte zwischen miteinander rivalisierenden Professionen fest angelegt sind. So stehen den mehr bewahrenden Juristen in wachsendem Umfang experimentierfreudige Sozialpädagogen und sonstige Sozialwissenschaftler gegenüber, die ihnen das Feld im Umgang mit jungen Straffälligen streitig machen. Die durch neuere Fachstudien ausgebildeten Mediatoren machen die Entwicklung augenfällig. Die unterschiedliche Beteiligung der verschiedenen Berufsgruppen an Fachveranstaltungen, etwa der Deutschen Vereinigung für Jugendgerichte und Jugendgerichtshilfen, verdeutlicht dies und darüber hinaus die „vested interests“. Die Rivalität zwischen den Professionen und Konzepten lässt aber noch keine generell überlegenen Strategien erkennen. Gleichwohl haben die Verrechtlichung und der Informalismus in gleicher Weise international für einen Reformschub im Jugendrecht der Gegenwart gesorgt. Diese Entwicklung dürfte sich fortsetzen.

Zwar treffen wir in diesem Bereich, vielleicht abgesehen von China und den USA, nur selten auf Fortschrittsglauben und Erziehungsoptimismus, sondern eher auf einen von **Enttäuschung, Resignation und Ratlosigkeit** gesättigten Zeitgeist. Statt von moderner Schule sprechen wir von der postmodernen. Anstelle des Vertrauens auf den Staat als einem Ersatzvater für gefährdete und bedürftige Jugendliche sehen wir den Staat weitgehend diskreditiert, zurückgedrängt, entmachtet, ja geradezu als eigentlichen Verursacher der Jugendkriminalität verdächtigt. Denn so wendet man kritisch ein: „Auf Repression folgt Kriminalität“[50] und auf Prävention der Leviathan! Tendenzen zur Privatisierung strafrechtlicher Sozialkontrolle unterstreichen die Skepsis und Kritik. Dabei ist die Frage nach der Persönlichkeit des Täters und dessen Bedürfnissen weitgehend obsolet geworden. Daher befassen wir uns lieber mit dem Verwalten und der Dokumentation von Sanktionsstrategien. Denn, dass wir mit jugendstrafrechtlichen Interventionen noch etwas Konstruktives bewirken könnten, glauben offenbar nur noch wenige.[51] Obwohl wir fast alles „durchgespielt“ haben, sind wir nicht etwa erheblich klüger oder gar weiser geworden. Vielmehr stehen wir ratlos vor einem Trümmerhaufen an Ideen und Modellen. Nahezu richtungslos taumelt die Postmoderne wie in der Architektur und ergeht sich nicht selten in Zynismus gegenüber den Resozialisierungsansprüchen der einst modernen Schule. Dass sich die Entwicklung auf eine Strafe pur, also auf eine nur der Strafgewalt dienende Sanktion hinbewegen könnte, erscheint demgemäß als nicht mehr völlig unrealistisch.

Gleichwohl, und dies soll keinesfalls verkannt werden, kennt die Entwicklung der Jugendkriminalpolitik **auch ermutigende Lichtblicke**, wie sich z. B. beim Täter-Opfer-Ausgleich ebenso wie an der gemeinnützigen Arbeit ablesen lässt. Deshalb und aufgrund der Befunde internationaler Vergleichung ist eine Kehrtwende in der Verbrechens-

50 Vgl. *Sack* Gewalttätige Jugend – Schlüssel zur Gesellschaft? in *Programmleitung des Schweizerischen Nationalfonds* (Hrsg.) Gewalttätige Jugend – ein Mythos?, 1999, S. 5, 24.

51 Kennzeichnend *P.-A. Albrecht* Kriminologie, 1999, S. 304: „Bestenfalls eine Nichtwirkung und schlechtestenfalls ein kontraproduktiver Effekt“; freilich mit Ausnahme „staatlich kontrollierter Drogenabgabe als gesundheitspolitischer Intervention“ (S. 355); aA *Schneider* (o. Fn. 21), 92: „Frühe und intensive Interventionen versprechen größtmöglichen Erfolg“.

kontrolle und Jugendkriminalpolitik nicht geboten. Dies gilt umso mehr, als alternative Konzepte, die überlegene Problemlösungen in Aussicht stellten, nicht in Sicht sind. „Angezeigt erscheint eher eine kontinuierliche Weiterentwicklung des JGG als seine fundamentale Veränderung".[52] Insbesondere verspricht die etwaige Abschaffung des Jugendstrafrechts oder des Strafrechts überhaupt keine Problemlösung, welche die Belange der Gesellschaft und die Bedürfnisse der nachwachsenden Generation besser bewältigen könnte. Denn welche funktionalen Äquivalente, die zugleich effektiver und humaner sowie mit weniger Schwierigkeiten und Willkür in der Implementation und Gleichbehandlung verbunden wären, sollten die Aufgaben übernehmen? Hier stehen die häufig angemahnten „Visionen" für eine realistische Fortentwicklung noch aus.

Ist daher eine Veränderung nach Haupt und Gliedern, also ein totaler Kurswechsel, weder aussichtsreich noch geboten, so erscheinen immerhin **Modifikationen der Jugendkriminalpolitik** möglich und **empfehlenswert**, sei es durch stärkere Aktivierung der Jugendhilfe, durch Überprüfung erlebnispädagogischer Ansätze, aber auch nach Kosten-Nutzen-Gesichtspunkten. Das bislang wenig befriedigend gelöste Problem der Behandlung strafunmündiger Serientäter schreit geradezu nach der Entwicklung neuer Behandlungsformen. Dabei ist weniger an die Senkung der Strafmündigkeitsgrenze zu denken als vielmehr an die Entwicklung und Erprobung sowie den Einsatz sozialpädagogischer Angebote. Die Ablehnung geschlossener Heime ist zwar verständlich; jedoch sind bislang keine überzeugenden Alternativen, die überlegen wären, nachgewiesen. Hier kann Ignorieren und Nichtstun keinesfalls die Lösung sein. Allerdings wird man der durch die englische Gesetzgebung geschaffenen Möglichkeit, eine secure training order schon gegen 12- bis 14-Jährige anzuordnen, nur ungern zustimmen, obwohl ein dahingehendes Bedürfnis schwerlich bestritten werden kann.

[52] So *Brunner/Dölling* (o. Fn. 3), Einl. II Rn. 44a; *H.-J. Albrecht* (o. Fn. 20), 46, meint dementsprechend: „Heute noch keine plausible Alternative". Interessant jedoch die Stärkung der familiengerichtlichen Kompetenz als alternatives Konzept, vorgeschlagen von *Hinz* (o. Fn. 6), 112.

Vielmehr erscheinen Anstrengungen in Hilfe und Betreuung, einschließlich der Bereitstellung entsprechender Arbeits- und Freizeitangebote, notwendig, ja unabweisbar. Auch wenn die finanziellen Mittel auf absehbare Zeit sehr knapp sein werden, kann auf weitere Initiativen bezüglich sprachlicher Vermittlung, Ausbildung und Freizeitbetreuung, insbesondere sozialer Randgruppen, nicht verzichtet werden. Soweit es um die Kontrolle und Einschränkung von Gewalt in der Familie geht, reicht die bloße Einräumung eines „Rechts auf gewaltfreie Erziehung" (§ 1632 Abs. 2 BGB n.F.) nicht aus. Daher lassen sich über das Kindschaftsrechtsreformgesetz und das neuere Gesetz zur Ächtung der Gewalt in der Erziehung hinaus sog. Schutzanordnungen (protection orders) zugunsten der verletzten Frauen und der Kinder nicht vermeiden. Auch an Beratungskurse für Erzieher wird man denken müssen, obwohl Elternschulungen schon seit den 50er Jahren weitgehend erfolglos empfohlen werden. Im Übrigen gilt es, ein Programm des integrierenden Sanktionierens zu entwickeln. Denn bislang ist es noch nicht gelungen, strafen und zugleich integrieren überzeugend zu verknüpfen. Gewalttaten gilt es zu isolieren und auszugrenzen, nicht aber dauerhaft die fraglichen Personen. Dies ist zwar schwierig; doch andernfalls wird der Teufelskreis nicht durchbrochen.

Entwicklung der Jugendkriminalität in Deutschland – zugleich: Zum Aussagegehalt des Kriminalitätsanstiegs –

Michael Walter

I. Einleitung[1]

Wenn von Kriminalitätsentwicklungen die Rede ist, wenn sie zum Thema werden, geht es regelmäßig um Anstiege. Es gibt zwar sehr wohl gleichbleibende Kriminalitätsbelastungen und sogar rückläufige Entwicklungen – derzeit etwa beim Einbruchsdiebstahl. Doch an derartigen Nachrichten ist kaum jemand interessiert. Deutlich wird diese Interessenlage durch einen Blick in die Tageszeitungen: Während dort Kriminalitätszunahmen lautstark verkündet werden, erscheinen Meldungen über Rückgänge nur klein und auf den hinteren Rängen. Sie haben keinen hohen „Nachrichtenwert".

Auch wissenschaftliche Abhandlungen sind bislang wesentlich häufiger dem Anstieg als der Abnahme von Kriminalität gewidmet. Es scheint fast so, als sei die Vorstellung einer Verringerung der Kriminalität ein Widerspruch in sich. Der Anstieg der Kriminalität imponiert als ein dauerhaftes Phänomen, das ständige Sorgen und Überlegungen hervorruft, wie man besser und noch intensiver gegen die Kriminalität ankämpfen könne. Die Aufmerksamkeit ist auf die Details und Eigenheiten des Anstiegs gerichtet, insbesondere auf die als besonders gefährlich eingestufte Kriminalität und die persönlichen Merkmale der betreffenden Straftäter sowie deren soziale Umgebung. Der Anstieg muss theoretisch erfasst und interpretiert werden, und am Ende steht die bange Frage, wie bedrohlich die Lage inzwischen geworden ist.

Der folgende Beitrag verläuft nicht in diesen Bahnen. Zwar soll zunächst die Kriminalitätsentwicklung in ihren wesentlichen Zügen gekennzeichnet werden (II., III.). Diese Skizze liefert aber lediglich

1 Meiner Mitarbeiterin Frau Dipl.Psych. *A. Wolke* danke ich auch an dieser Stelle vielmals für die Anfertigung der Schaubilder.

die Voraussetzung für die weitere Überlegung, welche Bedeutung dem Kriminalitätsanstieg beizumessen ist (IV.f.). Welche Erkenntnisse können wir dem Kriminalitätsanstieg eigentlich abgewinnen? Welchen Aussagegehalt birgt der Kriminalitätsanstieg bei Lichte betrachtet? Es handelt sich um eine Infragestellung des scheinbar Selbstverständlichen, um eine Trennung des Rationalen vom Scheinrationalen, dessen Täuschungspotential – und darin weiß ich mich mit dem verehrten Jubilar einig – über die Wirkungen des offen Irrationalen weit hinausgeht.

II. Merkmale des Kriminalitätsanstiegs – eine Skizze mit wenigen Linien

1) Der Kriminalitätsanstieg **betrifft im Wesentlichen nur die Jugendkriminalität**, kaum die Erwachsenenkriminalität.

Die Tatverdächtigenbelastungsziffer (TVBZ), die die Tatverdächtigen zu 100000 der betreffenden Wohnbevölkerung in Beziehung setzt und damit die Bevölkerungsentwicklung mit berücksichtigt, ist ab der Mitte der 80er Jahre – gemessen nach der Umstellung der Polizeilichen Kriminalstatistik (PKS) auf die sogenannte Echttäterzählung im Jahre 1983 – relativ konstant geblieben. Aber anders als bei den Erwachsenen, zu denen die zur Tatzeit zumindest 21jährigen zählen, sind bei den Jugendlichen (14–17jährigen) und den Heranwachsenden (18–20jährigen) mit dem Beginn der 90er Jahre die Belastungsziffern erheblich angestiegen. Die Abbildung 1 zeigt lediglich die Zahlen für die Deutschen, weil sich die Relationen zur Wohnbevölkerung bei den Ausländern nur sehr unzuverlässig bis gar nicht herstellen lassen.

2) Die Jugendkriminalität steigt jedoch nicht erst seit den 90er Jahren an, vielmehr im Grunde schon solange, wie es sie gibt: **Jugendkriminalität ist seit ihrer Entdeckung Anstiegskriminalität**.

Das Jahr 1954 ist in Abbildung 2 aus kriminalstatistischen – nicht kriminalitätsbezogenen – Gründen gewählt worden, weil die Datenlage zuvor nicht adäquat ermittelt werden konnte. Die Einschnitte betreffen Änderungen der Zählweise, keine realen Veränderungen. Wie der in der Untersuchung von *Albrecht/Lamnek*[2] gewählte Zeit-

[2] *P.-A. Albrecht/Lamnek* Jugendkriminalität im Zerrbild der Statistik, 1979.

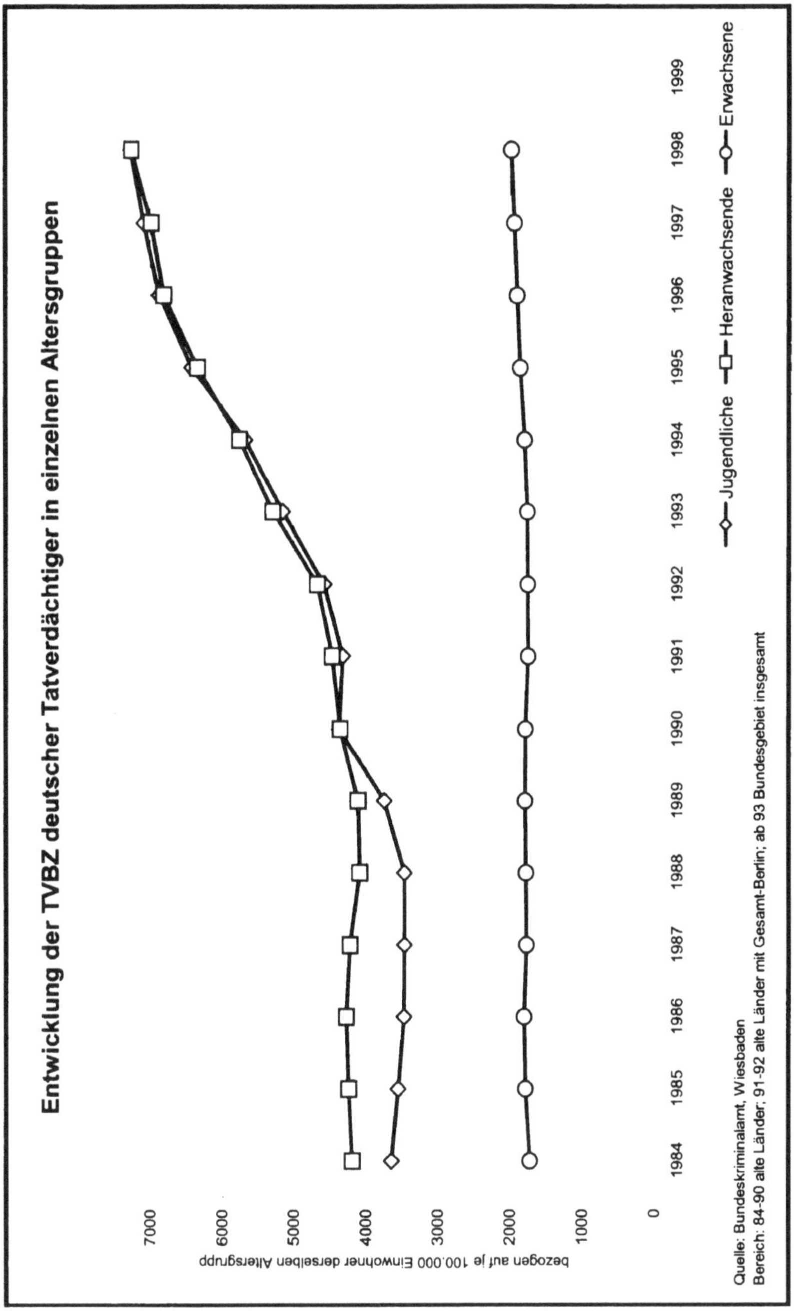
Entwicklung der TVBZ deutscher Tatverdächtiger in einzelnen Altersgruppen
bezogen auf je 100.000 Einwohner derselben Altersgrupp
0
1000
2000
3000
4000
5000
6000
7000
1984
1985
1986
1987
1988
1989
1990
1991
1992
1993
1994
1995
1996
1997
1998
1999
Jugendliche
Heranwachsende
Erwachsene
Quelle: Bundeskriminalamt, Wiesbaden
Bereich: 84-90 alte Länder; 91-92 alte Länder mit Gesamt-Berlin; ab 93 Bundesgebiet insgesamt

Abbildung 1

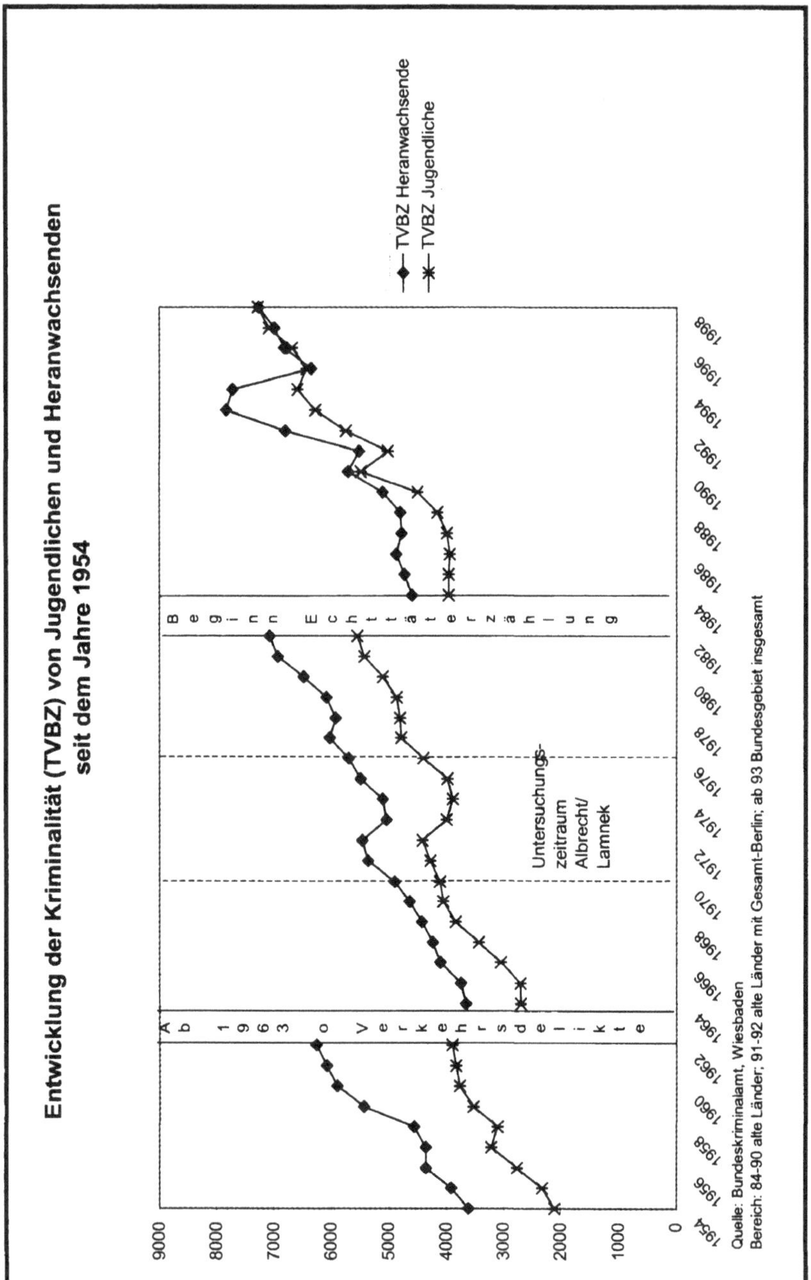
Entwicklung der Kriminalität (TVBZ) von Jugendlichen und Heranwachsenden seit dem Jahre 1954
TVBZ Heranwachsende
TVBZ Jugendliche
0
1000
2000
3000
4000
5000
6000
7000
8000
9000
1954
1956
1958
1960
1962
1964
1966
1968
1970
1972
1974
1976
1978
1980
1982
1984
1986
1988
1990
1992
1994
1996
1998
Ab 1963 o Verkehrsdelikte
Untersuchungs-
zeitraum
Albrecht/
Lamnek
Beginn Echttäterzählung
Quelle: Bundeskriminalamt, Wiesbaden
Bereich: 84-90 alte Länder; 91-92 alte Länder mit Gesamt-Berlin; ab 93 Bundesgebiet insgesamt

Abbildung 2

abschnitt 1971–1977 verdeutlicht, treten gelegentlich kürzere rückläufige Phasen auf, die indessen den längerfristigen Trend nicht verändern. Interpretationen, die nur kurze Zeiträume als Basis wählen, stehen mithin – worauf schon *Kreuzer* hingewiesen hat – in der Gefahr, einen nicht zutreffenden Eindruck zu erwecken.[3] Im Allgemeinen folgen den Zeiten eines stärkeren Anstiegs gewisse „Erholungsphasen", wodurch eine bildliche Wellenförmigkeit entsteht.

3) Obwohl zum Anstieg der Insgesamtzahlen für alle Delikte vor allem die vielen kleinen bagatellartigen Straftaten wie Schwarzfahren (Leistungserschleichung) und auf geringe Summen bezogene Ladendiebstähle beigetragen haben, haben sich die **Anstiegsdiskussionen der letzten Jahre schwerpunktmäßig auf die Gewaltkriminalität konzentriert**. Die polizeiliche Datenlage spiegelt die Abbildung 3.

Unter den Begriff der Gewaltkriminalität subsumiert die PKS hauptsächlich die Tötungsdelikte, Fälle schwerer sexueller Nötigung, Raub und raubähnliche Delikte sowie qualifizierte Formen der Körperverletzung[4]. Die Belastungszahlen lagen bereits in den 80er Jahren bei den Jugendlichen und Heranwachsenden erheblich über denen der Erwachsenen. Doch sind sie außerdem noch nach einem teilweisen Rückgang bis 1989 ab dem Beginn der 90er Jahre steil angestiegen. Entsprechendes gilt für die noch strafunmündigen Kinder, die dennoch von der Polizei registriert worden sind, wenngleich sich diese Zahlen natürlich auf einem viel niedrigeren Nivau bewegen.

Die Abbildung 4 bestätigt dieses Bild speziell für den Raub. Der Anstieg bleibt bestehen, auch falls man den Blick nicht auf die neuen Bundesländer ausdehnt, sondern im Wesentlichen – mit Ausnahme von Berlin – lediglich die Kriminalität in den alten Bundesländern weiterverfolgt. Entsprechendes gilt für die qualifizierten Körperverletzungen, wie Abbildung 5 zeigt.

4) Innerhalb der Gruppe der registrierten jungen Gewaltdelinquenten nimmt der **Anteil der Ausländer** einen erheblichen Raum ein. Sie sind im Vergleich zu ihrem Anteil in der Bevölkerung bei weitem

[3] *Kreuzer* Kriminalistik1980, 67f.
[4] S. PKS für das Berichtsjahr 1998, Vorbemerkungen, S. 15.

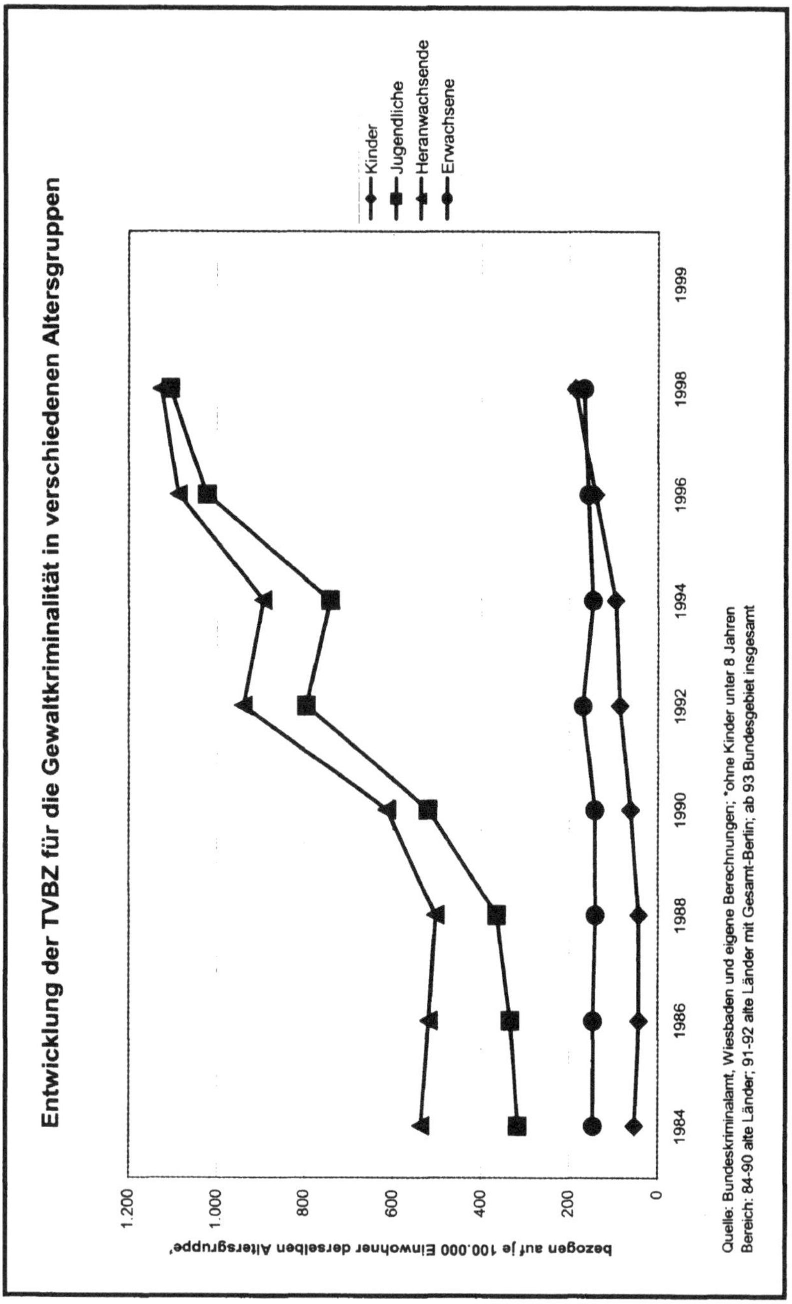
Entwicklung der TVBZ für die Gewaltkriminalität in verschiedenen Altersgruppen
Kinder
Jugendliche
Heranwachsende
Erwachsene
bezogen auf je 100.000 Einwohner derselben Altersgruppe,
1.200
1.000
800
600
400
200
0
1984
1986
1988
1990
1992
1994
1996
1998
1999
Quelle: Bundeskriminalamt, Wiesbaden und eigene Berechnungen; *ohne Kinder unter 8 Jahren
Bereich: 84-90 alte Länder; 91-92 alte Länder mit Gesamt-Berlin; ab 93 Bundesgebiet insgesamt

Abbildung 3

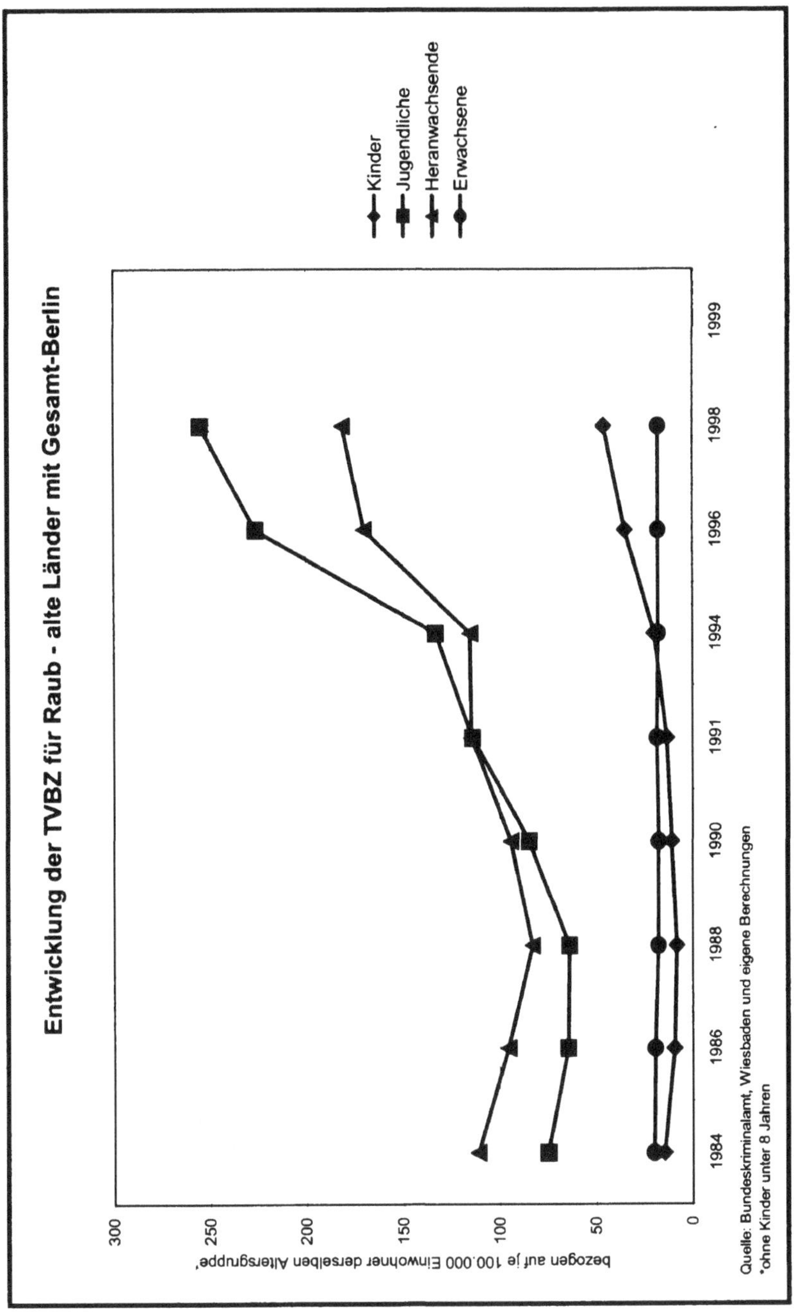
Entwicklung der TVBZ für Raub - alte Länder mit Gesamt-Berlin
Kinder
Jugendliche
Heranwachsende
Erwachsene
bezogen auf je 100.000 Einwohner derselben Altersgruppe*
300
250
200
150
100
50
0
1984
1986
1988
1990
1991
1994
1996
1998
1999
Quelle: Bundeskriminalamt, Wiesbaden und eigene Berechnungen
*ohne Kinder unter 8 Jahren

Abbildung 4

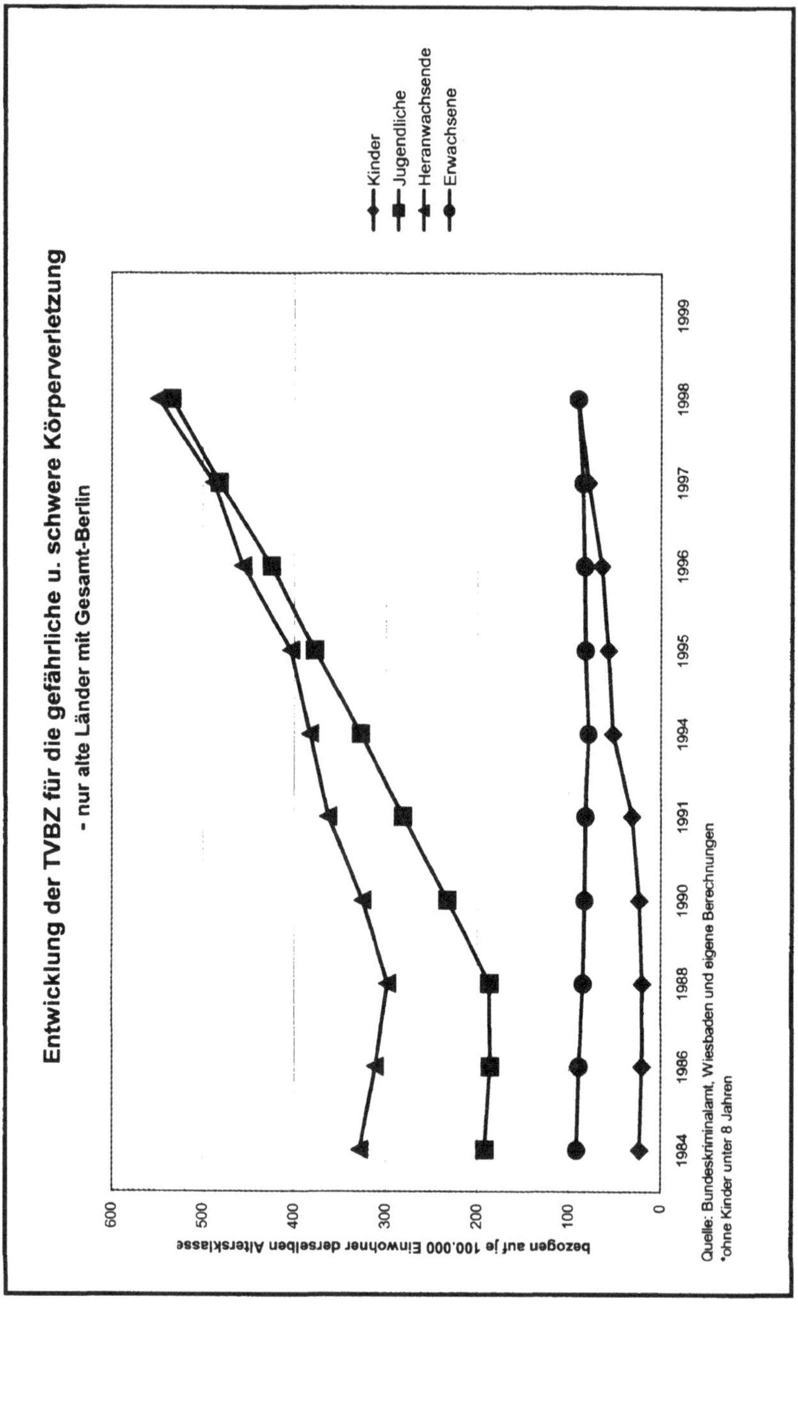
Entwicklung der TVBZ für die gefährliche u. schwere Körperverletzung
- nur alte Länder mit Gesamt-Berlin
Kinder
Jugendliche
Heranwachsende
Erwachsene
bezogen auf je 100.000 Einwohner derselben Altersklasse
0
100
200
300
400
500
600
1984
1986
1988
1990
1991
1994
1995
1996
1997
1998
1999
Quelle: Bundeskriminalamt, Wiesbaden und eigene Berechnungen
*ohne Kinder unter 8 Jahren

Abbildung 5

überrepräsentiert. Ihre prozentuale Beteiligung erreichte bis zum Beginn der 90er Jahre teilweise bis zu 50% und mehr aller Tatverdächtigen der betreffenden (Unter-)Gruppe. Exemplarisch verdeutlichen dies die Abbildungen 6 und 7.

Das Bundesland Nordrhein-Westfalen darf in diesem Kontext als pars pro toto der alten Bundesrepublik angesehen werden, zumal zu ihm mehrere industrielle Ballungsräume gehören. Beide Bilder zeigen für die letzten Jahre einen leichten Abwärtstrend, der damit zusammenhängen könnte, dass durch die Neuregelung des Asylrechts im Jahre 1993 der Zuzug von Ausländern erheblich verringert wurde und zugleich Abwanderungen erfolgten.

Innerhalb der deutschen Bevölkerung wird die **Höherbelastung der jungen Ostdeutschen** betont.[5] Insoweit handelt es sich indessen um Erscheinungen, die mit dem gesellschaftlichen Umbruch verbunden sind und bei denen eine schrittweise Angleichung an die Lage in den alten Bundesländern zu vermuten ist.

5) Als fünftes Merkmal mag der **Anstieg der polizeilich registrierten Kinder**, unter ihnen wieder viele ausländischen Kinder, angesehen werden. Die allgemeine Feststellung lautet: Die Täter werden immer jünger. Die Entwicklung zeigen die Abbildungen 8 und 9 – wiederum exemplarisch für Nordrhein-Westfalen.

Wie beide Graphiken verdeutlichen, gingen die absoluten Zahlen bis zum Jahre 1998 recht steil nach oben. Der Anteil der ausländischen Kinder, der zu Beginn der 90er Jahre beim Raub sogar über der Hälfte der Gesamtzahl der angezeigten Kinder lag, hat sich zwischenzeitlich auf recht hohem Niveau stabilisiert.

6) Des Weiteren gehört zu den Eigenheiten des Kriminalitätsanstiegs, dass er in der **PKS ungleich stärker abgebildet wird als in der Strafverfolgungsstatistik** der Justiz. Auf diese „Schere" zwischen den ansteigenden Tatverdächtigenziffern einerseits und den beharrlicheren Ver-

[5] S. etwa *Pfeiffer* Anstieg der Jugendkriminalität? in *Schmidt-Gödelitz/Pfeiffer/Ziegenspeck* (Hrsg.) Kinder- und Jugendkriminalität in Deutschland, 1997, S. 101 ff., 105.

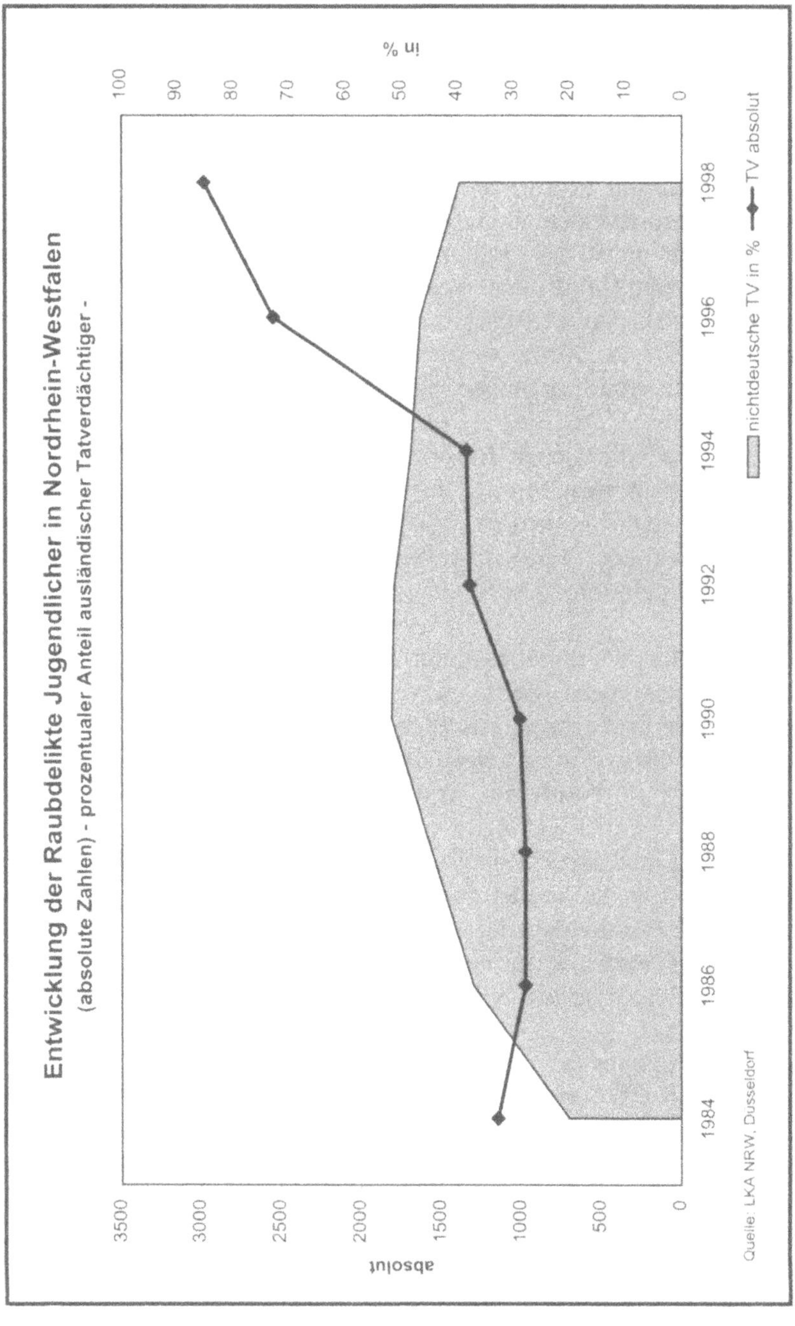
Entwicklung der Raubdelikte Jugendlicher in Nordrhein-Westfalen
(absolute Zahlen) - prozentualer Anteil ausländischer Tatverdächtiger -
absolut
in %
3500
3000
2500
2000
1500
1000
500
0
100
90
80
70
60
50
40
30
20
10
0
1984
1986
1988
1990
1992
1994
1996
1998
nichtdeutsche TV in %
TV absolut
Quelle: LKA NRW, Düsseldorf

Abbildung 6

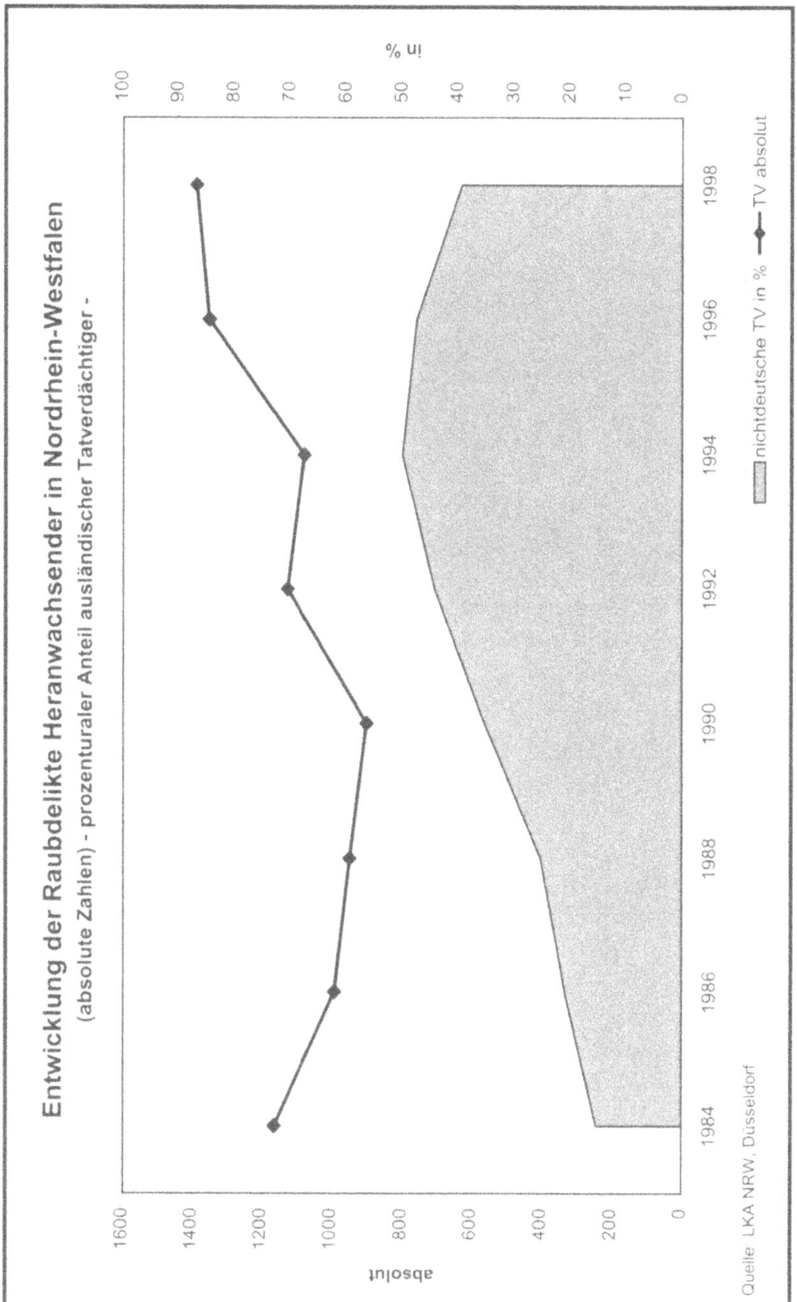
Entwicklung der Raubdelikte Heranwachsender in Nordrhein-Westfalen
(absolute Zahlen) - prozenturaler Anteil ausländischer Tatverdächtiger -
absolut
in %
1600
1400
1200
1000
800
600
400
200
0
100
90
80
70
60
50
40
30
20
10
0
1984
1986
1988
1990
1992
1994
1996
1998
nichtdeutsche TV in %
TV absolut
Quelle: LKA NRW, Düsseldorf

Abbildung 7

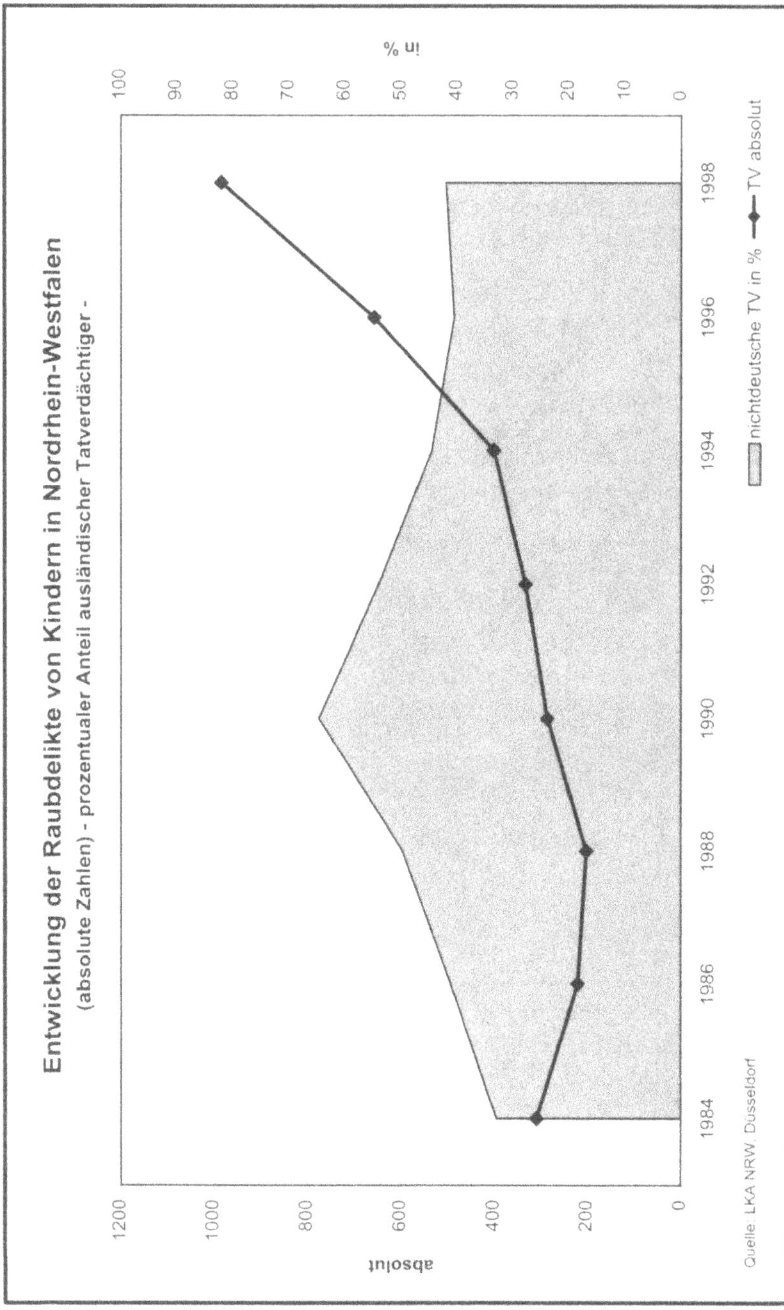
Entwicklung der Raubdelikte von Kindern in Nordrhein-Westfalen
(absolute Zahlen) - prozentualer Anteil ausländischer Tatverdächtiger -
absolut
1200
1000
800
600
400
200
0
in %
100
90
80
70
60
50
40
30
20
10
0
1984
1986
1988
1990
1992
1994
1996
1998
nichtdeutsche TV in %
TV absolut
Quelle: LKA NRW, Düsseldorf

Abbildung 8

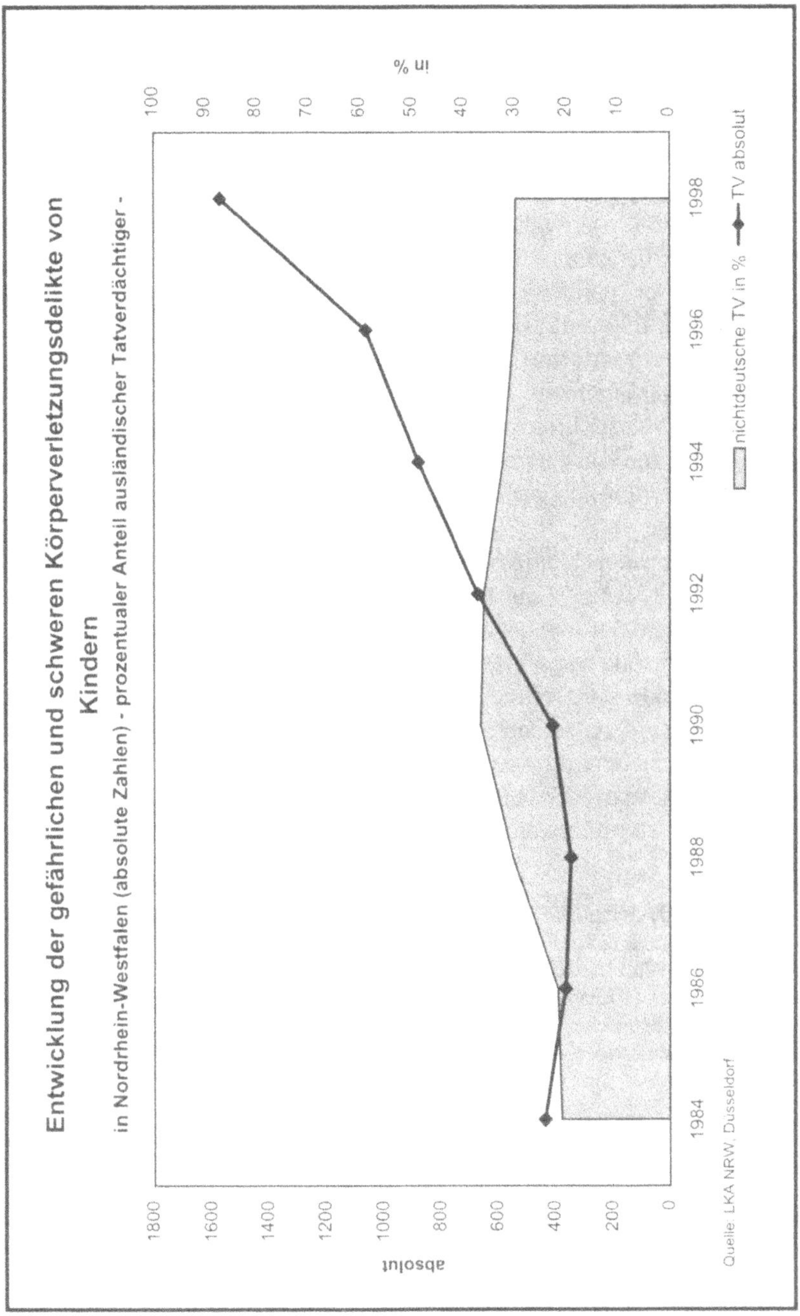
Entwicklung der gefährlichen und schweren Körperverletzungsdelikte von Kindern
in Nordrhein-Westfalen (absolute Zahlen) - prozentualer Anteil ausländischer Tatverdächtiger -
absolut
1800
1600
1400
1200
1000
800
600
400
200
0
in %
100
90
80
70
60
50
40
30
20
10
0
1984
1986
1988
1990
1992
1994
1996
1998
nichtdeutsche TV in %
TV absolut
Quelle: LKA NRW, Düsseldorf

Abbildung 9

urteiltenziffern andererseits, die sich in den 90er Jahren immer weiter geöffnet hat, ist jüngst wieder nachdrücklich von *Heinz*[6] hingewiesen worden. Die Abbildung 10 veranschaulicht die Lage beispielhaft für die Raub- und raubähnlichen Delikte.

Gleichwohl darf nicht übersehen werden, dass auch die Verurteiltenbelastungsziffer seit den 80er Jahren angestiegen ist. So errechnete *Dölling* für die Zeitspanne zwischen 1984 und 1996 bei Jugendlichen bezüglich der gefährlichen und schweren Körperverletzung einen Anstieg von 58% und beim Raub um sogar 77%.[7] *Pfeiffer* und Mitarbeiter weisen darauf hin, dass sich die Zusammensetzung der jungen Angeklagten und Verurteilten verändert habe. Der Anteil der wegen Gewaltdelikten verfolgten habe zugenommen, jedoch sei gleichzeitig die Tatschwere der betreffenden Körperverletzungs- und Raubdelikte deutlich geringer geworden.[8]

7) Vergleiche der Hellfelddaten mit der **Entwicklung im Dunkelfeld** sind bisher leider nur ansatzweise und sehr eingeschränkt möglich, da wir in Deutschland insoweit noch über keine Angaben aus turnusmäßigen Bevölkerungsbefragungen verfügen. Die wenigen verwertbaren **Befunde stützen die Dramatik der polizeilichen Zahlen**[9] **nicht**. Allerdings sind Anzeichen für moderate und auf bestimmte Jugendliche bezogene Erweiterungen gewaltsamen Handelns gefunden worden.[10] LÖSEL und Mitarbeiter haben bei einer Replikationsstudie eine Verstärkung von Gewalttätigkeiten bei ohnehin schon entsprechend

6 *Heinz* DVJJ-Journal 1997, 270ff., 275, 284f.

7 *Dölling* Kinder- und Jugendkriminalität – wohin?, Papier einer Podiumsdiskussion 1999 in Erbach, S. 4.

8 *Pfeiffer/Delzer/Enzmann/Wetzels* Ausgrenzung, Gewalt und Kriminalität im Leben junger Menschen, in *DVJJ* (Hrsg.) Kinder und Jugendliche als Opfer und Täter. Dokumentation des 24. Jugendgerichtstages in Hamburg 1998, 1999, S. 58f., 92.

9 Die einst *Pfeiffer* überbetonte, s. DVJJ-Journal 1996, 215f.; dagegen *Walter* DVJJ-Journal 1996, 209f. u. 335f.; detaillierte Darlegungen zu unseren erheblichen Wissenslücken bei *Heinz* Reformbedarf des Jugendstrafrechts? Jugendkriminalität und Jugendkriminalrechtspflege aus Sicht der Kriminologie. Schriftliche Stellungnahme anlässlich der Expertenkonferenz „Reform des Jugendgerichtsgesetzes“ veranstaltet vom Ministerium der Justiz des Landes Sachsen-Anhalt und der DVJJ am 3./4. 04. 1998 in Magdeburg.

10 *Mansel/Hurrelmann* KZfSS 1998, 78f., 105f.

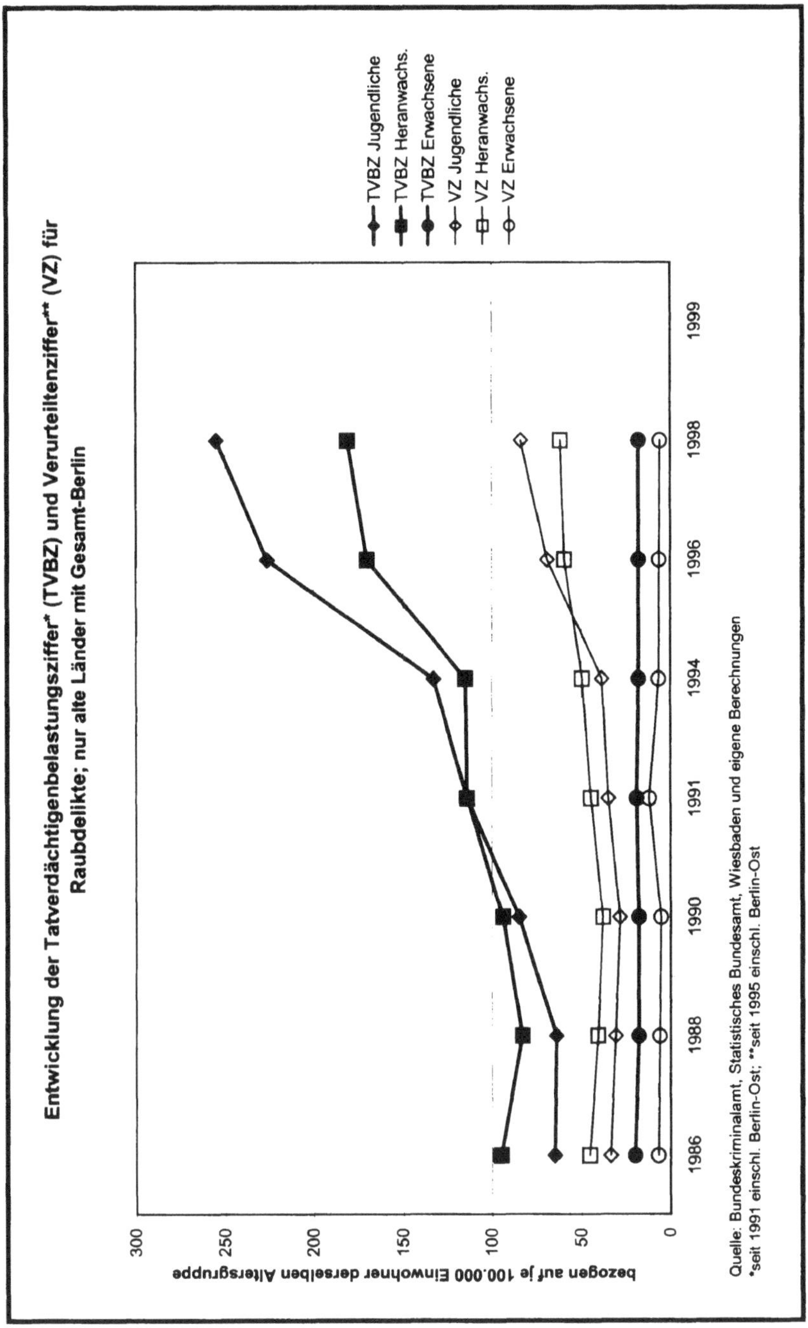

Abbildung 10

Gefährdeten gefunden.[11] Beim Thema „Gewalt in der Schule“ deuten die bisherigen Erkenntnisse ebenfalls auf keinen dramatischen Anstieg hin, jedoch dürfte zwischen 1972 und 1995 die Minderheit derer größer geworden sein, die vor allem in den Hauptschulen zu bestimmten Gewaltakten neigen.[12] Die Situation ist noch in vielerlei Hinsicht unklar, es besteht aber keine Veranlassung zu alarmierenden Botschaften.[13]

III. Vorbehalte gegenüber Längsschnittanalysen auf der Basis amtlicher Kriminalstatistiken

1) Wie schon vielfach und zu Recht betont worden ist, sind gegenüber den Angaben in den offiziellen Kriminalstatistiken erhebliche Vorbehalte anzubringen. Sie betreffen das Zustandekommen der Zahlen ebenso wie systemkonforme Mängel der Registrierung, die zu falschen Zuordnungen und Größenordnungen führen. Erhebliche Schwankungen von Jahr zu Jahr sind nichts Ungewöhnliches, worauf jüngst *Kerner/Weitekamp*[14] am Beispiel des Handtaschenraubs aufmerksam gemacht haben.

Die Zuverlässigkeit von Längsschnittvergleichen hängt vor allem von bestimmten **Kontinuitäten ab, die stillschweigend unterstellt** werden, indessen keineswegs selbstverständlich sind.

2) Als erstes ist die Kontinuität des **Anzeigeverhaltens** zu nennen. Bei einer wachsenden Anzeigebereitschaft werden eher leichtere Delikte miterfasst, deren geringeres Gewicht die PKS wegen der lediglich numerischen Registrierung nicht angibt. Konkrete Vermutungen, dass sich die Anzeigebereitschaft erhöht haben könnte, werden durch verschiedene Umstände gestützt. Letztere treten nicht allein zahlen-

[11] *Lösel/Bliesener/Averbeck* DVJJ-Journal 1998, 115f., 118.

[12] Vgl. *Tillmann/Holler-Nowitzki/Holtappels/Meier/Popp* Schülergewalt als Schulproblem, 2. Aufl. 2000.

[13] S. auch *Pölchau* Schule – Jugend – Kriminalität, in *Ministerium für Inneres und Justiz des Landes Nordrhein-Westfalen* (Hrsg.) „Jugendkriminalität“. Fachkongress 1998 (Referat Nr. 16).

[14] *Kerner/Weitekamp* Neue Praxis 1997, 486f., 493.

mäßig in zeitlichen Vergleichen in Erscheinung[15], sondern auch in einem theoretischen Kontext, der auf eine gestiegene Sensibilität gegenüber Viktimisierungen, insbesondere im Zusammenhang mit Gewalterfahrungen, verweist.[16] Zumindest unter jungen Menschen werden allerdings bis heute die wenigsten Gewaltdelikte auch angezeigt. *Pfeiffer u. a.* ermittelten vor kurzem sehr hohe Dunkelfeldanteile: für den Raub ca. 75 %, für sexuelle Gewalt gar ca. 95 %.[17] Vor diesem Hintergrund sind noch ungeahnte Gewaltsteigerungen in den amtlichen Statistiken, vor allem der PKS, denkbar. Schließlich ist bei Übergriffen von Türken oder Süd-Ost-Europäern gegenüber Deutschen mit einer erhöhten Anzeigebereitschaft der deutschen Opfer zu rechnen, was eine stärkere Registrierung der betreffenden Ausländer bedingt.[18]

3) Unterstellt werden muss des Weiteren die Kontinuität der Art und Weise, wie die **Polizei ihre Anzeigen bearbeitet**. Gerade in Zeiten des Personalabbaus und der verstärkten Kontrollen und Evaluationen besteht für die Polizeidienststellen die Versuchung, die ohnehin vorhandene Tendenz zur Überbewertung der Sachverhalte gleichsam durch eine Absenkung der Verdachtsschwelle zu ergänzen, damit die registrierte Arbeit nicht ab-, sondern höchstens zunimmt.[19] Berücksichtigt werden sollte ferner die Aufklärungsarbeit. So können Steigerungen auf einer **Verstärkung proaktiver Ermittlungen** – etwa im Drogenbereich – beruhen. Eine größere Konzentration auf Taten junger Beschuldigter erweist sich oft als besonders „dankbar“ oder ertragreich, weil die Taten Jugendlicher regelmäßig recht einfach strukturiert sind. Hinzu tritt eine erhöhte Geständnisbereitschaft, die die Ermittlungen wesentlich erleichtert und abkürzt.

[15] So berichten etwa *Schwind/Ahlborn/Weiss* Dunkelfeldforschung in Bochum 1986/87 – eine Replikationsstudie, 1989, S. 260 über eine Zunahme der Anzeigebereitschaft von Diebstahlsopfern in einem Zehnjahresabstand (1975–1986) von 34 % auf 49 %.

[16] S. etwa *Kaiser* Kriminologie. Ein Lehrbuch, 3. Aufl. 1996, S. 694.

[17] *Pfeiffer/Delzer/Enzmann/Wetzels* (o. Fn. 8), S. 129f.

[18] *Pfeiffer/Delzer/Enzmann/Wetzels* (o. Fn. 8), S. 140f.

[19] Für das Land NRW beispielsweise besteht ein interner minsterieller Erlass, der praktisch bei rückläufigen PKS-Fallzahlen einen Abzug von Mitarbeitern vorsieht, worauf mich dankenswerterweise *W. Rüther*, Bonn, hingewiesen hat.

4) Zu bedenken ist als drittes die Kontinuität oder eben Diskontinuität des **Einstellungs- oder Anklageverhaltens der Justiz**, die mit ihrer Kontrolle der polizeilichen Zuarbeit fortwährend eine große Entkriminalisierungsleistung erbringt. Durch die **Diversionspolitik** der 80er Jahre ist der Anteil der Verfahrenseinstellungen bekanntlich stark ausgebaut worden. Die Ausdehnung der Diversion liefert im Wesentlichen die Erklärung für die zuvor genannte Auseinanderentwicklung von Tatverdächtigenbelastungsziffer und Verurteiltenbelastungsziffer in den 90er Jahren. Allerdings ist noch vieles unklar. Vor allem wissen wir nicht, in welchem Maße Staatsanwaltschaften und Gerichte wirklich schwerwiegendere Delikte divertiert haben. Es erscheint nämlich möglich, dass ein großer Teil der staatsanwaltlichen Einstellungen die Gegenbewegung zu einer ausufernden polizeilichen Registrierungspraxis darstellt.[20]

5) Schließlich bleibt die **Bevölkerungsentwicklung** zu berücksichtigen. Dem dient die Berechnung der Belastungsziffern, die ja wegen der Bildung von Relationszahlen Schwankungen in der Population grundsätzlich einbeziehen. Nur sind, wie wir gesehen haben, derartige Belastungsziffern für die ausländische Bevölkerung kaum verlässlich berechenbar. Und auch unter den Deutschen befinden sich Migranten, Aussiedler sowie Eingebürgerte. Ein Anstieg der absoluten Zahlen der Ausländer vermag leicht den Eindruck einer zunehmenden Gesetzlosigkeit hervorzurufen, obwohl er bei Lichte betrachtet lediglich einen Anstieg der betreffenden Bevölkerungsgruppe spiegeln könnte.

IV. Warum interessiert der Kriminalitätsanstieg?

1) Für die Beschäftigung mit Fragen eines Kriminalitätsanstiegs sind drei Gründe benennbar:

a) Die Identifizierung des geistigen und moralischen Zustandes der Gesellschaft
b) Die Überprüfung der Kriminalpolitik: Stimmen die Sanktionen noch?

20 Zur Problematik *Heinz* (o. Fn. 6), 290.

c) Die Kriminalitätsfurcht: Wie gefährlich leben wir? – Jugend als Erwachsene von morgen: Was haben wir in Zukunft zu erwarten?

Zu a): Die **Bedeutung der Kriminalität für die Verfasstheit einer Gesellschaft** hat schon *Durkheim* thematisiert[21], indem er ein „normales" Quantum von darüber hinausgehenden anomischen Zuständen unterschied. Im Hinblick auf einen Anstieg fragt sich, ob damit ein Umschlag in das sozial Pathologische erfolgt ist. In diesem Sinne bezeichnet *Schwind* die Kriminalität als das „Fieber der Gesellschaft".[22] Wörtlich heißt es: „Wie bei der menschlichen Körpertemperatur sind Sorgen jedoch erst dann angebracht, wenn die Zahlen zunehmen, und zwar in erheblicher Weise."

Das Fieber-Symptom führt zur sozialen „Krankheits"-Diagnose. Die Deutungsangebote sind reichhaltig. Im Mittelpunkt stehen – abgesehen von veränderten Tatgelegenheitsstrukturen (weniger Kontrollen in Geschäften und Verkehrsbetrieben und mehr verlockende Warenangebote) – gesellschaftliche Erschütterungen und Verunsicherungen. Diese werden – je nach Couleur der Autoren – teils stärker soziologisch unterfüttert (Stichworte: Risikogesellschaft, Individualisierungsprozesse, soziale Desintegration[23]), teils eher phänomenologisch durch den Hinweis auf Armut und Sozialhilfeabhängigkeit umschrieben.[24] *Schwind* macht zudem noch die „68er-Studentenrevolte" für einen gefährlichen Wertewandel verantwortlich.[25] Nicht zuletzt wird auf den Verlust stützender und sozial verbindender Netzwerke, vor allem in den neuen Bundesländern, hingewiesen.[26]

Zu b): Auch der Verweis auf den statistischen Kriminalitätsanstieg, der das **Versagen des bisherigen Strafrechts** belegen soll, ist nicht neu. Er ist bekanntlich bereits von *von Liszt* „benutzt" worden, nachdem

[21] *Durkheim* Kriminalität als normales Phänomen, in *Sack/König* (Hrsg.) Kriminalsoziologie, 1968, S. 3f.

[22] *Schwind* ZRP 1999, 107f., 108.

[23] S. insbes. *Heitmeyer* Jugendkriminalität. Zum wachsenden Problem der sozialen Desintegration, in *Schmidt-Gödelitz/Pfeiffer/Ziegenspeck* (o. Fn. 5), S. 25f.

[24] S. *Pfeiffer* (o. Fn. 5), S. 118f. sowie *Ohlemacher* KZfSS 1995, 706f.

[25] *Schwind* (o. Fn. 22), 110.

[26] S. etwa *Peschel-Gutzeit* Kinder- und Jugendkriminalität in Deutschland – ein Armutszeugnis für unsere Gesellschaft? in: *Gödelitz/Pfeiffer/Ziegenspeck* (o. Fn. 5), S. 39f., 43.

1882 die Reichskriminalstatistik zur Verfügung stand.[27] Bis heute führen Fragen, ob es denn einen „Reformbedarf" beim Jugendstrafrecht gebe, regelmäßig zu Auseinandersetzungen mit dem Kriminalitätsanstieg. Wenn beispielsweise die Rückstufung des § 105 JGG im Sinne eines Regel-Ausnahme-Verhältnisses zugunsten des allgemeinen Strafrechts gefordert, die Einschränkung der Diversionspraxis verlangt oder gar die Senkung des Strafmündigkeitsalters von 14 auf 12 Jahre befürwortet wird, so wird selten der Hinweis auf einen bedrohlichen Anstieg der Jugendkriminalität fehlen.[28] Aber auch Vertreter neuer Ansätze zur Verhinderung von Jugendkriminalität, vor allem Befürworter kommunaler Präventionsstrategien, nehmen auf den Kriminalitätsanstieg Bezug.[29]

Zu c): Schließlich ist die gesamte Debatte zur **Kriminalitätsfurcht**, deren „Entdeckung" als Forschungs- und Diskussionsgegenstand zum Anfang der 90er Jahre, auf das Engste mit Meldungen über Anstiege, vor allem der Straßen-Gewalt-Kriminalität, verbunden. Dabei scheint der Jugendkriminalität noch ein Steigerungsmoment innezuwohnen: Wenn sich die Jüngsten, die Kinder und Jugendlichen schon so schlimm gebärden – was erst soll aus unserer Gesellschaft werden, wenn diese Menschen einmal ausgewachsen sind?

2) In allen drei Hinsichten (von a) bis c)) kann aus einem **statistischen Querschnitt nichts gewonnen** werden. Welches Kriminalitätspensum ist schon „normal"? Woraus ließe sich ein Grenzwert ableiten? Ebensowenig kann für die Sanktionen eine Marke benannt werden, von der ab die justizielle Sanktionspolitik als erfolgreich zu qualifizieren wäre. Des Weiteren existiert kein allgemein anerkannter Maßstab, der darüber Auskunft gäbe, ab wann Kriminalitätsrisiken hinnehmbar oder sogar akzeptabel sind.

Aus dieser **Not blicken wir auf Bewegungen der Kriminalität** und fragen, ob letztere zugenommen habe. Das Bemühen ist auf Relationsaussagen gerichtet. So gesehen ergibt sich das Interesse am Anstieg

[27] Dazu näher jetzt *Fritsch* Die jugendstrafrechtliche Reformbewegung (1871–1923), 1999, S. 37f.

[28] Was zugleich die Reaktionen einfärbt, s. die Stellungnahme deutscher Strafrechtslehrer: Gegenreform im Jugendstrafrecht? Wider die repressive Hilflosigkeit! DVJJ-Journal 1998, 203 f.

[29] S. etwa *Ostendorf* DVJJ-Journal 1996, 361 f.

aus der Möglichkeit eines Vorher-Nachher-Vergleichs. Und mit der Suche nach Anstiegen stoßen wir unweigerlich auf die Jugendkriminalität, da sie ja, wie festzustellen war, seit jeher als Anstiegskriminalität imponiert. Umgekehrt gilt: Sowie von Jugendkriminalität die Rede ist, denkt man sogleich an deren Anstieg. Er verleiht der Jugendkriminalität ihre Daueraktualität. Eine Nebenwirkung dessen besteht in der Vorstellung, die Jugend verkomme immer mehr, wohingegen die Erwachsenen kontrastreich in neuer Tugendhaftigkeit erstrahlen können.

V. Welche Aussagen können nun aus dem Kriminalitätsanstieg abgeleitet werden?

1) Angesichts der **langen Geschichte des Anstiegs** fällt es zunächst schwer, eine besondere Dramatik der Gegenwart zu entwickeln. Ähnlich wie bei manchen Schadstoffbelastungen der Umwelt scheinen mit wachsender Belastung die Grenz- beziehungsweise „Normal"-Werte korrigierend „nach oben" versetzt zu werden, sowie man sich erst einmal an sie gewöhnt hat. Dem stehen auch keine durchgreifenden Bedenken entgegen, da **niemand so recht die Grenze des noch Tolerablen**, des sozial Hinnehmbaren bis Aushaltbaren, **qualitativ zu bestimmen** vermag. Bezeichnenderweise wird für Anstiegsdarstellungen als Ausgangsjahr keines gewählt, das gleichsam als noch „gesellschaftlich gesund" oder „in Ordnung" befindlich vorgestellt wird. Die Wahl der Basis erfolgt vielmehr nach rein „technischen" Gesichtspunkten: So beginnen Abbildung der Kriminalitätsentwicklung häufig mit dem Jahr 1984 oder 1985, weil sie nach der letzten größeren Umstellung der polizeilichen Zählweise (auf die sogenannte Echttäterzählung) einsetzen.

2) Unabhängig davon sind die **Anstiegsdaten aber zugleich viel zu defizitär und grob**, um daraus etwas Wesentliches für die drei Fragen nach dem Zustand der Gesellschaft, nach der Eignung der Sanktionen und nach den Risiken für die Bürger gewinnen zu können.

a) Ausgehend von dem *Durkheim*schen Gedanken der Kriminalität als einer für moderne Gesellschaften normalen Erscheinung müsste im Grunde **auch ein gewisser Anstieg der Kriminalität „normal"** sein, eben als Begleitphänomen eines umfassenden Modernisierungsprozesses. Nichts anderes wohl wollen die Autoren der „Magdeburger Initiative" sagen, wenn sie in ihrem Papier[30] den Anstieg der Jugendkriminalität als eine normale Folge der allgemeinen gesellschaftlichen Entwicklung bezeichnen und diese Entwicklung, nicht hingegen das Verhalten der jungen Menschen als problematisch ansehen.

b) Aus einer zunehmenden Kriminalitätsbelastung lässt sich ferner **nichts Substantielles für das sehr komplexe Problem der Bewertung von Sanktionswirkungen** herleiten. Denn die Umstände, die zu einer verstärkten Wahrnehmung und Registrierung von Delikten führen, dürften durchaus heterogen und vielfältig sein. Die Möglichkeiten, sie durch bestimmte Sanktionen zu beeinflussen, sind nach allem, was wir wissen, sehr begrenzt. Wer in Verkennung dessen in einem Anstieg von Straftaten ein Versagen des Rechtsfolgensystems erblickt, offenbart nicht lediglich Ignoranz, sondern überschätzt bei weitem die Gestaltungsfreiräume, die kriminalrechtliche Sanktionen letztlich bieten.

c) Zur **Risikobeurteilung** benötigt man – abgesehen von der normativen Grenzziehung für das Hinnehmbare – vor allem die **Kenntnis der persönlichen Lebenslage und Lebensführung**. Gerade das Thema der Jugendgewalt macht das deutlich: Denn stärker gefährdet wurden entgegen verbreiteter Ansicht nicht die über 60jährigen Alten, die vielleicht die größten Sorgen haben, Opfer wurden vielmehr junge Menschen, insbesondere andere Jugendliche.[31]

3) Nach all den Verneinungen und Aussagen über die Folgerungen, die nicht aus einem Kriminalitätsanstieg ableitbar sind, bleibt die Aufgabe, die **Positiva** zu benennen. Sie betreffen in erster Linie die Feststellung der **Art und des Ausmaßes eines Hilfebedarfs**. Ansteigende Deliktsregistrierungen beinhalten im Bereich der reaktiven Polizeiarbeit zunehmende Hilferufe der Bürger, die insoweit nicht weiter wissen und deshalb polizeiliche Unterstützung in Anspruch nehmen möchten oder – im Falle von versicherten Schäden – auch in

[30] Magdeburger Initiative; Forum zu Jugend und Kriminalität, Erklärung aus dem Jahre 1999, gedruckt v. Bundesministerium der Justiz, Redaktion: *K. Sessar.*
[31] Vgl. *Pfeiffer/Delzer/Enzmann/Wetzels* (o. Fn. 8), S. 63.

Anspruch nehmen müssen. Wäre diese Sichtweise vorherrschend, würden sich sowohl die Wertigkeit des gesamten Problems als auch die kriminalpolitischen Konsequenzen verändern.

VI. Wie erklärt sich die öffentliche Anstiegs-Fixierung?

1) Bei einer entsprechend eingeschränkten Aussagekraft des Kriminalitätsanstiegs wird erklärungsbedürftig, warum sich die öffentliche Auseinandersetzungen so sehr um just dieses Thema drehen. Die Antwort liegt in einer beeindruckenden Übereinstimmung der Komponenten des Kriminalitätsanstiegs mit den Erfordernissen attraktiver Medien-Nachrichten. Das Immer-Schlimmer-Werden des Anstiegs passt hervorragend in die **Sensationsfolie der Medien**: Geliefert werden „bad news", an denen den Medien – und den Menschen – besonders gelegen ist. Das Schlechte ist in diesem Ausmaß noch nie dagewesen, es ist neu und einzigartig. Die Nachricht spricht zugleich emotional an, geht doch von der Kriminalität stets etwas Bedrohliches aus. Alle können die Botschaft verstehen – und außerdem noch mitreden. Während die wirtschaftlichen Abläufe als äußerst schwierig und verwoben erscheinen, haben wir hier ein Feld vor uns, auf dem sich nahezu jeder zu bewegen und Tatkraft zu entfalten vermag. Auf einer ansprechenden Projektionsfläche kann ein symbolhafter Kampf gegen das Böse geführt werden. Wo sonst sind derartig viele Ansatzpunkte für mediale Entfaltungen versammelt?

2) Der Kriminalitätsanstieg ist des Weiteren eine **(kriminal)politisch dienstbare Denkform**, eine Art „öffentliches Argument", mit dem sich – ohne näheres Hinsehen – **manche Forderung stützen** lässt. Wenn vornehmlich in Wahlkampfzeiten Politiker eine härtere Gangart gegen das Verbrechen einfordern, beispielsweise für mehr Inhaftierungen eintreten, kommt die Möglichkeit, auf einen Kriminalitätsanstieg zu verweisen, nicht ungelegen. Der Anstieg schafft, wenn er die Gemüter bewegt, für bestimmte Anliegen einen günstigen Kontext. Diesen Umstand wusste schon *von Liszt* zu nutzen, indem er zur Untermauerung seines Marburger Programms die zunehmenden Verurteilungen seit den 80er Jahren des 19. Jahrhunderts hervorhob.[32] Auf diese

[32] *Von Liszt* Kriminalpolitische Aufgaben, in: Strafrechtliche Aufsätze und Vorträge, Erster Band, 1905, S. 290 f., 312f.

Weise werden zugleich die **Überinterpretationen der Kriminalstatistiken** verständlich, die regelmäßig zu beklagen sind. Sie folgen aus dem Streben, das Anwachsen der Zahlen „argumentativ zu nutzen".

3) Der Aspekt der politischen Verwertbarkeit von Anstiegsmeldungen verdient eine wesentlich größere Aufmerksamkeit, als ihm bisher geschenkt wird. Denn gegenwärtig ist eine eher unspektakuläre, aber tiefgreifende **Umgestaltung der Verbrechenskontrolle zu einem Markt der inneren Sicherheit** zu beobachten, der vor allem von gewinnorientiert arbeitenden Sicherheitsfirmen gesucht wird. Deren Einstieg in das Geschäft setzt wachsende Bedürfnisse und Nachfragen voraus. Der Verkauf von Sicherheitsleistungen kann erst bei entsprechenden Unsicherheitsgefühlen florieren, die die Nachfrage beleben und steigern.[33]

VII. Folgen für die Anstiegsdiskussion

1) Die skizzierte Interessenlage, vor allem die Interessen von Journalisten, Politikern und privaten Sicherheitsunternehmern, wirken sich auf die Art und Weise der Diskussion des Kriminalitätsanstiegs aus. Als erstes ergibt sich eine – bei unbefangener Betrachtung erstaunliche – **Bescheidenheit im Hinblick auf die Qualität und Vollständigkeit der verfügbaren Daten**. Während Kriminologen fortwährend deren Verbesserung einfordern, besteht seitens der Öffentlichkeit nur ein sehr begrenztes Interesse an genaueren Informationen. Man könnte den Eindruck gewinnen, detailliertere Daten seien gefürchtet, weil sie dem Anstieg einen Teil seiner „Durchschlagskraft" nähmen. Mir ist etwa aus Gesprächen mit Journalisten erinnerlich, dass für sie die Vorstellung, die Zunahme bei den registrierten Delikten könnte in erheblichem Maße lediglich auf Verlagerungen vom Dunkel- ins Hellfeld beruhen, sehr unattraktiv und kaum erwähnenswert war. Auf einer ähnlichen Linie liegt die Bevorzugung bis **Verabsolutierung der polizeilichen Angaben.** Denn wie zu zeigen war, enthalten nur sie dramatisierbare Entwicklungen, wohingegen die Dunkelfeldbefunde und vor allem die Justiztätigkeit wesentlich unspektakulärer bleiben.

[33] S. auch *Viehmann* ZfJ 1996, 81 f., 82.

2) In einer früheren Untersuchung (kriminalpolitischer Auffassungen Kölner Rechtsanwälte) konnten wir aufzeigen, dass die **Botschaften zur Kriminalitätsentwicklung** unterschiedlich aufgenommen werden, je nachdem, auf welchen Empfänger sie treffen.[34] Es handelt sich offenbar **nicht um reine Wissens-, sondern bis zu einem gewissen Grade um Glaubensfragen**, denn die Antwort darauf, wie die Kriminalitätsentwicklung verlaufen sei, hing entscheidend von einem Set als konservativ qualifizierbarer Meinungen ab: Je mehr diesen Items zugestimmt wurde, desto stärker stieg die Kriminalität.

Nach alledem können Nachrichten über die Kriminalitätsentwicklung nicht als schlichte Informationen angesprochen werden. Es sind komplexe Bekundungen, deren Bedeutung und Wert nicht allein von der Güte der übermittelten Daten, sondern ebenso von der emotionalen Ansprache und der Bestätigung schon vorgefasster Meinungen abhängt.

VIII. Resümee

1) Nötig wird eine **Relativierung** des Kriminalitätsanstiegs – nicht im Sinne eines halbherzigen Dementis oder gar des Herunterspielens von Fakten, sondern im Sinne einer **Rückversetzung der Kriminalitätsphänomene in ihren gedanklichen Kontext**. Erforderlich ist das Bewusstsein vom lückenhaft-geringen Aussagegehalt eines Anstiegsbefundes und das Bewusstsein des erheblichen Öffentlichkeitsbezuges sowie der emotionalen Einbindung derartiger Angaben.

2) Für künftige Auseinandersetzungen ist eine die numerische Erfassung übersteigende **Gewichtung der Entwicklungen** wünschenswert. Zu ihr gehört nicht zuletzt, dass die **historische** Dimension berücksichtigt wird. Sie dürfte vor einer unkritischen Annahme früherer Friedfertigkeit bewahren und bewusst machen, wie sehr gerade in der deutschen Vergangenheit militärische Stärke und Gewalt das Denken und Handeln der Menschen bestimmt haben.

3) Es gibt **nicht nur unsichere Daten** mit einer sicheren Aussage – hier: zum Kriminalitätsanstieg –, sondern ebenfalls eine **unsichere Bedeu-**

[34] *Walter* FS Hans Joachim Schneider, 1998, S. 119f., 129f.

tung sicherer Daten. Auch objektive Informationen werden vor einem unterschiedlichen persönlichen Hintergrund wahrgenommen, der die Botschaften je nach Disposition als verschiedene erscheinen lässt.

Die jugendstrafrechtliche Sanktionierungspraxis im Ländervergleich

Wolfgang Heinz

I.

„Die Strafe kann im Jugendstrafrecht nicht Selbstzweck sein, sondern nur Mittel zum Zweck, zur erzieherischen Beeinflussung. Deshalb wird auf jede Unrechtsreaktion verzichtet, wenn das Eingreifen des Strafgerichts nicht – oder wegen inzwischen angeordneter erzieherischer Maßnahmen nicht mehr – notwendig ist (§§ 5 III, 45, 47). Grundsätzlich wird auch nicht härter eingegriffen (= gestraft), als es zur erzieherischen Beeinflussung dieses Täters erforderlich ist."[1] Mit diesen Worten bestimmte der Jubilar in der vierten, 1975 erschienenen, erstmals von ihm allein verantworteten Auflage des Kommentars zum Jugendgerichtsgesetz seine Position zum Thema „Erziehung und Strafe". Der auch im Kommentar aufmerksam verfolgte Wandel der Sanktionspraxis, insbesondere hinsichtlich Diversion, führte dazu, dass in späteren Auflagen die damalige Position in anderer Wortwahl formuliert wurde: „Die in den §§ 45, 47 normierte Subsidiarität des Strafverfahrens ist wohl der bedeutsamste Ausdruck und die Folge des das gesamte Jugendstrafrecht durchziehenden Erziehungsgedankens."[2]

Von diesem Verständnis des Erziehungsgedankens ausgehend, kann in der Tat der Wandel in der strafrechtlichen Reaktion auf Jugendkriminalität als Tendenz zur (Rück-)Besinnung auf den Erziehungsgedanken verstanden werden. Die Entwicklung der Sanktionierungspraxis der Jugendkriminalrechtspflege spiegelt hierbei in hohem Maße die Übernahme kriminologischer Befunde hinsichtlich der Erforderlichkeit und Geeignetheit der Sanktionen zur Rückfallverhinderung, dem Erziehungsziel des JGG, wider. Der Gesetzgeber des 1. JGGÄndG von 1990 ging, in Übereinstimmung mit der kriminologischen Forschung, davon aus, „dass die in der Praxis vielfältig

[1] *Brunner* JGG, 4. Aufl. 1975, Einführung II Rn. 2b.
[2] *Brunner* JGG, 9. Aufl. 1991, Einführung II Rn. 17.

erprobten neuen ambulanten Maßnahmen (Betreuungsweisung, sozialer Trainingskurs, Täter-Opfer-Ausgleich) die traditionellen Sanktionen (Geldbuße, Jugendarrest, Jugendstrafe) weitgehend ersetzen können, ohne dass sich damit die Rückfallgefahr erhöht. Schließlich ist seit langem bekannt, dass die stationären Sanktionen des Jugendstrafrechts (Jugendarrest und Jugendstrafe) sowie die Untersuchungshaft schädliche Nebenwirkungen für die jugendliche Entwicklung haben können."[3] Damit wurde eine Einsicht formuliert, die sich in den späten 60er Jahren durchgesetzt hatte und seitdem für weite Teile der Praxis handlungsleitend geworden war.

In welchem Maße die Praxis diese Einsicht umgesetzt hat, zeigt die zeitliche Längsschnittbetrachtung. Danach sind für die Entwicklung der Sanktionierungspraxis im Jugendstrafrecht kennzeichnend:[4]

- die Zurückdrängung formeller Sanktionen zugunsten solcher informeller Art (Diversion) allein im Zeitraum zwischen 1981[5] und 1998 von 56% auf 31%,[6]
- die Zurückdrängung stationärer Sanktionen[7] (als schwerster Sanktion) zugunsten solcher ambulanter, also den Freiheitsentzug vermeidender Maßnahmen[8] von 50% (1955) auf 25% (1998) – bezogen auf nach Jugendstrafrecht Verurteilte,[9]

3 Entwurf der Bundesregierung: Entwurf eines Ersten Gesetzes zur Änderung des Jugendgerichtsgesetzes (1. JGGÄndG) vom 27.11.1989 (BT-Drucksache 11/5829), S. 1.

4 Vgl. *Heinz* Jugendstrafrechtliche Sanktionierungspraxis in der Bundesrepublik Deutschland im Spiegel der Rechtspflegestatistiken, in *Bundesarbeitsgemeinschaft für ambulante Maßnahmen nach dem Jugendrecht in der DVJJ* (Hrsg.) Neue ambulante Maßnahmen. Grundlagen – Hintergründe – Praxis, 2000, S. 160ff.

5 Bundesergebnisse der Staatsanwaltschafts-Statistik, in der die Art der Erledigung der Ermittlungsverfahren durch die Staatsanwaltschaft erfasst wird, liegen erst seit 1981 vor.

6 *Heinz* (o. Fn. 4), S. 171, Schaubild 3.

7 Nicht zur Bewährung ausgesetzte Jugendstrafe, Jugendarrest, Fürsorgeerziehung bzw. (seit dem 1. JGGÄndG) Heimerziehung gem. § 12 Nr. 2 JGG.

8 Ambulante Erziehungsmaßregeln (Weisung, Erziehungsbeistandschaft bzw. [seit dem 1. JGGÄndG] ambulante Hilfe zur Erziehung gem. § 12 Nr. 1 JGG), ambulante Zuchtmittel (Verwarnung, Auflage), zur Bewährung ausgesetzte Jugendstrafe.

9 *Heinz* (o. Fn. 4), S. 174, Schaubild 6 betr. Internierungsrate.

- der vermehrte Gebrauch helfender, betreuender und restitutiver Maßnahmen. Indikatoren hierfür sind der Bedeutungsgewinn (innerhalb der ambulanten Sanktionen)
  - sowohl der Erziehungsmaßregeln (1955: 2%, 1998: 9%)[10]
  - als auch der Betreuung durch Bewährungshilfe infolge der Zunahme von Strafaussetzungen zur Bewährung bei Jugendstrafen (1955: 7 %, 1998: 16 %).[11]

Diese Entwicklung wird jährlich in jeweils aktuellster Fassung in einer Internet-Publikation dokumentiert und beschrieben; hierauf kann verwiesen werden.[12] Noch nicht dargestellt ist dagegen die Sanktionierungspraxis in den Bundesländern, insbesondere in den neuen Bundesländern. Dies soll im Folgenden erstmals erfolgen, freilich in den Grenzen dessen, was aufgrund der Daten der amtlichen Strafrechtspflegestatistiken möglich ist.

II.

Bei einem Diversionsanteil von 69% (alte Länder) bzw. 79% (neue Länder)[13] an allen nach Jugendstrafrecht (informell oder formell) sanktionierten Jugendlichen oder Heranwachsenden kann die Beschreibung und Analyse der tatsächlichen Sanktionierungspraxis nicht mehr auf die Verurteilten beschränkt werden. Denn dadurch würden systematische Verzerrungen entstehen, weil wegen des hohen und in den letzten Jahrzehnten stark gestiegenen Anteils der gem. §§ 45, 47 JGG eingestellten Verfahren – empirisch gesehen – die leich-

[10] *Heinz* (o. Fn. 4), S. 174, Schaubild 7. Zwischen 1983 und 1990 hatte der Anteil – bezogen auf ambulante Sanktionen als schwerste Maßnahmen – freilich 25% betragen. Im Gefolge des 1. JGGÄndG von 1990 ging dieser Bedeutungsgewinn wieder verloren zugunsten der ambulanten Zuchtmittel. Hierbei dürfte es sich um einen Austausch zwischen Arbeitsweisung und Arbeitsauflage gehandelt haben.

[11] *Heinz* (o. Fn. 4), S. 174, Schaubild 7.

[12] Vgl. *Heinz* Das strafrechtliche Sanktionensystem und die Sanktionierungspraxis in Deutschland 1882–1998 (Berichtsjahr 1998) Konstanzer Inventar Sanktionsforschung (KIS) <www.uni-konstanz.de/rtf/kis/sanks98.htm>, Stand: 16. 10. 2000.

[13] Diese Ergebnisse beziehen sich nur auf Brandenburg, Sachsen und Thüringen, für die nicht nur die Ergebnisse der StA-Statistik, sondern auch der StVStat verfügbar sind.

teren Fälle zunehmend seltener zur Verurteilung gekommen sind. Die Zusammensetzung der Verurteilten hat sich dementsprechend über die Zeit hinweg deutlich verändert. Erwartungsgemäß ist unter den nach Jugendstrafrecht Verurteilten sowohl der Anteil der wegen schwerer Straftaten verurteilten Jugendlichen und Heranwachsenden[14] als auch der Anteil der bereits Vorverurteilten, insbesondere der mehrfach Vorverurteilten, größer geworden.[15] Dies hat zur Folge, dass – empirisch gesehen – eher eingriffsintensivere Sanktionen verhängt werden. Bei Bezugnahme (nur) auf die Gesamtheit der förmlich Verurteilten würde diese Veränderung in der Tat- und Täterstruktur der Verurteilungen nicht berücksichtigt mit der Folge, dass der tatsächliche Anteil der eingriffsintensiveren Sanktionen an den jugendstrafrechtlichen Rechtsfolgen überschätzt wird. Dies gilt nicht nur für den zeitlichen Längsschnitt-, sondern – und vor allem – für den regionalen Querschnittsvergleich. Denn die Diversionsrate ist regional höchst unterschiedlich hoch.

Statistische Daten über die informellen oder die formellen Sanktionen enthalten vor allem die Staatsanwaltschafts-Statistik (StA-Statistik), die Strafverfolgungsstatistik (StVStat) sowie die Justizgeschäftsstatistik in Strafsachen (StP/OWi-Statistik).[16] Der Beschreibung und Analyse der Sanktionierungspraxis werden freilich durch die Verfügbarkeit der Daten Grenzen gesetzt, und zwar in zeitlicher, in regionaler und in inhaltlicher Hinsicht:[17]

[14] Zwischen 1981 und 1998 ist unter den nach Jugendstrafrecht Verurteilten der Anteil der wegen Mord/Totschlag, gefährlicher Körperverletzung, Einbruchdiebstahls, Raub, Erpressung und räuberischen Angriffs auf Kraftfahrer Verurteilten von 18% auf 25% gestiegen.

[15] Der Anteil der bereits früher Verurteilten unter den nach Jugendstrafrecht Verurteilten – mit Angabe zu früherer Verurteilung – stieg zwischen 1981 und 1998 von 38% auf 43%, der Anteil der bereits drei- oder mehrmals früher Verurteilten stieg von 10% auf 13%. Als „früher Verurteilte“ gelten Personen, die in einem früheren Verfahren wegen eines Verbrechens oder Vergehens rechtskräftig zu Freiheitsstrafe, Strafarrest, Geldstrafe, Jugendstrafe oder zu Maßnahmen (Erziehungsmaßregel oder Zuchtmittel) verurteilt wurden.

[16] Die beiden anderen Strafrechtspflegestatistiken, die Bewährungshilfe- und die Strafvollzugsstatistik, sind weniger für die Beschreibung der Sanktionierungspraxis von Bedeutung als für deren Auswirkungen auf der Vollstreckungs- und Vollzugsebene. Sie bleiben deshalb hier ausgeklammert.

[17] Ausführlich hierzu *Heinz* FS H. J. Schneider, 1998, S. 779ff.; ferner *Heinz* (o. Fn. 4), S. 163ff.

1. Zeitliche Grenzen
Während – bei Abschluss des Manuskripts – die Ergebnisse der StVStat und der StP/OWi-Statistik bereits für das Berichtsjahr 1999 vorliegen, ist die über die staatsanwaltschaftlichen Erledigungsentscheidungen informierende StA-Statistik erst für das Berichtsjahr 1998 verfügbar. Deshalb kann lediglich die Sanktionierungspraxis für das Jahr 1998 beschrieben werden, weil nur die StA-Statistik die Zahl der Einstellungen gem. § 45 JGG ausweist.
2. Grenzen in regionaler Hinsicht
Statistische Ergebnisse für sämtliche Bundesländer liegen für das Berichtsjahr 1998 nur in der StP/OWi-Statistik vor. In den beiden anderen Statistiken, der StA-Statistik und der StVStat, liegen aus einzelnen Bundesländern entweder gar keine oder jedenfalls keine aktuellen Daten vor.
   - Die StVStat wird noch nicht in Mecklenburg-Vorpommern und in Sachsen-Anhalt geführt; Ergebnisse liegen also – von den neuen Ländern – nur für Brandenburg, Sachsen und Thüringen vor.[18]
   - Für 1998 fehlen derzeit in der StA-Statistik noch die Ergebnisse aus Hamburg und aus Schleswig-Holstein. Insoweit wurden Ergebnisse aus 1997 verwendet.
3. Grenzen in inhaltlicher Hinsicht

3.1 Die StA-Statistik informiert erstmals seit 1998 personenbezogen über die schwerste Erledigungsart, zuvor waren die Nachweise verfahrensbezogen.[19] Diese Ergänzung beschränkt sich indes auf den Nachweis der Zahl der Beschuldigten bei den einzelnen Erledigungsarten. Auch künftig wird weder nach Alter oder Geschlecht der Beschuldigten getrennt noch wird ausgewiesen, ob – bei Heranwachsenden – allgemeines oder Jugendstrafrecht zur

[18] Das Statistische Bundesamt veröffentlicht, da noch kein Bundesergebnis ermittelt werden kann, für diese Ländern lediglich Eckzahlen in der zusammenfassenden Übersicht. Die vollständigen Daten in der für die Bundesstatistik vorgesehenen Aggregierung wurden dem Verf. mit Zustimmung der Statistischen Landesämter vom Statistischen Bundesamt zur Verfügung gestellt. Sowohl den Landesämtern als auch dem Statistischen Bundesamt wird hierfür auch an dieser Stelle gedankt.

[19] Für die 2 Länder, für die – mangels Ergebnissen für 1998 – Daten aus 1997 verwendet werden mussten, liegen dementsprechend derzeit nur verfahrensbezogene Ergebnisse vor.

Anwendung kam.[20] Die Nichterfassung dieser Merkmale ist für die Analyse der Sanktionierungspraxis folgenreich, denn deshalb kann die genaue Höhe der Diversionsrate bei Jugendlichen oder bei Heranwachsenden nicht ermittelt werden,[21] deshalb bleibt auch weiterhin die relative Bedeutung des vereinfachten Jugendverfahrens unbekannt[22] und deshalb verbleibt auch künftig die

20 Ausgewiesen wird nur die Zahl der Beschuldigten, gegen die Anklage vor Jugendgerichten (Jugendrichter, Jugendschöffengericht, Jugendkammer) erfolgte; nicht erfasst wird hingegen, ob es sich bei den Beschuldigten um Jugendliche oder um Heranwachsende handelte und ob bei Heranwachsenden allgemeines Strafrecht oder Jugendstrafrecht angewendet wurde.

21 Aufgrund der fehlenden Angabe, ob bei Heranwachsenden allgemeines Strafrecht oder Jugendstrafrecht zur Anwendung kam, kann die exakte Bezugsgröße zur Berechung der Diversionsrate nicht ermittelt werden. Da bei Heranwachsenden eine Einstellung nach § 45 JGG nur bei Anwendung von Jugendstrafrecht zulässig ist (§ 109 Abs. 2 JGG), müsste zur Berechnung von exakten Diversionsraten Bezug genommen werden können auf die Verfahren, in denen Jugendstrafrecht bzw. allgemeines Strafrecht angewendet wird. Da die Zahl dieser Verfahren unbekannt ist, können als Näherung lediglich die Zahlen über Anklagen zu den Jugendgerichten bzw. den allgemeinen Gerichten verwendet werden. Dies wiederum hat zur Konsequenz, dass Heranwachsende, für die Jugendgerichte auch dann sachlich zuständig sind, wenn allgemeines Strafrecht anzuwenden ist, fälschlicherweise dem Jugendstrafrecht zugerechnet werden. Die Bezugsgröße für das Jugendstrafrecht ist deshalb zu groß, jene für das allgemeine Strafrecht zu klein. Die Folge ist eine Unterschätzung der Diversionsrate im Jugendstrafrecht und eine entsprechende Überschätzung im allgemeinen Strafrecht. Eine weitere Unterschätzung der Diversionsrate im Jugendstrafrecht ergibt sich daraus, dass in der StA-Statistik nicht ausgewiesen wird, ob und in welchem Umfang von den Einstellungsvorschriften der StPO Gebrauch gemacht wird bei Anwendung von Jugendstrafrecht bzw. von allgemeinem Strafrecht. Es besteht nur die Möglichkeit, die Einstellungsvorschriften der §§ 153, 153a, 153b StPO den nach allgemeinem Strafrecht Sanktionierten, die Einstellungsvorschriften der §§ 45, 47 JGG den nach Jugendstrafrecht Sanktionierten zuzuordnen. Obwohl von § 153 StPO auch im Jugendstrafrecht Gebrauch gemacht wird und auch werden soll, können diese Einstellungen nur dem allgemeinen Strafrecht zugeordnet werden. Überhaupt nicht zuordenbar sind schließlich die Einstellungen nach BtMG (vgl. *Heinz* Die Abschlussentscheidung des Staatsanwalts aus rechtstatsächlicher Sicht, in *Geisler* [Hrsg.]: Das Ermittlungsverhalten der Polizei und die Einstellungspraxis der Staatsanwaltschaften – Bestandsaufnahme, Erfahrungen und Perspektiven, Wiesbaden 1999, S. 125ff. [184ff.]).

22 Das vereinfachte Jugendverfahren ist nach §§ 76, 109 JGG nur bei Jugendlichen zulässig, bei Heranwachsenden ist es unzulässig. Die zur Berechnung des Anteils des vereinfachten Jugendverfahrens an allen Anklagen i. w. S. an sich erforderliche Bezugsgröße ist deshalb die Summe aus der Zahl der Anklagen gegen Jugendliche und der Anträge auf Entscheidung im vereinfachten Jugendverfahren. Die Zahl der Anklagen gegen Jugendliche wird statistisch jedoch nicht

Nutzung des Strafbefehlsverfahrens gegenüber Heranwachsenden im Dunkeln.[23] Hinzu kommt, dass in der StA-Statistik nicht nach Delikten differenziert wird. Zwar wurde ab 1998 die Zahl der Deliktsgruppen, für die Sondererhebungen durchgeführt werden, ausgeweitet.[24] Für die jugendstrafrechtliche Sanktionierungspraxis ist dies aber bedeutungslos, weil diese Ergänzung vor allem erwachsenentypische Delikte betrifft. Weiterhin fehlt jeglicher Nachweis für jugendtypische Delikte; es ist dementsprechend unbekannt, in welchem Umfang z. B. in Ermittlungsverfahren wegen Diebstahls oder wegen Körperverletzung Verfahrenseinstellungen erfolgten. Schließlich wird hinsichtlich der Art der Erledigung nur die angewandte Norm angegeben; über die Inhalte der Auflagen oder der erzieherischen Maßnahmen, insbesondere bei § 45 JGG, werden keine Informationen erhoben.

3.2 Hinsichtlich der Beschreibung der Sanktionierungspraxis ist die StP/OWi-Statistik – im Vergleich zur StVStat – insofern informativer, als die Einstellungsgründe bei § 47 JGG getrennt ausgewiesen werden. Im Unterschied zur StVStat wird aber nicht nach Delikten differenziert. Hinzu kommt, dass die in der StP/OWi-Statistik ausgewiesenen Ergebnisse über Einstellungen gem. § 47 JGG zumeist deutlich über den Ergebnissen der StVStat liegen.[25]

ausgewiesen. Als Näherungsgröße kommt insoweit lediglich die Summe der Anklagen zum Jugendgericht (Anklagen vor dem Jugendschöffengericht, vor dem Jugendrichter, vor der Jugendkammer) in Betracht. Diese Zahl ist indes deutlich zu hoch, weil darin auch sämtliche Anklagen gegen Heranwachsende enthalten sind. Folglich wird der auf vereinfachte Jugendverfahren entfallende Anteil deutlich unterschätzt, und zwar um rund den Faktor 2,5. Denn 1998 kamen auf einen verurteilten Jugendlichen (N = 49.275) 2,5 von den Jugendgerichten verurteilte Personen (Jugendliche und Heranwachsende, N = 121.205), d.h. die Zahl der Anklagen vor den Jugendgerichten dürfte in etwa um das 2,5fache höher sein als die Zahl der angeklagten Jugendlichen.

[23] Vgl. *Heinz* (o. Fn. 21), S. 160, Anm. 81.

[24] Bislang wurde nachgewiesen, ob das Ermittlungsverfahren eine Straßenverkehrsstrafsache oder eine besondere Wirtschaftsstrafsache betraf. Ab 1998 wird auch nachgewiesen werden, ob das Ermittlungsverfahren eine Betäubungsmittelstrafsache, eine Umweltstrafsache, eine Strafsache gegen die sexuelle Selbstbestimmung oder eine Strafsache der Organisierten Kriminalität betrifft.

[25] Die Abweichung betrug 1998 im Schnitt der alten Bundesländer 15%, allerdings bei großer Varianz, die von einer Untererfassung um 5% in Hamburg bis zu einer Übererfassung um 121% in Rheinland-Pfalz reichte (jeweils bezogen auf die Ergebnisse der StVStat).

Im Sinne einer konservativen Schätzung wurden deshalb im Folgenden hinsichtlich der Einstellungen gem. § 47 JGG die Ergebnisse der StVStat zugrunde gelegt.

3.3 Die für die StVStat erhobenen Angaben über durch Urteil verhängte Sanktionen sind – im Vergleich zur StA-Statistik und zur StP/OWi-Statistik – für Zwecke der Beschreibung der Sanktionierungspraxis weitaus informativer und differenzierter. Erhoben und nachgewiesen werden u. a. Angaben zu Art und (teilweise auch zu) Höhe der Sanktion sowie zu dem der Verurteilung zugrunde liegenden schwersten Straftatbestand.[26] Allerdings werden Höhe bzw. Inhalte der verhängten Sanktionen nur bei freiheitsentziehenden Strafen relativ differenziert erfasst; die Vollständigkeit und Differenziertheit der Erfassung nimmt jedoch deutlich ab, je eingriffsschwächer die Sanktion ist. Die Erziehungsmaßregeln werden lediglich der Kategorie nach (Weisung, Erziehungsbeistandschaft, Heimerziehung) erhoben; es wird weder die Art der Weisung (z. B. Arbeitsweisung, Betreuungsweisung, sozialer Trainingskurs, Täter-Opfer-Ausgleich usw.), geschweige denn deren Maß (z. B. Stundenzahl der Arbeitsweisung) erfasst. Entsprechendes gilt für die Zuchtmittel, wo zwar deren Art, aber nicht deren Maß (z. B. also die Dauer des Arrestes, die Höhe des zu zahlenden Geldbetrages oder die Zahl der zu leistenden Stunden gemeinnütziger Arbeit) erhoben werden.

Infolge dieser unzulänglich differenzierten Erfassung der jugendstrafrechtlichen Sanktionen ist anhand der Strafrechtspflegestatistiken die Umsetzung jüngster kriminalpolitischer Reformen, wie Diversion oder neuer ambulanter Maßnahmen, entweder (so bei Diversion) nur der Größenordnung nach bekannt oder, wie hinsichtlich des TOA, des sozialen Trainingskurses oder der Betreuungsweisung, noch nicht

[26] Relativiert wird diese Differenziertheit freilich durch die Undifferenziertheit der StA-Statistik, die sich dann auswirkt, wenn informelle und formelle Sanktionen in die Betrachtung einbezogen werden. Wenn in einem Bundesland z. B. 10 % aller Verurteilungen auf Jugendstrafe lauten, in einem anderen Bundesland hingegen 30 %, dann besagt dies so lange nichts über unterschiedliche Sanktionsstile, als die (anklagefähige) Delikts- und Täterstruktur und das Einstellungsverhalten der Staatsanwaltschaft nicht bekannt sind. Zur Delikts- und Täterstruktur enthält aber die StA-Statistik keine bzw. keine hinreichend differenzierten Angaben.

einmal deren ungefähre Größenordnung. Selbst dort, wo die Größenordnungen bekannt sind, sind die Täter- bzw. Tatengruppen, auf die diese Sanktionen angewendet werden, statistisch nicht erfasst und ausgewiesen.

III.

Dass der Gebrauch der informellen Sanktionen, also der §§ 45, 47 JGG, in regionaler Hinsicht deutliche Unterschiede aufweist, ist wiederholt dokumentiert worden. Unbekannt war bislang indes, welche quantitative Bedeutung diese informelle Erledigungspraxis in den neuen Ländern hat. Einen ersten Anhaltspunkt liefert die – freilich nur bedingt aussagekräftige[27] – Gegenüberstellung von Tatverdächtigen- und Verurteiltenzahlen für Jugendliche und Heranwachsende (**Schaubild 1**)[28]. Hierbei werden deutliche Unterschiede sichtbar, die

[27] Die Aussagekraft dieser vergleichenden Gegenüberstellung ist deshalb beschränkt, weil die Daten der PKS und der StVStat nur begrenzt vergleichbar sind, insbesondere sind die Daten der StVStat keine Untermenge der Daten der PKS:

- Wegen unterschiedlicher Erfassungszeiträume und Erfassungsgrundsätze stammt nur ein Teil der Verurteilten aus den Tatverdächtigen desselben Berichtsjahres.
- Die als Bezugsgröße dienende Zahl der Tatverdächtigen ist zu niedrig. Wie aus der StA-Statistik hervorgeht, werden nur rd. 80% der Ermittlungsverfahren gegen bekannte Täter von der Polizei eingeleitet. In der PKS sind insbesondere nicht berücksichtigt:
  - die von der Staatsanwaltschaft unmittelbar und abschließend bearbeiteten Vorgänge,
  - die von den Finanzämtern (Steuervergehen) und
  - von den Zollbehörden (außer den Rauschgiftdelikten) durchermittelten und an die Staatsanwaltschaft abgegebenen Vorgänge.

Dementsprechend sind die im Text und in Tabelle 1 angegebenen Werte keine Anteile. Sie verdeutlichen lediglich die Größenverhältnisse.

[28] In den Schaubildern werden für die Länder die folgenden Abkürzungen verwendet:
BW = Baden-Württemberg; BY = Bayern; BE = Berlin; HB = Bremen; HH = Hamburg; HE = Hessen; NI = Niedersachsen; NW = Nordrhein-Westfalen; RP = Rheinland-Pfalz; SL = Saarland; SH = Schleswig-Holstein; BB = Brandenburg; SN = Sachsen; TH = Thüringen.

Schaubild 1:
Verurteilte* auf je 100 polizeilich als tatverdächtig registrierte 14- b.u. 21-jährige im Ländervergleich, 1998

Konstanzer Inventar Sanktionsforschung
KIS: REGTVVU1980-LL 401 26

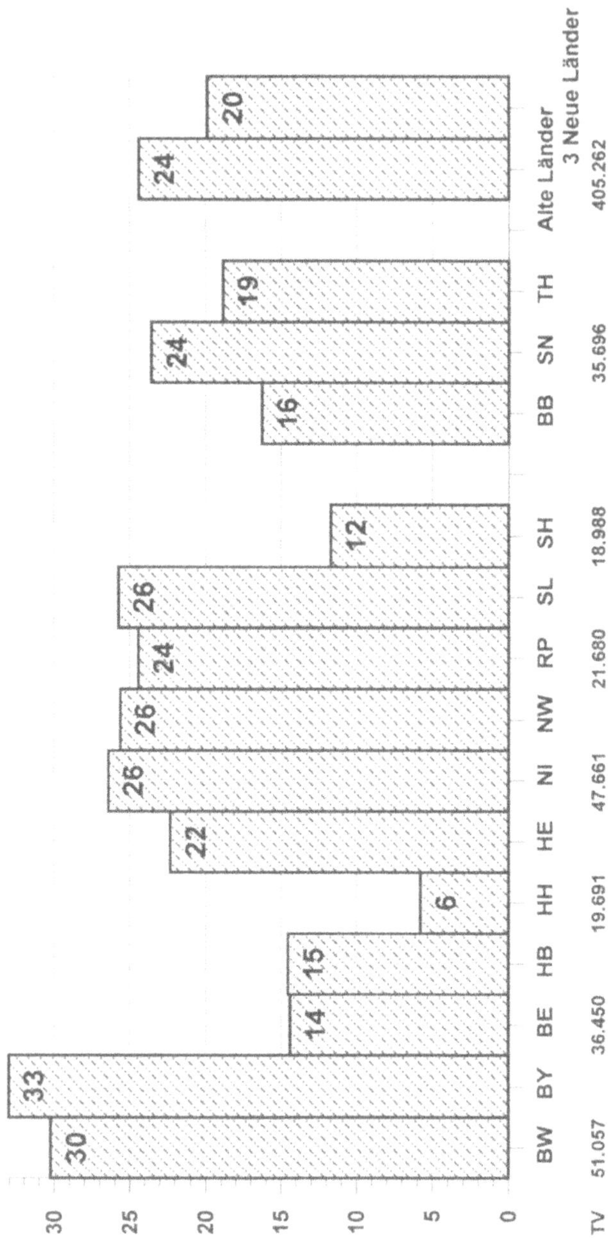

* ohne Straftaten im Strassenverkehr

darauf hindeuten, dass die Wahrscheinlichkeit, verurteilt zu werden, in den neuen Ländern im Schnitt etwas geringer ist als in den alten Ländern, dass aber vor allem zwischen den alten Ländern extreme Unterschiede bestehen, insbesondere zwischen den Stadtstaaten und den beiden süddeutschen Flächenstaaten. Ob diese Unterschiede auf Einstellungen gem. § 170 II 2 StPO oder auf Einstellungen aus Opportunitätsgründen bzw. §§ 45, 47 JGG beruhen, ist aufgrund dieser Daten indes nicht erkennbar.

Deshalb bedarf es des Rückgriffs auf die Ergebnisse von StA-Statistik und StVStat zu Einstellungen gem. §§ 45, 47 JGG. Da bei §§ 45, 47 JGG zum einen nicht hinreichend zwischen intervenierenden und nicht-intervenierenden Einstellungen differenziert werden kann[29] und zum anderen weder Delikte noch Alter und Geschlecht der Beschuldigten für die StA-Statistik erfasst werden, muss der Vergleich beschränkt bleiben auf die Höhe der Diversionsrate[30] und auf den jeweiligen Anteil, den Staatsanwaltschaft oder Gericht hierzu beitragen (**Schaubild 2** und **3**). Immerhin zeigen die verfügbaren Daten für 1998:

(1) Die Diversionsrate[31] im Jugendstrafrecht (**Schaubild 2**) ist mit (im Durchschnitt[32]) 71 % – sowohl insgesamt gesehen als auch in

[29] Ab 1998 werden in der StA-Statistik Einstellungen gem. §§ 45 Abs. 1, 2 und 3 JGG getrennt ausgewiesen. Damit lässt sich freilich nur die folgenlose Einstellung gem. § 45 Abs. 1 JGG deutlich abgrenzen; die Bandbreite der möglichen erzieherischen Maßnahmen – angefangen von der schriftlichen Verwarnung bis zur Anregung, eine – u. U. vielstündige – Arbeitsleistung zu erbringen – lässt sich damit immer noch nicht erkennen.

[30] Zur Unterschätzung der Diversionsrate im Jugendstrafrecht und zur Überschätzung im allgemeinen Strafrecht vgl. oben Fn. 21.

[31] Mit Diversionsrate im Jugendstrafrecht wird der Anteil der Personen bezeichnet, bei denen das Verfahren nach §§ 45, 47 JGG eingestellt worden ist (informelle Erledigung), an allen Personen, deren Ermittlungsverfahren entweder gem. §§ 45, 47 JGG eingestellt worden ist oder die verurteilt worden sind (unter Einschluss auch der Entscheidungen gem. § 27 JGG).
Mit Diversionsrate im allgemeinen Strafrecht wird der Anteil der Personen bezeichnet, bei denen das Verfahren nach §§ 153, 153a, 153b StPO eingestellt worden ist (informelle Erledigung), an allen Personen, deren Ermittlungsverfahren nach §§ 153, 153a, 153b StPO eingestellt worden ist oder die verurteilt worden sind (unter Einschluss auch der Entscheidungen gem. §§ 59, 60 StGB).

[32] Berechnet ist hierbei der Durchschnitt für die alten und für die drei neuen Länder, für die Ergebnisse vorliegen (vgl. oben Fn. 13).

Schaubild 2:

Diversionsraten im Jugendstrafrecht, nach Ländern, 1998

Anteile der staatsanwaltlichen und gerichtlichen Einstellungen gem. §§ 45, 47 JGG bezogen auf informell und formell Sanktionierte insgesamt

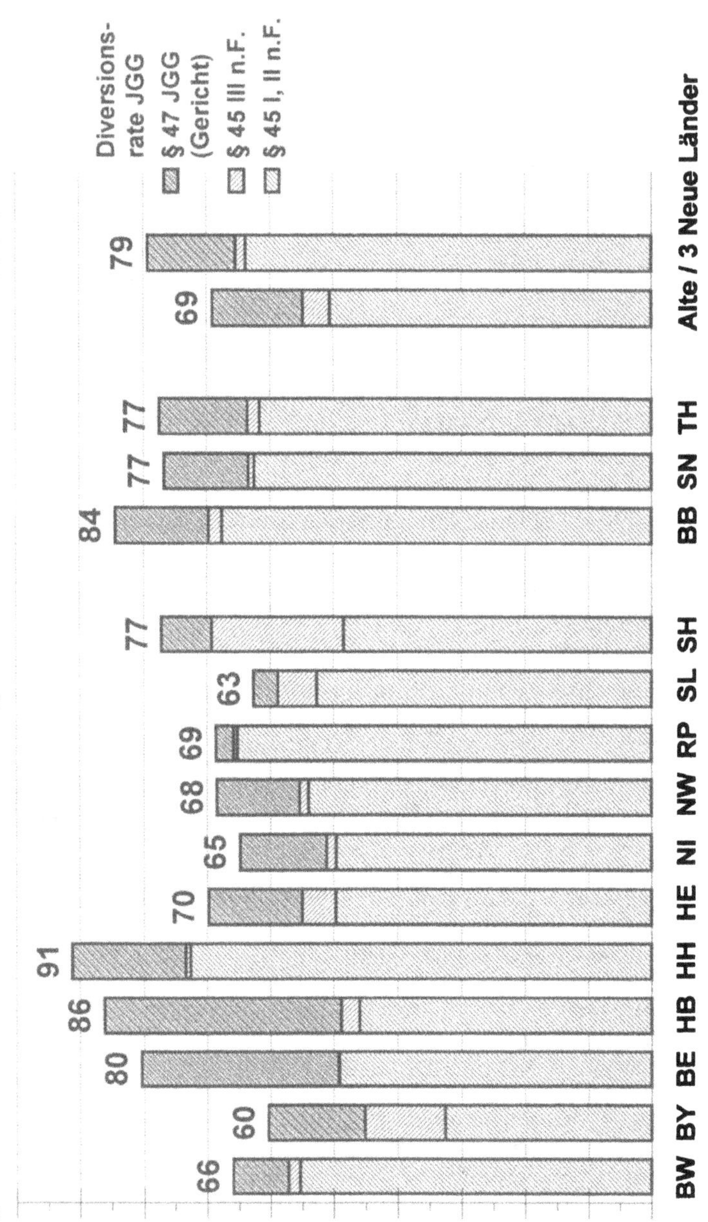

Schaubild 3:

Diversionsraten in Verfahren nach Allg. Strafrecht, nach Ländern, 1998

Anteile der staatsanwaltlichen und gerichtlichen Einstellungen bezogen auf informell und formell Sanktionierte insgesamt

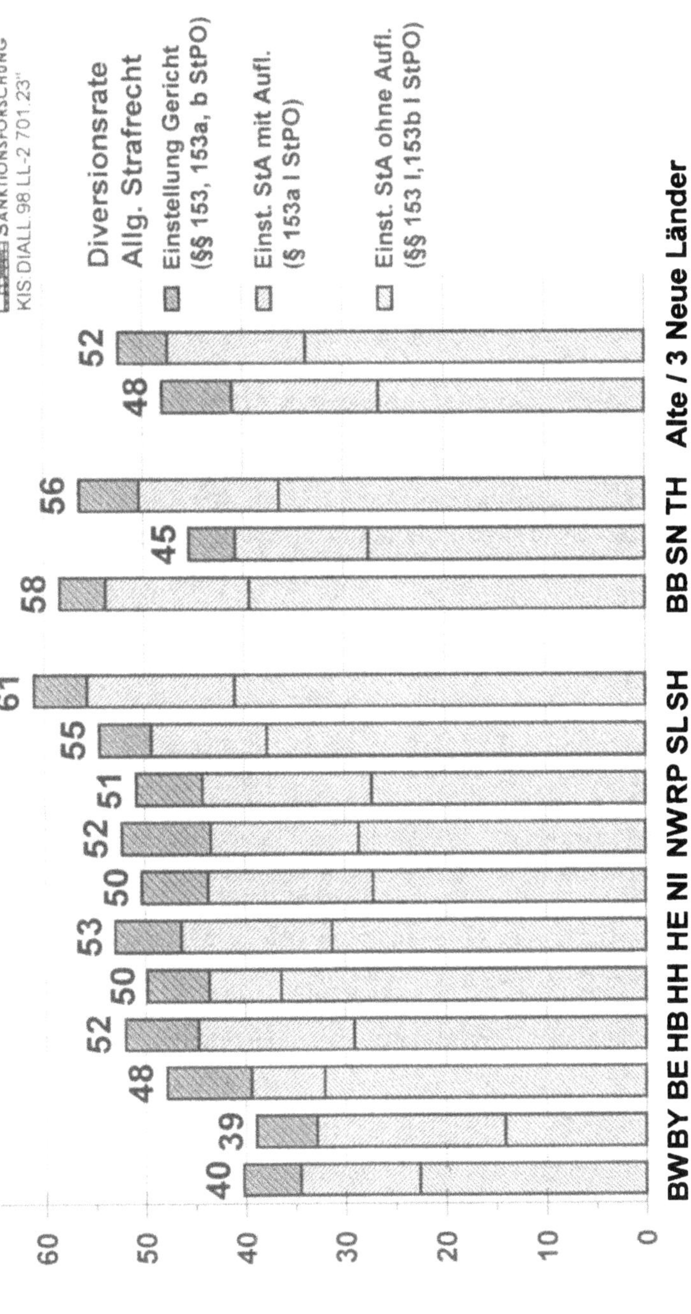

jedem einzelnen Land – (im Allgemeinen deutlich) höher als im allgemeinen Strafrecht (**Schaubild 3**) (im Durchschnitt: 49%).

(2) Die staatsanwaltschaftliche Diversionsrate ist im Jugendstrafrecht deutlich höher als im allgemeinen Strafrecht; entsprechendes gilt – ausgenommen Rheinland-Pfalz und Saarland – auch für die gerichtliche Diversionsrate.

(3) Zwischen den Ländern bestehen hinsichtlich der Höhe der Diversionsrate erhebliche Unterschiede. Die Spannweite ist hierbei im Jugendstrafrecht (Unterschied: 31 Prozentpunkte)[33] deutlich höher als im allgemeinen Strafrecht (22 Prozentpunkte).[34]

(4) Der Vergleich zwischen den alten und den drei neuen Ländern, für die statistische Informationen vorliegen, zeigt, dass die Diversionsrate in diesen neuen Ländern im Schnitt – sowohl bei Diversion nach Jugendstrafrecht als auch nach allgemeinem Strafrecht – höher ist als in den alten Ländern. Der Unterschied ist im Jugendstrafrecht besonders deutlich. Im Jugendstrafrecht weisen nur die drei Stadtstaaten höhere Diversionsraten auf als die drei neuen Länder.

(5) Sowohl im Jugendstrafrecht als auch im allgemeinen Strafrecht wird der weit überwiegende Teil der Diversionsentscheidungen durch die Staatsanwaltschaft[35] getroffen.[36]

Empirische Forschungen zur Einstellungspraxis in Jugendsachen haben gezeigt, dass die im Regionalvergleich sichtbaren Unterschiede nicht etwa durch entsprechende Unterschiede in der Tat- und Täterstruktur zu erklären sind. Beim Vergleich relativ homogener Gruppen gehen die Unterschiede nämlich nicht zurück; sie vergrößern sich vielmehr.[37] Wie Aktenanalysen gezeigt haben, bestehen diese Unterschiede nicht nur zwischen den Ländern, sondern auch, und besonders ausgeprägt, zwischen einzelnen Staatsanwaltschaften und selbst zwischen den Dezernenten einzelner Staatsanwaltschaften. In einer

[33] Bayern 60%, Hamburg 91%.

[34] Bayern 39%, Schleswig-Holstein 61%.

[35] Als staatsanwaltschaftliche Diversionsentscheidungen wurden hierbei Einstellungen gem. § 45 JGG sowie gem. §§ 153 Abs. 1, 153a Abs. 1, 153b Abs. 1 StPO gewertet, unabhängig von einem etwaigen richterlichen Zustimmungserfordernis.

[36] Im Schnitt entfielen im allgemeinen Strafrecht 86% aller Diversionsentscheidungen auf die Staatsanwaltschaft, im Jugendstrafrecht 80%.

[37] Vgl. die Nachweise bei *Heinz* DVJJ-Journal 1998, 245ff. (253ff.).

1987/88 bei 17 Staatsanwaltschaften in Nordrhein-Westfalen durchgeführten repräsentativen Aktenuntersuchung wurde bei homogenen Fallgruppen (einmaliger Ladendiebstahl, keine Vorbelastung – auch keine Registrierung in der staatsanwaltschaftlichen Zentralkartei – des Jugendlichen, Geständnis, Diebstahlsgegenstand mit einem Wert bis zu 50 DM) eine Spannweite der Einstellungsrate gem. § 45 JGG auf der Ebene der örtlichen Staatsanwaltschaften von 39% bis 99% festgestellt[38], auf der Ebene der einzelnen Staatsanwälte (bei einer Schadenshöhe bis maximal 100 DM und ansonsten gleichen Kriterien) sogar von 0% bis zu 100%.[39] Ob sich diese Unterschiede inzwischen verringert haben, lassen die amtlichen Statistiken nicht erkennen. Diese Frage lässt sich nur durch Aktenuntersuchungen klären, die schon deshalb dringend geboten sind, damit die Länder in der Lage sind zu prüfen, ob die vom BVerfG geforderte „im Wesentlichen einheitliche Einstellungspraxis der Staatsanwaltschaften“[40] inzwischen besteht.

IV.

1998 wurden in den alten Ländern (einschließlich Berlin) sowie in Brandenburg, Sachsen und Thüringen 918896 Personen verurteilt. Davon waren 56556 (6%) Jugendliche, 87618 (10%) Heranwachsende und 774722 (84%) Erwachsene. Bei 813618 kam allgemeines Strafrecht, bei 105278 kam Jugendstrafrecht zur Anwendung, also bei jedem Neunten (11%).

Der Anteil der nach Jugendstrafrecht verurteilten Heranwachsenden betrug 1954 22%, 1998 (in den alten Ländern) 59%. Für diese vermehrte Einbeziehung der Heranwachsenden in das Jugendstrafrecht war und ist insbesondere die Auffassung entscheidend, dass sich nach

38 Vgl. *Ludwig-Mayerhofer* Die staatsanwaltliche Diversionspraxis im Jugendstrafrecht – Eine landesweite Aktenuntersuchung in 19 Staatsanwaltschaften Nordrhein-Westfalens, in *P.-A. Albrecht* (Hrsg.) Informalisierung des Rechts, 1990, S. 47ff., 213.

39 Vgl. *Libuda-Köster* Diversion: Selbsteinschätzung und Realität staatsanwaltlichen Entscheidens – Eine Befragung nordrhein-westfälischer Jugendstaatsanwältinnen und Jugendstaatsanwälte, in *P.-A. Albrecht*, (o. Fn. 38), S. 229ff. (308).

40 BVerfGE 90, 145, 190.

Erkenntnissen der Entwicklungspsychologie, der Jugendsoziologie und der Pädagogik für viele junge Menschen die Phase des Erwachsenwerdens über das 20. Lebensjahr verlängert hat[41] und dass es mit den vielfältigeren und differenzierteren Mitteln des Jugendstrafrechts besser als mit jenen des Erwachsenenrechts möglich ist, auf die besonderen Lebenslagen und Probleme junger und heranwachsender Menschen einzugehen und damit sowohl eher eine Straftatwiederholung zu vermeiden als auch Opferbelange zu berücksichtigen. Die Anwendung des wenig flexiblen Erwachsenenstrafrechts erhöht, so wird befürchtet, die Gefahr negativer Folgen für die Sozialisation und schmälert die Möglichkeiten, auf die Bedürfnisse des Opfers einzugehen. Von weiten Teilen der Wissenschaft und der Jugendkriminalrechtspflege wird deshalb gefordert, „Heranwachsende nicht vermehrt nach Erwachsenenrecht abzuurteilen, sondern vielmehr ... generell in das JGG einzubeziehen“,[42] zumindest aber das Heranwachsendenstrafrecht in seinem heutigen Zuschnitt zu erhalten.[43]

[41] Durch die Verlängerung schulischer und beruflicher Ausbildung hat sich das Ende der Berufsausbildung zunehmend in das dritte Lebensjahrzehnt verschoben. „Wichtige Ereignisse beim Übergang von der Jugendlichen- zur Erwachsenenrolle, wie Eintritt in das Berufsleben oder Gründung einer Familie, hängen vom individuellen Lebenslauf ab und fallen heute meist in das dritte Lebensjahrzehnt“ (*Statistisches Bundesamt* Jugend in Deutschland, 2000, S. 8f.). Dies hat Folgewirkungen sowohl für die moralischen Reifeprozesse wie für die Identitätsentwicklung; weniger als früher kann deshalb von einer bestimmten Altersschwelle ausgegangen werden.

[42] *DVJJ* (Hrsg.) Kinder und Jugendliche als Opfer und Täter. Dokumentation des 24. DJGT, 1999, Forum II, These 14, S. 776, die damit eine alte Forderung der DVJJ aufgreifen.

[43] Vgl. u.a. die Resolution des 1. Bundestreffens der Jugendrichter/innen und Jugendstaatsanwälte/innen von 1993: „Mit Nachdruck wenden die Teilnehmer/-innen des Bundestreffens sich ferner gegen die Forderung, 18- bis 20jährige Täter in der Regel nach Erwachsenenstrafrecht zu behandeln. Dem stehen längst bekannte Befunde entgegen, dass Täter dieser Altersgruppe sich häufig noch in ihrer Persönlichkeitsentwicklung befinden und gerade bei ihnen ein besonderer Bedarf an individueller Reaktion besteht“ (DVJJ-Journal 1993, 321). Vgl. ferner die Erklärung zur „Gegenreform im Jugendstrafrecht“ von 52 Jugendstrafrechtsprofessoren und Kriminologen vom August 1998 (DVJJ-Journal 1998, 203ff.), die sich dafür aussprachen, „sowohl die Strafmündigkeitsgrenze von 14 Jahren beizubehalten als auch die Regelungen des Heranwachsendenstrafrechts in ihrem heutigen Zuschnitt zu erhalten.“

Bis 1988 stieg der Anteil der nach Jugendstrafrecht verurteilten Heranwachsenden fast kontinuierlich; seitdem ist er leicht zurückgegangen.[44] Dies beruht indes auf einer zunehmend zurückhaltenderen Anwendung des Jugendstrafrechts auf die nichtdeutschen Heranwachsenden. Die Rate der nach Jugendstrafrecht verurteilten deutschen Heranwachsenden blieb dagegen seit Anfang der 80er Jahre auf hohem Niveau – mehr als 60% – im Wesentlichen konstant. Die Jugendkriminalrechtspflege blieb demnach, trotz vielfach erhobener Forderungen nach vermehrter Anwendung von allgemeinem Strafrecht auf Heranwachsende,[45] der auf Erfahrungen in der Vergangenheit gestützten und kriminalpolitisch gut begründeten Linie treu, das zur Rückfallprävention besser geeignete Jugendstrafrecht anzuwenden.

Zwischen den Ländern bestehen freilich erhebliche Unterschiede in der Anwendung von Jugendstrafrecht auf Heranwachsende (**Schaubild 4**). Insbesondere in Brandenburg und Sachsen wird Jugendstrafrecht weit weniger häufig auf Heranwachsende angewendet als in den anderen Ländern. Aus deliktsspezifischen Analysen ist indes bekannt, dass die Anwendung von Jugendstrafrecht, jedenfalls in der Tendenz, mit der Schwere der Straftat zunimmt (**Schaubild 5**). Auf Delikte, die keine schweren Rechtsfolgen nach sich ziehen und in einem summarischen Verfahren behandelt werden können, findet eher allgemeines Strafrecht Anwendung, das – im Unterschied zum Jugendstrafrecht[46] – die Verurteilung im Strafbefehlsverfahren erlaubt. Dies ist mit einer der wesentlichen Gründe für die überproportional hohe Anwendung allgemeinen Strafrechts auf Heranwachsende, die wegen Straßenverkehrsdelikten verurteilt werden.

[44] Vgl. *Heinz* (o. Fn. 4), S. 169, Schaubild 2a und 2b.

[45] Vgl. hierzu zuletzt Entwurf eines Gesetzes zur Verbesserung der gesetzlichen Maßnahmen gegen Kinder- und Jugenddelinquenz vom 12.4.2000 (BT-Drs. 14/3189). Nachweise für schon früher erhobene Forderungen bei *Heinz* MschKrim 1998, 399f.

[46] Gem. §§ 79 I, 109 II JGG ist bei Jugendlichen und bei nach Jugendstrafrecht zu verurteilenden Heranwachsenden das Strafbefehlsverfahren unzulässig, weil es die im Jugendstrafrecht in besonderem Maße erforderliche Würdigung der Persönlichkeit und des sozialen Umfeldes des Beschuldigten nicht in ausreichendem Maße gestattet.

Schaubild 4:
Die strafrechtliche Behandlung der Heranwachsenden
Anteile der im Jahr 1998 nach Jugendstrafrecht und nach allgemeinem Strafrecht verurteilten Heranwachsenden; nach Ländern

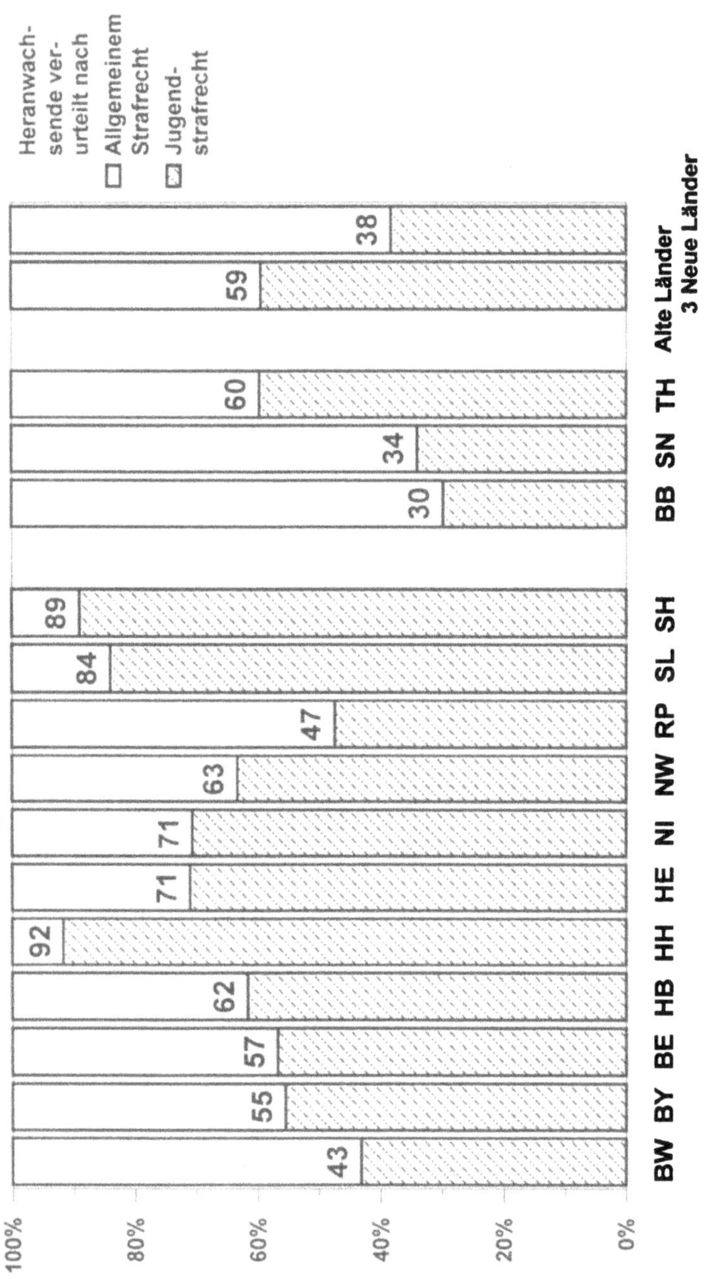

Schaubild 5:
Die strafrechtliche Behandlung der Heranwachsenden 1998
Anteile der im Jahr 1998 nach Jugendstrafrecht und nach allgemeinem Strafrecht verurteilten Heranwachsenden; nach Hauptdeliktsgruppen, Alte Länder und Gesamtberlin

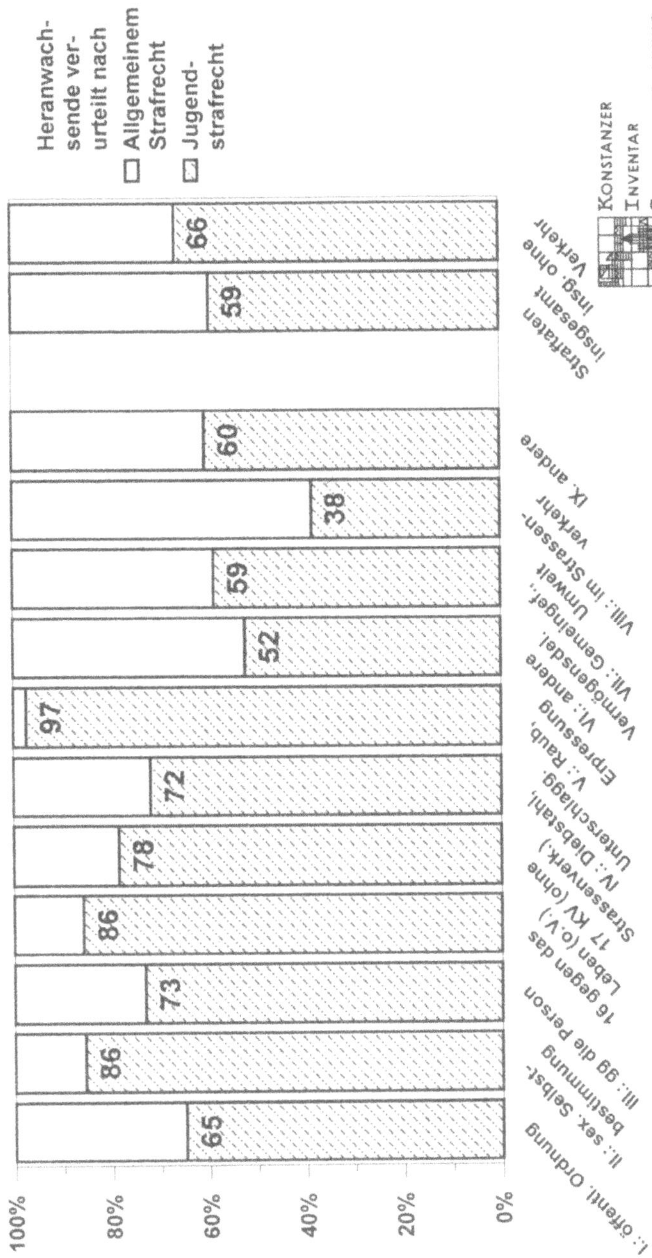

Hauptdeliktsgruppen I .. IX und Untergruppen gem. Strafverfolgungsstatistik

Die Kontrolle der Deliktsarten im regionalen Vergleich zeigt, dass die regionalen Unterschiede in der Anwendung von Jugendstrafrecht auf Heranwachsende bei schwereren Delikten gering sind; sie sind dagegen besonders groß bei Delikten, die für die Anwendung des Strafbefehlsverfahrens in Betracht kommen (**Schaubild 6**). Ob dies freilich eine hinreichende Erklärung ist, vermag erst eine Aktenanalyse zu zeigen. Derzeit bleibt jedenfalls der Befund extrem großer Unterschiede im Bereich der mittleren und leichteren Kriminalität.

V.

Mit der Untersuchungshaft werden sämtliche Nachteile der kurzfristigen Jugendstrafe beibehalten, wenn nicht gar noch verschärft. Von einer erzieherischen Gestaltung und Wirkung des Untersuchungshaftvollzugs kann in der Regel nicht gesprochen werden. Der Gesetzgeber hat deshalb in § 72 JGG die Subsidiarität der Untersuchungshaft festgelegt; durch das 1. JGGÄndG von 1990 wurde dieses Subsidiaritätsgebot verstärkt durch die nunmehr ausdrücklich vorgesehene Pflicht zur Prüfung des Verhältnismäßigkeitsgrundsatzes (§ 72 I S. 2 JGG) sowie durch den Begründungszwang. Eingeschränkt werden sollte die Untersuchungshaft ferner durch die Erleichterung der Unterbringung in einem Erziehungsheim, durch Einbeziehung einer Haftentscheidungshilfe sowie durch die Einschränkung der Untersuchungshaft gegen 14- und 15jährige.

Eine Untersuchungshaftstatistik, die Auskunft geben würde über Anordnung und Vollzug der Untersuchungshaft, gibt es in Deutschland nicht. Die Untersuchungshaftproblematik führt auch statistisch ein „Schattendasein".[47] In der StVStat wird seit 1975 erfasst, ob und aus welchen Gründen gegen Abgeurteilte[48] Untersuchungshaft an-

[47] In der Strafvollzugsstatistik wird die Zahl der Untersuchungsgefangenen zum einen zum Stichtag 31. 12. erfasst; bei dieser, kurzzeitig Inhaftierte unterschätzenden, Stichtagserfassung ist die Zahl der Untersuchungsgefangenen systematisch untererfasst. Zum anderen werden Untersuchungsgefangene in der Zu- bzw. Abgangsstatistik erfasst; da hierbei aber jede Verlegung erfasst wird, erfolgte eine systematische Übererfassung.

[48] Keine Angaben liegen demnach in der StVStat vor hinsichtlich jener Tatverdächtiger, die nicht abgeurteilt werden.

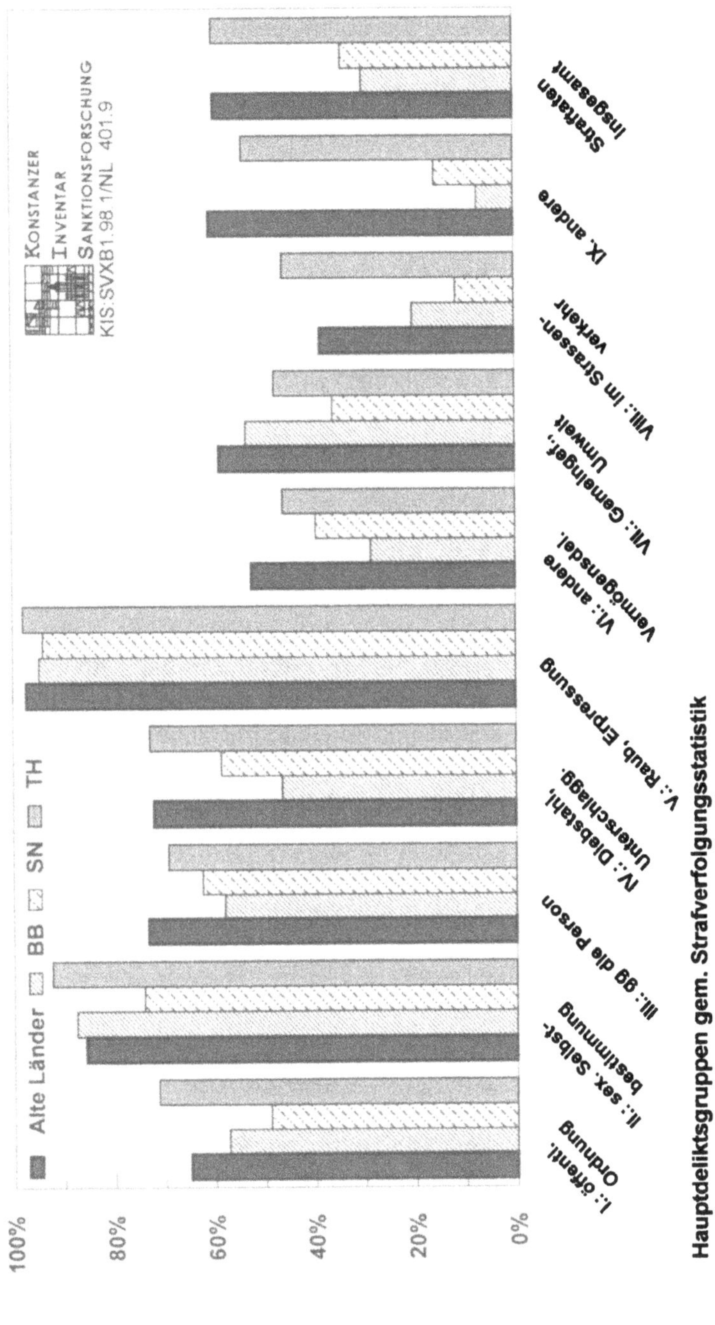

Schaubild 6:
Die strafrechtliche Behandlung der Heranwachsenden 1998. Neue vs. alte Länder
Anteile der im Jahr 1998 nach Jugendstrafrecht verurteilten Heranwachsenden; nach Hauptdeliktsgruppen

geordnet worden ist.[49] Da folglich die nicht abgeurteilten Untersuchungsgefangenen nicht erfasst werden,[50] gibt auch die Zählung in der StVStat kein vollständiges Bild; von allen verfügbaren statistischen Datenquellen dürfte sie aber der Realität am nächsten kommen.

Bezogen auf die nach allgemeinem bzw. nach Jugendstrafrecht Verurteilten sind die Untersuchungshaftraten[51] im Jugendstrafrecht in der Mehrzahl der Bundesländer höher als im allgemeinen Strafrecht (**Schaubild 7**). Die Spannweite der Untersuchungshaftraten in den Ländern reicht im Jugendstrafrecht von 4 % (Niedersachsen) bis 18 % (Hamburg); sie ist weit höher als im allgemeinen Strafrecht. Allerdings wird bei dieser Bezugnahme auf die Verurteilten außer Acht gelassen, dass Untersuchungshaft, dem Verhältnismäßigkeitsprinzip entsprechend, nicht angeordnet werden darf, „wenn sie zu der Bedeutung der Sache und der zu erwartenden Strafe oder Maßregel der Besserung und Sicherung außer Verhältnis steht" (§ 112 I S. 2 StPO).

Dementsprechend wird die Untersuchungshaftrate mittelbar durch die Diversionsrate beeinflusst. Denn je höher die Diversionsrate in einem Land ist, desto höher wird unter den dann noch Angeklagten der Anteil der wegen schwerer Straftaten Angeklagten sein, für die wiederum der Verhältnismäßigkeitsgrundsatz als Haftausschließungsgrund nicht in Betracht kommt. Bei Kontrolle der länderspezifischen Diversionsraten – durch Bezugnahme der Zahl der Untersuchungsgefangenen auf die Zahl der informell oder formell Sanktionierten (**Schaubild 8**) – zeigt sich in der Tat, dass

(1) der Anteil der Sanktionierten, die in Untersuchungshaft waren, im Jugendstrafrecht in fast allen Ländern niedriger ist als im allgemeinen Strafrecht,[52]

[49] Zu Vorbehalten hinsichtlich der Vollständigkeit der Erfassung vgl. *Pfeiffer/Strobl* Kann man der Strafverfolgungsstatistik trauen? Ein Vergleich mit Bundeszentralregisterdaten offenbart gravierende Divergenzen und Mängel, in *Bundesministerium der Justiz/Kriminologische Zentralstelle e. V.* (Hrsg.) Die Zukunft der Personenstatistiken im Bereich der Strafrechtspflege, 1992, S. 107ff.

[50] Es dürfte sich vor allem um Untersuchungsgefangene handeln, die entweder verstorben oder flüchtig sind.

[51] Anteil der Verurteilten, die zuvor in Untersuchungshaft waren, an allen Verurteilten eines Berichtsjahres.

[52] Ausnahmen sind lediglich Bremen und das Saarland.

Schaubild 7:
Untersuchungshaftraten nach Jugendstrafrecht und nach Allgemeinem Strafrecht, nach Ländern, 1998
Anteile bezogen auf nach Jugendstrafrecht / allg. Strafrecht Verurteilte

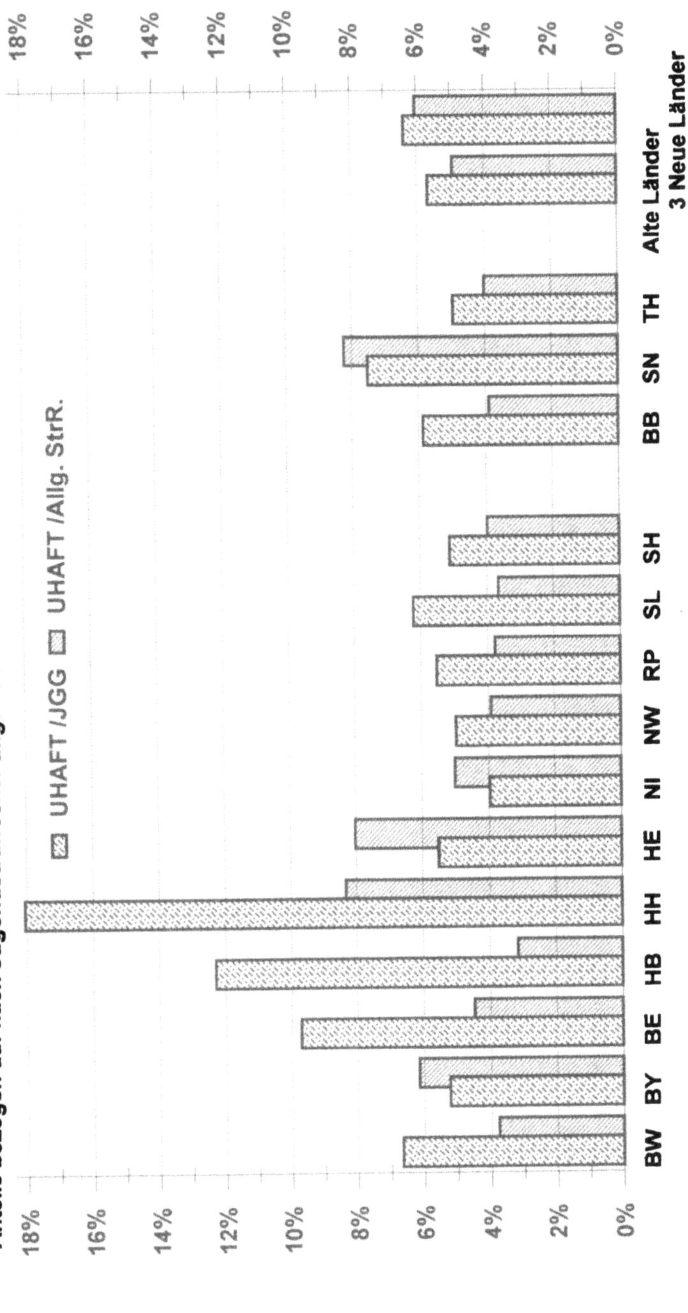

Schaubild 8:
Untersuchungshaftraten nach Jugendstrafrecht und nach allgemeinem Strafrecht, nach Ländern, 1998
Anteile bezogen auf nach Jugendstrafrecht / allg. Strafrecht informell oder formell Sanktionierte

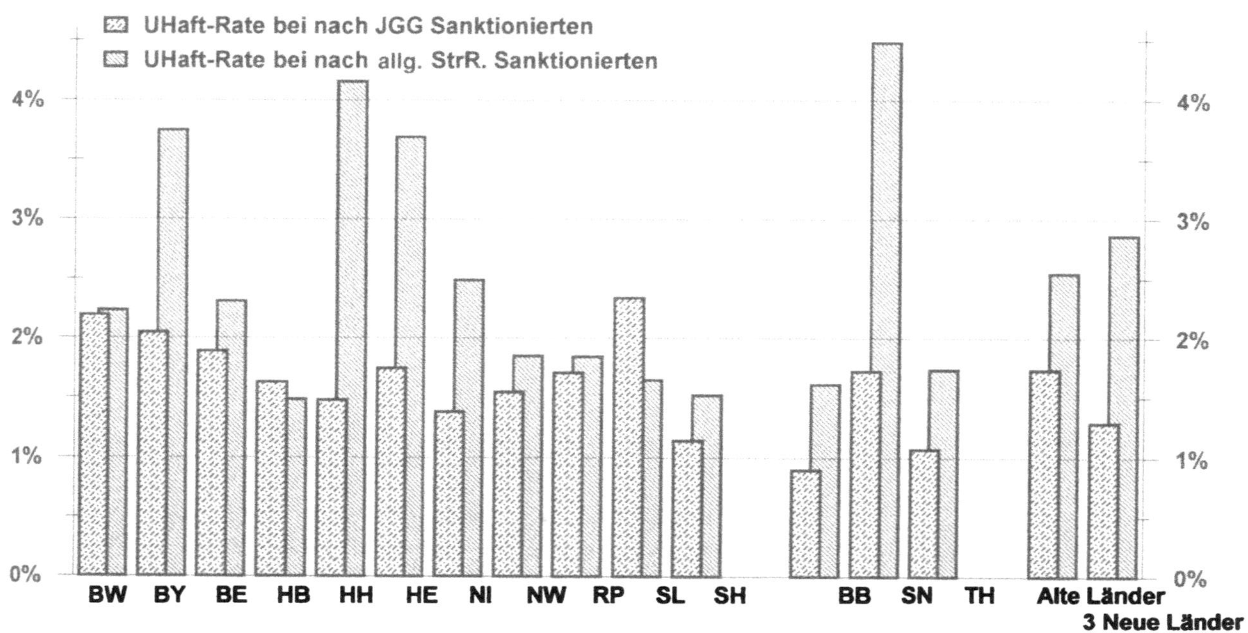

(2) die Spannweite zwischen den Ländern sich auf einen Unterschied von 1,4 %-Punkten reduziert,
(3) den geringsten Anteil von Untersuchungshaft im Jugendstrafrecht im Ländervergleich Brandenburg und Thüringen aufweisen.

Unter dem Gesichtspunkt der Verhältnismäßigkeit ist freilich von besonderer Bedeutung die Relation der nach Jugendstrafrecht Verurteilten mit vorangegangener Untersuchungshaft zu den zu Jugendstrafe Verurteilten. Denn ein Haftbefehl kommt in der Regel „nur in Betracht, wenn Jugendstrafe“[53], einigen Autoren zufolge sogar nur dann, wenn „unbedingte Jugendstrafe“ zu erwarten ist.[54] Je kleiner die Zahl der Untersuchungsgefangenen in Relation zur Zahl der zu (unbedingter) Jugendstrafe Verurteilten ist, um so zurückhaltender wird, so ließe sich argumentieren, von Untersuchungshaft Gebrauch gemacht. Hamburg käme danach – in negativer Hinsicht – eine Vorreiterrolle zu, in positiver Hinsicht fielen vor allem die neuen Länder auf, aber auch Niedersachsen (vgl. **Schaubild 9**). Freilich wird bei diesem Vergleich die Praxis der Verhängung von Jugendstrafe zur – nicht unproblematischen – Messlatte. Wird, wie in Hamburg, sehr viel zurückhaltender von Jugendstrafe Gebrauch gemacht als z. B. in Niedersachsen (vgl. **Schaubild 11**), dann ändert sich das Bild erneut. Eine abschließende Bewertung wird deshalb erst möglich bei Bezugnahme auf vergleichbare Tat- und Tätergruppen, wie sie nur bei einer Aktenanalyse möglich ist.

VI.

Die meisten Erziehungsmaßregeln und Zuchtmittel können nebeneinander, Weisungen, Auflagen und Erziehungsbeistandschaft auch neben Jugendstrafe angeordnet werden (§ 8 JGG). Von der Möglichkeit, Sanktionen nebeneinander zu verhängen, macht die Jugendkriminalrechtspflege in hohem Maße Gebrauch. 1998 wurden in den alten Bundesländern sowie in Brandenburg, Sachsen und Thüringen 105278 nach JGG Verurteilte ausgewiesen mit insgesamt 150773 Sanktionen, davon 20860 Jugendstrafen (14% der insgesamt verhängten formellen Sanktionen), 110621 Zuchtmittel (73%) und

[53] *Brunner/Dölling* JGG, 10. Aufl., 1996, § 72 Rn. 3.
[54] *Ostendorf* JGG, 4. Aufl., 1997, § 72 Rn. 8.

Schaubild 9:

Untersuchungshaftpraxis nach Jugendstrafrecht im Ländervergleich, 1998

Nach Jugendstrafrecht Verurteilte mit U-Haft, in Relation zu je 100 nach JGG zu Jugendstrafe (bedingt oder unbedingt) Verurteilten

KONSTANZER INVENTAR SANKTIONSFORSCHUNG
KIS:UHXBX.98.LL 401.24

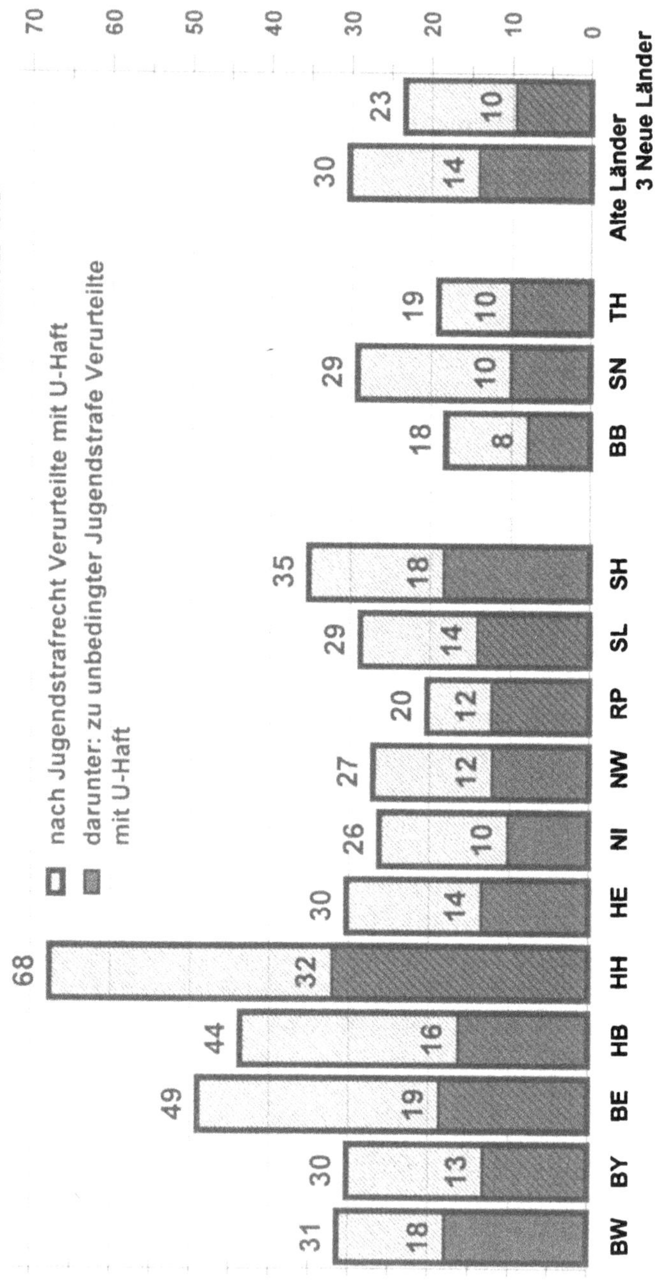

19292 Erziehungsmaßregeln (13%). Auf einen Verurteilten kamen im Schnitt also 1,4 Sanktionen. Die Zahl der pro Verurteiltem verhängten Sanktionen ist mit 1,1 gering in Berlin und Hamburg, mit 1,7 dagegen sehr hoch in Hessen, Rheinland-Pfalz, Schleswig-Holstein und Thüringen. Diese Befunde sollten freilich nicht überinterpretiert werden. Denn ein Zusammenhang mit der Höhe der Diversionsrate und der dadurch erfolgten Verschiebung zu den schwereren Fällen hin ist nicht auszuschließen.

Im Schnitt der 14 Bundesländer, für die statistische Informationen vorliegen, waren knapp drei von vier durch die Jugendgerichte verhängten (formellen) Sanktionen Zuchtmittel. In etwa gleich häufig angeordnet wurden Jugendstrafen (14%) und Erziehungsmaßregeln (13%). Die in der Praxis bevorzugt verhängten Sanktionen waren Arbeitsauflagen (26%), gefolgt von Verwarnungen (20%), Geldauflagen (13%), Weisungen (13%), Jugendarrest (12%), bedingter (9%) und unbedingter Jugendstrafe (5%). Quantitativ bedeutungslos waren die Wiedergutmachungsauflage (1,4%), die Auflage der Entschuldigung (0,1%) sowie die Hilfen zur Erziehung gem. § 12 JGG (0,3%). Im Vordergrund standen also vor allem ahndende und auf die Weckung von Unrechtseinsicht abzielende Sanktionen, nicht so sehr helfende oder stützende Maßnahmen. Freilich ist hierbei zu bedenken, dass Weisungen, die dazu dienen sollen, die Lebensführung zu regeln und die Erziehung zu fördern, möglicherweise vermehrt im Zusammenhang mit einer Verfahrenseinstellung angeordnet oder durchgeführt worden sind. Hierzu fehlen indes statistische Informationen. Wegen der länderspezifisch unterschiedlich hohen Diversionsrate sind die Unterschiede zwischen den Ländern nicht interpretierbar, weil die jeweiligen Grundgesamtheiten – hier: Gesamtheit der verhängten formellen Sanktionen – infolge unterschiedlich stark ausgeprägter Selektionsprozesse nicht vergleichbar sind.

VII.

Ergänzend weist die StVStat auch die Art der schwersten verhängten Sanktion aus, beschränkt freilich auf die drei Kategorien Jugendstrafe, Zuchtmittel und Erziehungsmaßregel.[55] Damit kommt eine

[55] Werden in einem Urteil mehrere Rechtsfolgen kombiniert, so wird nur die schwerste Sanktion aufgrund der sog. „abstrakten Schwere" ausgewiesen, d. h. in

personenbezogene, hier: verurteiltenbezogene, Messung zum Ausdruck, die erkennen lässt, welche Sanktion die Verurteilten als jeweils schwerste zu verbüßen haben. Bei dieser Betrachtung verschieben sich die Schwerpunkte deutlich in Richtung Jugendstrafe und Zuchtmittel, letztere in Form von Jugendarrest. Unter den insgesamt verhängten Sanktionen entfielen auf Jugendstrafe 14% und auf Jugendarrest 12%; diese Anteile erhöhen sich auf 20% bzw. 17%, wenn lediglich auf die schwersten verhängten Sanktionen abgestellt wird. Statt 17% sind es nunmehr – bezogen auf die schwerste Sanktion – 24% der Urteile, die auf unmittelbaren Freiheitsentzug lauten (7% unbedingte Jugendstrafe, 17% Jugendarrest). Entsprechend reduzieren sich die Anteile der Erziehungsmaßregeln (von 13% auf 6%) und der ambulanten Zuchtmittel (von 61% auf 57%). Die Reduktion geht also erkennbar zu Lasten der Erziehungsmaßregeln: Insgesamt wurden 19292 Erziehungsmaßregeln verhängt, als schwerste jedoch nur 6730, d.h. zwei von drei Erziehungsmaßregeln (faktisch: Weisungen) wurden in Kombination mit anderen, schwereren Sanktionen (Zuchtmittel oder Jugendstrafe) verhängt.

Da nahezu alle Erziehungsmaßregeln und Zuchtmittel im Rahmen von Diversion angeordnet werden können, sind Unterschiede zwischen den Ländern nur interpretierbar hinsichtlich des Jugendarrestes und der Jugendstrafe. Über Unterschiede in der Anwendungshäufigkeit der anderen Sanktionen ließe sich aufgrund der Strafrechtspflegestatistiken erst dann etwas sagen, wenn Art und Zahl der erzieherischen Maßnahmen im Rahmen von Diversion statistisch erfasst würden.

Zwischen den Ländern bestehen Unterschiede in der Verhängung sowohl von Jugendstrafe als auch von Jugendarrest, gemessen an den auf Verurteilte bezogenen Anteilen (vgl. **Schaubild 10**). Wegen des in den Ländern unterschiedlich starken Gebrauchs der Einstellungsmöglichkeiten gem. §§ 45, 47 JGG verschiebt sich im Ländervergleich der relative Anteil der „schweren" Fälle unter den Verurteilten, für die eher freiheitsentziehende Sanktionen in Betracht kommen. Wird deshalb auf die „Sanktionierten", d.h. die Gesamtzahl der Personen, die

der Rangfolge Jugendstrafe, Zuchtmittel, Erziehungsmaßregel. Bei Kombination z.B. von Betreuungsweisung (§ 10 JGG) und Verwarnung (§ 14 JGG) wird nur das Zuchtmittel der Verwarnung ausgewiesen.

Schaubild 10:
Sanktionspraxis im Jugendstrafrecht im Ländervergleich
Formelle Sanktionen, Bundesrepublik Deutschland 1998
Anteile bezogen auf nach Jugendstrafrecht Verurteilte

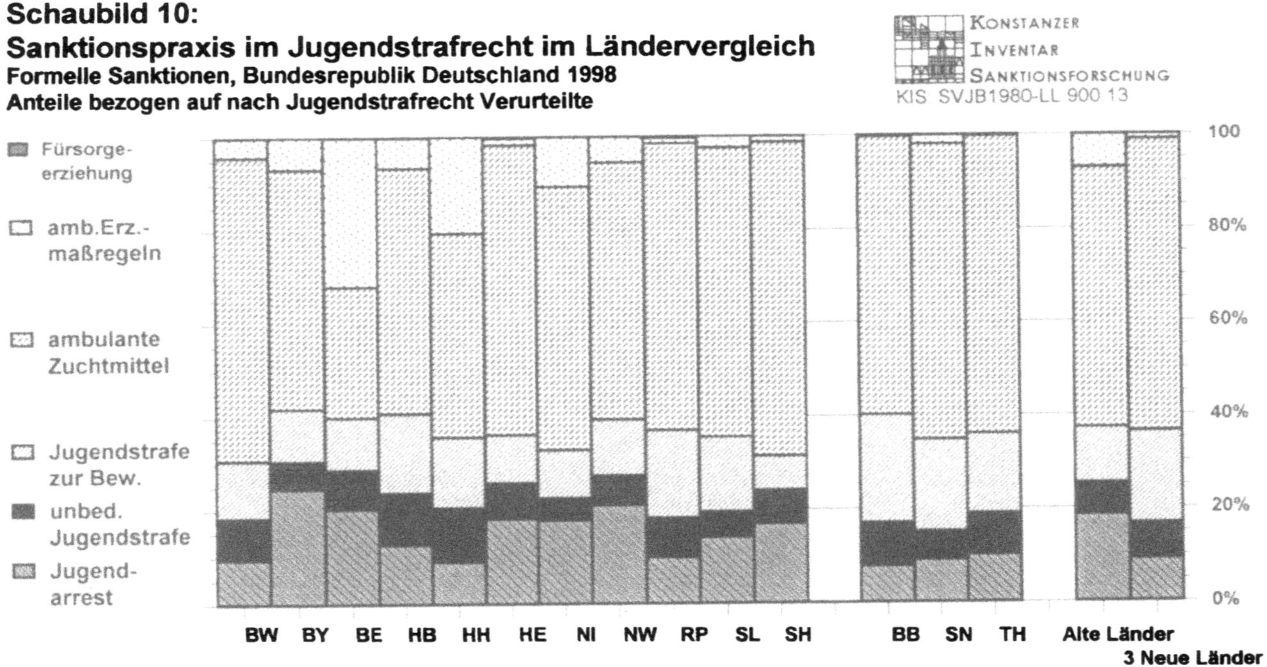

	BW	BY	BE	HB	HH	HE	NI	NW	RP	SL	SH	BB	SN	TH	Alte Länder	3 Neue Länder
Internierungsrate*	18	31	29	24	21	26	23	27	19	20	24	17	15	19	25	17
Aussetzungsrate**	58	66	57	61	57	58	68	66	69	75	51	72	77	66	64	73
amb. Zuchtmittel (%)	65	51	28	53	44	62	56	55	61	62	67	59	63	64	56	62

* Internierungsrate: (unbedingte Jugendstrafe + Arrest + FE) / Verurteilte (%)
** Aussetzungsrate: zur Bewährung ausgesetzte / Jugendstrafen insg. (%)

Schaubild 11:

Sanktionspraxis im Jugendstrafrecht im Ländervergleich, 1998

Jugendstrafe (bedingt und unbedingt) sowie Jugendarrest

Anteile bezogen auf nach Jugendstrafrecht (formell oder infomell) Sanktionierte insg.

KONSTANZER INVENTAR SANKTIONSFORSCHUNG
KIS: SVJB1980X-LL 401.24

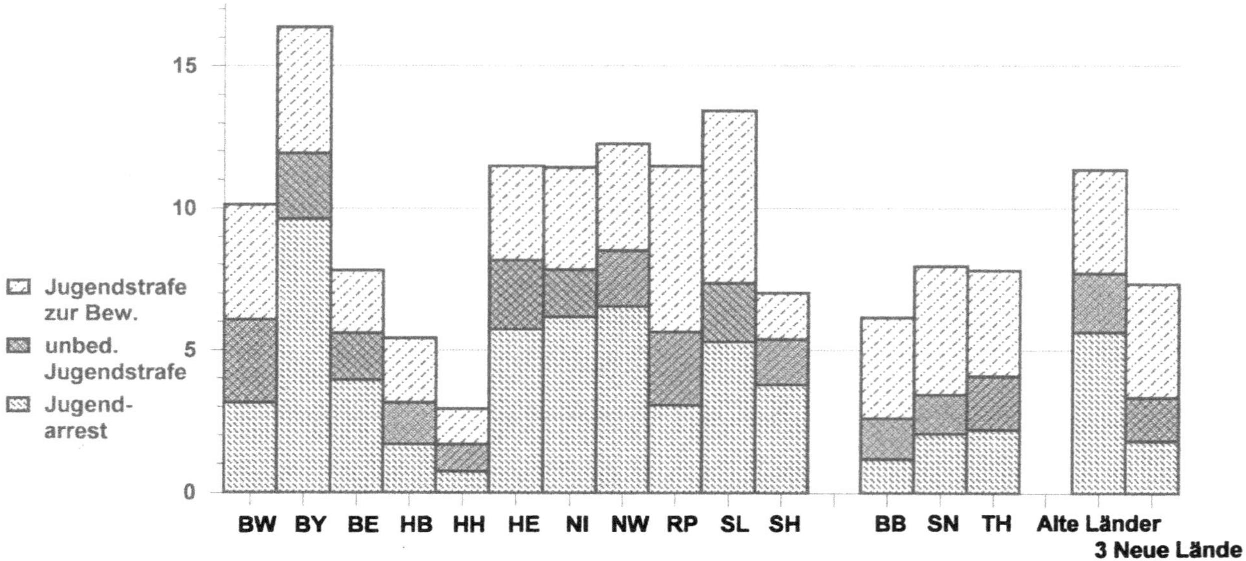

	BW	BY	BE	HB	HH	HE	NI	NW	RP	SL	SH	BB	SN	TH	Alte Länder	3 Neue Lände
Internierungsrate*	6	12	6	3	2	8	8	9	6	7	5	3	3	4	8	3
Aussetzungsrate**	58	66	57	61	57	58	68	66	69	75	51	72	77	66	64	73

* Internierungsrate: (unbedingte Jugendstrafe + Arrest + FE) / formell oder informell Sanktionierte insg. (%)

** Aussetzungsrate: zur Bewährung ausgesetzte / Jugendstrafen insg. (%)

entweder verurteilt worden sind oder bei denen das Verfahren eingestellt worden ist, Bezug genommen (vgl. **Schaubild 11**), dann zeigt sich:

(1) Die Unterschiede in der relativen Häufigkeit, mit der Jugendstrafe oder Jugendarrest verhängt werden, sind zwischen den Ländern sehr groß. Die Wahrscheinlichkeit eines jungen Menschen, auf den Jugendstrafrecht angewendet wird, entweder zu (unbedingter oder bedingter) Jugendstrafe oder zu Jugendarrest verurteilt zu werden, war 1998 z. B. in Bayern 5,6 fach höher als in Hamburg.[56]

(2) In Rheinland-Pfalz oder im Saarland werden bei mehr als 8% aller Sanktionierten Jugendstrafen verhängt, in Hamburg nur bei 2,2%, in Schleswig-Holstein bei 3,2%. Diese Unterschiede sind geringer bei den unbedingt verhängten Jugendstrafen, sie sind größer bei den bedingten Jugendstrafen.

(3) Die größten Unterschiede zwischen den Ländern bestehen hinsichtlich der relativen Häufigkeit von Jugendarrest (Bayern 9,6%, Hamburg 0,7%).

(4) Der durchschnittliche Gebrauch der Jugendstrafe in den neuen Ländern (5,5%) entspricht zwar nahezu demjenigen im Schnitt der alten Länder (5,7%). In den neuen Ländern werden indes häufiger die Jugendstrafen zur Bewährung ausgesetzt. Vor allem Jugendarrest wird insgesamt deutlich seltener verhängt (1,8% vs. 5,6%). Infolgedessen ist der Anteil stationärer Sanktionen in den neuen Ländern (mit 3,3%) weniger als halb so hoch wie im Schnitt der alten Länder (7,7%).

VIII.

Diese Unterschiede in der relativen Häufigkeit – bezogen auf informell oder formell Sanktionierte – zeigen sich auch hinsichtlich der Dauer der Jugendstrafe. Diejenigen Länder, die einen überdurchschnittlich hohen Anteil von Jugendstrafen aufweisen, haben auch die höchsten Anteile von Jugendstrafen von mehr als zwei Jahren. Jugendstrafen von dieser Dauer werden in Baden-Württemberg, in Bayern, in Rheinland-Pfalz, im Saarland oder in Thüringen rund dreimal so häufig verhängt wie in Bremen oder Hamburg (vgl. **Schaubild 12**).

[56] 1998 war die Internierungsrate (unbedingte Jugendstrafe, Jugendarrest, Heimerziehung) in Bayern (11,9%) sogar um das 7,1fache höher als in Hamburg (1,7%).

Schaubild 12:

Sanktionspraxis im Jugendstrafrecht im Ländervergleich, 1998

Jugendstrafennach Dauer der verhängten Jugendstrafe und Jugendarrest.
Anteile bezogen auf nach Jugendstrafrecht (formell oder informell) Sanktionierte insg.

KONSTANZER INVENTAR SANKTIONSFORSCHUNG
KIS: SVJB1980Z-LL 401.26

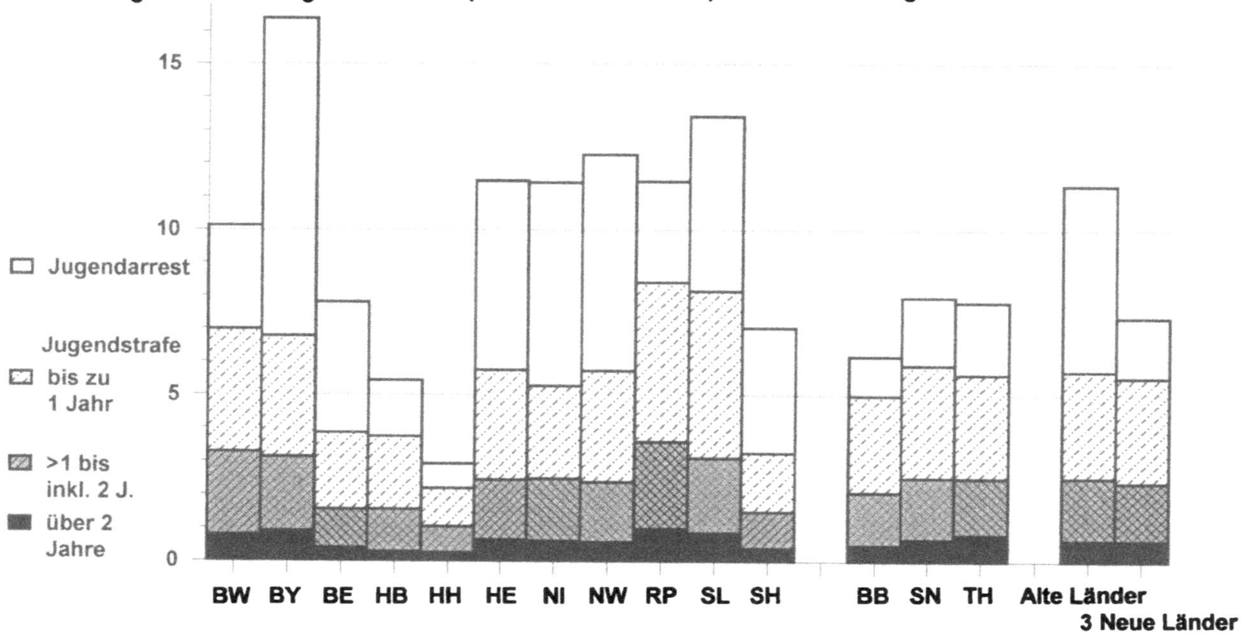

Aussetzungsrate* **58 66 57 61 57 58 68 66 69 75 51 72 77 66 64 73**

* Aussetzungsrate: zur Bewährung ausgesetzte / Jugendstrafen insg. (%)

IX.

Infolge von Unterschieden im Gebrauch der informellen Erledigungsmöglichkeiten des JGG sind – bei gleicher Ausgangsstruktur – die Tat- und Täterstrukturen der nach Jugendstrafrecht förmlich Verurteilten in den Ländern nicht mehr miteinander vergleichbar. Dies führt dazu, dass Querschnittsvergleiche zwischen den Ländern, bei denen auf die Gesamtheit oder auf einzelne Teilgruppen der (förmlich) Verurteilten Bezug genommen wird, regelmäßig zu systematisch verzerrten Ergebnissen führen. Erforderlich ist deshalb die Bezugnahme auf die Gesamtzahl der (informell oder formell) Sanktionierten. Aufgrund des Regionalvergleichs auf dieser Basis können als zentrale Ergebnisse festgehalten werden:

1. Der Ländervergleich zeigt, dass sich das kriminalpolitische Konzept der Diversion insgesamt und insbesondere auch in den neuen Ländern durchgesetzt hat. Die neuen Länder haben, wird von den Stadtstaaten abgesehen, sogar die höchsten Diversionsraten.

2. Der Ländervergleich zeigt ferner, dass – entgegen vielfach geäußerten tagespolitischen Forderungen – die Einbeziehung der Heranwachsenden in das Jugendstrafrecht, insbesondere bei schweren und schwersten Straftaten, die Regel und nicht die Ausnahme ist. Im Ländervergleich zeigen sich Unterschiede vor allem bei leichter und mittlerer Kriminalität, wo Gesichtspunkten der Arbeitsökonomie eher Beachtung geschenkt wird. Die sach- und fachkundige Praxis der Jugendgerichte stellt sich damit in deutlichen Gegensatz zu den in den letzten Jahren immer wieder geäußerten Forderungen nach einem Verzicht auf die differenzierteren Reaktionsmöglichkeiten des JGG auf die Straftaten Heranwachsender.

3. Zwischen den Ländern bestehen extrem große Unterschiede in der Handhabung der Einstellungsmöglichkeiten des JGG, die erstens deutlich größer sind als die Unterschiede im allgemeinen Strafrecht und die zweitens – jedenfalls in diesem Ausmaß – nicht durch Unterschiede in den Tat- oder Tätermerkmalen erklärbar sind. Diese Unterschiede sind über die Jahre hinweg nicht geringer geworden; das angestrebte Ziel der Angleichung und Vereinheit-

lichung ist durch die Diversions-Richtlinien der Ländern nicht erreicht worden.[57]

4. Zwischen den Ländern bestehen ferner erhebliche Unterschiede im Gebrauch vor allem von freiheitsentziehenden Sanktionen. Durch Unterschiede in den Tat- oder Tätermerkmalen dürfte dies, jedenfalls in diesem Ausmaß, ebenfalls kaum erklärbar sein. Denn sonst müsste in den Ländern mit einem überdurchschnittlich hohen Anteil von Diversion der Anteil der freiheitsentziehenden Sanktionen unter den Verurteilten deutlich höher sein, weil – erwartungsgemäß – relativ mehr schwere Fälle zur Anklage und Verurteilung kommen. Dem ist aber nicht so, wie Schaubild 10 zeigt. Deutlich werden diese Unterschiede vor allem bei Bezugnahme auf die Gesamtzahl der Sanktionierten. Wie Schaubild 11 zeigt, werden von 100 (informell oder formell) Sanktionierten in Hamburg nur 2, in Bayern aber 12 zu stationären Sanktionen verurteilt. Worauf immer diese Unterschiede zurückzuführen sein mögen, jedenfalls auf Unterschiede in der Schwere der Tat- und Tätermerkmale dürften sie – in diesem Ausmaß – nicht zurückgeführt werden können. Der Ländervergleich zeigt, dass auch insofern eine im Wesentlichen einheitliche Sanktionierungspraxis nicht besteht.

Diese Aussagen dürften in dieser Allgemeinheit möglich sein, auch wenn Angaben zu den Tat- und Tätermerkmalen aufgrund der fehlenden statistischen Angaben zu den informell Sanktionierten nicht geprüft werden können. Der Hinweis auf die beschränkte Aussagekraft der Strafrechtspflegestatistiken kann angesichts des Ausmaßes, in dem diese Unterschiede bestehen, nicht durchschlagen.

Im Übrigen sollte aus diesem Einwand nicht die Folgerung gezogen werden, zur Tagesordnung überzugehen nach dem Motto: „Wissen ist Macht, Nichtwissen macht auch nichts.“ Vorzugswürdig ist vielmehr die Einstellung, die das Bundesverfassungsgericht mustergültig formuliert hat: „Die Beobachtungspflicht schließt ein, dass der Gesetzgeber im Rahmen seiner Kompetenz dafür sorgt, dass die für die Beurteilung der Wirkungen des Gesetzes notwendigen Daten planmäßig erhoben, gesammelt und ausgewertet werden. Verlässliche

[57] Vgl. hierzu die Nachweise bei *Heinz* (o. Fn. 37), DVJJ-Journal 1998, 245ff.; 1999, 11ff.; 131ff.; 261ff.

Statistiken mit hinreichender Aussagekraft, wie über die absolute Zahl der Schwangerschaftsabbrüche, ... sind dazu unerlässlich. ... Dagegen kann nicht eingewandt werden, die bisherigen statistischen Unterlagen hätten sich als nicht zuverlässig erwiesen. Soweit dies zutrifft, besteht Veranlassung, die Erhebungen zu verbessern."[58]

[58] BVerfGE 88, 203 (310f.).

Möglichkeiten und Grenzen der Prävention von Jugendkriminalität

Hans-Jürgen Kerner

Trotz zahlreicher Überschneidungen des Themas meines Vortrages mit anderen Beiträgen zu diesem Symposium will ich den Versuch wagen, bestimmte spezifische Akzente zu setzen über das hinaus, was von mir ohnehin schon bekannt ist, getreu dem Befund, dass alle von uns einen begrenzten Argumentations- und Konzeptionsvorrat haben.

Ich möchte beginnen mit der Aussage, dass die Aspekte von „Möglichkeiten" und von „Grenzen" der Prävention von Jugendkriminalität zwar analytisch klar unterschieden werden können, jedoch unter praktischer Perspektive nur schwer zu trennen sind. Unser gesamter Erfahrungsschatz und der immer noch recht bescheidene Bestand an gesichertem Wissen sagen uns – worauf schon verschiedentlich hingewiesen worden ist – dass das Maximum, von dem wir bei der Prävention von Jugendkriminalität ausgehen können, von vorne herein „begrenzte Möglichkeiten" bedeutet. Ich will im Folgenden versuchen, diese begrenzten Möglichkeiten für zwei Felder oder Erscheinungsweisen von Jugendkriminalität knapp zu analysieren, die in ihren Bedingungsgefügen eher wenig miteinander zu tun haben, wenn sich auch manches überschneidet: Erstens, und das werde ich ganz knapp halten, massenhafte alltägliche bzw. Gelegenheitstaten junger Menschen, und zweitens junge Mehrfachtäter auf dem Weg in die kriminelle Karriere.

I. Massenhafte alltägliche bzw. Gelegenheitstaten junger Menschen

Ich möchte beginnen mit dem Satz, dass die These von der Ubiquität und Normalität von Kriminalität gerade junger Männer desto gröber erscheint, je genauer man Daten neuerer Forschungen analysiert, dass sie aber dennoch generell nach wie vor wert ist, als Leitlinie moderner Kriminalpolitik und Kriminalprävention ständig im Blick behalten zu werden.

Schauen wir, was die Verbreitung von Kriminalität im Hellfeld betrifft, für eine erste Veranschaulichung in die letzte verfügbare Polizeiliche Kriminalstatistik des Jahres 1999 als eine von beliebig vielen möglichen Annäherungen an das Thema, dann finden wir für die am höchsten offiziell belastete Gruppe, d. h. die jungen Männer zwischen 18 und unter 21 Jahren, im Durchschnitt, d. h. von dörflichen Verhältnissen im flachen Land bis zu den Millionenstädten, eine Auffälligkeitsrate von 11% der entsprechenden Bevölkerungsgruppe; in den größeren Städten erreicht die Rate jedoch 15% und mehr. Auch wenn wir berücksichtigen, dass sich unter den erfassten jungen Tätern (rechtsstaatlich genauer betrachtet: Tatverdächtigen) viele Wiederholungstäter befinden, ist das ein bemerkenswerter Befund: 10% bis maximal 18% der Geburtsjahrgänge 1979–1981 werden, noch ohne Berücksichtigung der Verkehrskriminalität und der (inzwischen wegen der rechtsextremen Delikte auch quantitativ nicht mehr ganz unerheblichen Staatschutzkriminalität) während eines einzigen Jahres von der Polizei nach Tataufklärung als Tatverdächtige registriert. Wenn wir für diese Gruppe der 18- bis 21-Jährigen Verkehrsdelikte dazu nehmen und von den Daten der Strafverfolgungsstatistik her extrapolieren, was nicht einfach ist, kommen wir ungefähr auf ein Fünftel des Jahrgangs.

Die Tatverdächtigenbelastung steigt entsprechend der bekannten Alters-Kriminalitäts-Kurve zunächst langsam ab dem 6. Lebensjahr an, wobei die Polizei seit etlichen Jahren aus guten Gründen erst Kinder ab dem 8. Lebensjahr in die amtlich ausgewiesenen Berechnungen von Belastungszahlen einbezieht. Die Kurve steigt dann steil an bis zur Altersgruppe der 16- bis 18-jährigen. Nach Erreichen des Spitzenwertes zwischen 18 und 21 ist das Absinken bis zum 25. Lebensjahr sehr deutlich, danach läuft die Belastungskurve eher langsam bzw. allmählich aus. Die Entwicklungsverläufe beim weiblichen Bevölkerungsanteil sind vergleichsweise weniger ausgeprägt, wie die nachstehende Tabelle verdeutlicht.

Die so genannte Prävalenzrate bezeichnet den Anteil derjenigen in der Bezugsbevölkerung, die bis zu einem bestimmten Alter ein Merkmal erworben bzw. ein Ereignis erlebt oder ein Problemverhalten demonstriert haben. Auf diese Weise könnte man im Prinzip auch die Prävalenzrate der Tatverdächtigen errechnen, indem die polizeilich

Erstauffälligen eines jeden Geburtsjahrgangs registriert und im Verlauf der Folgejahre um die dann jeweils neu Auffälligen ergänzt würden. Von einzelnen methodischen Schwierigkeiten abgesehen scheitert dies (auch) in Deutschland daran, dass bei der Polizei entsprechende Daten entweder gar nicht oder jedenfalls nicht über längere Zeiträume hinweg vorrätig gehalten werden. So ist man auf Schätzungen anhand von Interpolationsberechnungen der Aggregatdaten der Polizeilichen Kriminalstatistik angewiesen. Anhand solcher Schätzungen kommt man beispielsweise zu dem Ergebnis, dass von den jungen Männern des Geburtsjahrgangs 1974, die im Jahr 1999 das 25. Lebensjahr erreichten, weit über die Hälfte wegen des Verdachts (mindestens) einer Straftat (ohne Straßenverkehrs- und Staatsschutzdelikte) kriminalpolizeilich „in Erscheinung getreten" sein muss. So betrachtet ist Kriminalität keine Ausnahmeerscheinung, sondern gehört vielmehr zum „Standardrisiko" junger Menschen in spätmodernen Industriegesellschaften.

Tabelle:

Tatverdächtigen-Belastungszahlen bei deutschen Tatverdächtigen
Bundesrepublik Deutschland insgesamt, Erfassungsjahr 1999

Altersgruppe und Alter in Jahren		TVBZ männlich	TVBZ weiblich
Kinder	8 bis unter 10	1140	343
	10 bis unter 12	2610	1042
	12 bis unter 14	5760	3134
Jugendliche	14 bis unter 16	9747	4430
	16 bis unter 18	11054	3355
Heranwachsende	18 bis unter 21	11495	2793
Erwachsene	21 bis unter 23	9057	2257
	23 bis unter 25	7172	1860
	25 bis unter 30	5052	1453
	30 bis unter 40	3924	1241
	40 bis unter 50	3239	1082
	50 bis unter 60	2315	793
	60 und älter	1001	352
Alle Tatverdächtigen ab 8 Jahren		3775	1182
Tatverdächtige ohne strafunmündige Kinder		3828	1101

Vermerk.: Tatverdächtigen-Belastungszahl (TVBZ) = Ermittelte Tatverdächtige je 100000 der alters- und geschlechtsgleichen Wohnbevölkerung.
Quelle: Bundeskriminalamt (Hrsg.): Polizeiliche Kriminalstatistik 1999, Bundesrepublik Deutschland, 2000. Hier: Auszug aus Tabelle T 61.

Eine andere Annäherung über das Hellfeld besteht darin, aufgrund der Zahlen der Erstverurteilten in der Strafverfolgungsstatistik bzw. der Eintragungen im Bundeszentralregister die Bestraftenanteile abzuschätzen. Entsprechende Berechnungen in den 80er Jahren[1] kamen zum Ergebnis, dass von einer Prävalenzrate der männlichen Bevölkerung zwischen 15 und 20% bis zum 21. Lebensjahr und rund 35% bis zum 25. Lebensjahr auszugehen sei.[2] Bei Hinzunehmen der informellen Sanktionen gegenüber Jugendlichen und Heranwachsenden, also der Reaktionen gemäß §§ 45 und 47 JGG, die bis zum 24. Lebensjahr der Betroffenen im Erziehungsregister gespeichert werden, kommt man auf eine Prävalenzrate der insgesamt Sanktionierten jungen Männer in Höhe von mehr als 50% beim Erreichen des 25. Lebensjahres.[3] Bei der Konstanzer Geburtskohortenstudie, die mit Individualdatensätzen zweier Geburtsjahrgänge bezüglich Eintragungen im Zentralregister und im Erziehungsregister in Berlin arbeitete, erreichten die jungen Männer des Jahrgangs 1961 bis zum Ende ihrer Jugendzeit (also vor dem Erreichen des 18. Geburtstages) eine Prävalenzrate von 14,5%, diejenigen des Jahrgangs 1967 eine Prävalenzrate von 17,2%.[4]

In England und Wales ist es anhand des so genannten Offenders Index möglich, die amtliche Auffälligkeit der Bevölkerung anhand von Individualdaten über Verurteilungen der Angehörigen bestimmter Geburtsjahrgänge vergleichsweise präzise zu ermitteln. Derzeit werden die Geburtsjahrgänge 1953, 1958, 1963, 1968, 1973 und 1978 nachverfolgt. In der Struktur des Verlaufs des Verurteiltwerdens zeigte sich bislang keinerlei wesentlicher Unterschied zwischen den Geburtskohorten. Wohl aber wurde in den jüngeren Altersstufen der späteren Geburtsjahrgänge der Umstand durch geringere Verurteilungsraten deutlich, dass die Polizei vemehrt von der Möglichkeit Gebrauch machte, den Fall direkt mit einer förmlichen Verwarnung

[1] *Spieß* Der kriminalrechtliche Umgang mit jungen Mehrfachtätern, in *Walter* (Hrsg.) Diversion als Leitgedanke, 1986, S. 28ff.

[2] Vgl. auch *Kaiser* Kriminologie. Ein Lehrbuch, 3. Aufl. 1996, S. 400ff.

[3] *Spieß* (o. Fn. 1), S. 34.

[4] *Heinz/Spieß/Storz* Prävalenz und Inzidenz strafrechtlicher Sanktionierung im Jugendalter, in *Kaiser/Kury/ Albrecht* (Hrsg.) Kriminologische Forschung in den 80er Jahren, 1988, S. 631, 647f.

(„caution") abzuschließen. Waren in den 60er Jahren rund 10% der jungen Tatverdächtigen nur förmlich (mit entsprechendem Registereintrag) verwarnt worden, so stieg dieser Anteil in den 80er Jahren auf rund 20%, um schließlich in den 90er Jahren mehr als ein Drittel zu erreichen. Bis zum Alter von 20, für das zum letzt verfügbaren Erhebungsjahr Angaben zu allen Geburtsjahrgängen gleichmäßig zur Verfügung standen, wurden bei den männlichen Bevölkerungsangehörigen folgende Prävalenzraten der förmlichen Verurteilung wegen „Standard List Offenses" (klassische Verbrechen und Vergehen sowie ausgewählte schwerere Verkehrsvergehen) erreicht: Geburtsjahrgang 1953 = 20,7%, 1958 = 21,7%, 1963 = 22,6%, 1968 = 20,0%, 1973 = 15,3%, 1978 = 14,8%. Betrachtet man nur den ältesten Geburtsjahrgang 1953, bei dem die informelle Vorgehensweise der Strafverfolgungsbehörden noch so gut wie keine Rolle spielte, so ergeben sich für die Männer folgende Prävalenzraten förmlicher Verurteilung, angepasst an die deutschen Altersgruppen: 4,9% im Kindesalter vom 10. bis zum 14. Lebensjahr, 14,5% im Jugendlichenalter vom 14. bis zum 18. Lebensjahr, 20,7% im Heranwachsendenalter vom 18. bis zum 21. Lebensjahr, 25,3% vom 21. bis zum 25. Lebensjahr, und schließlich 32,6% bis zum 45. Lebensjahr.[5] Aus den ergänzenden Hinweisen zu Sanktionen im summarischen Verfahren kann man erschließen, dass auch in England und Wales deutlich mehr als die Hälfte der Männer aus der Normalbevölkerung im Verlauf ihres Lebens amtlich strafrechtlich auffällig werden.

Die so genannten Täterbefragungen im Dunkelfeld ergänzen dieses Bild dahin gehend, dass das Begehen irgendeiner Straftat sozusagen zum „regulären Verhaltensrepertoire" während der Entwicklungszeit gehört, während die schweren Straftaten seltener sind und schwere Verbrechen doch zu den ganz großen Ausnahmen gehören. Mit *Kaiser*[6] kann man die (allerdings für Deutschland nur recht selten bzw. meist nur an kleineren Stichproben erhobenen) Ergebnisse wie folgt zusammenfassen: „Im Bagatellbereich der Delinquenz scheinen alle Jugendlichen schon einmal auffällig geworden zu sein. Nach den

[5] *Prime/White/Liriano/Patel* Criminal Careers of Those Born Between 1953 and 1978, England and Wales. Home Office Statistical Bulletin 4, 2001.

[6] O. Fn. 2, S. 395.

Umfrageergebnissen sind z. B. Leistungerschleichung (Schwarzfahren), Mundraub, Laden- sowie Haus- und Familiendiebstahl, Sachbeschädigung, vielleicht auch gewisse sexuelle Abweichungen, bei den offiziell nicht Registrierten im statistischen Sinne normal und nahezu ubiquitär. Allerdings liegt der Schwerpunkt der Delinquenz wohl im Alter unter 16 Jahren. Aber auch die erfragte Kriminalität der jungen Männer zwischen 20 und 30 Jahren ist beachtlich. Nach einer repräsentativen Stichprobe von 2510 männlichen Jungerwachsenen in den USA sind 60% der Befragten mindestens einmal betrunken Auto gefahren, haben 44% der Befragten einen Ladendiebstahl begangen, 13% einen Einbruchsdiebstahl, 3% einen Scheckbetrug und 1% einen bewaffneten Raub".[7]

In den USA wird zur Zeit eine prospektive Verlaufsstudie durchgeführt, in der seit Beginn des Jahres 1997 rund 9000 junge Menschen im damaligen „Start-Alter" zwischen 12 und 16 Jahren jährlich befragt werden, ob sie überhaupt und, wenn ja, wie häufig sie in den jeweils vergangenen 12 Monaten Delikte oder andere abweichende Verhaltensweisen begangen haben. Es liegt von diesem „National Longitudinal Survey of Youth" bislang erst eine vorläufige Erstauswertung für den ersten Befragungsjahrgang 1997 vor, und dort nur für die Jüngsten, die Zwölfjährigen.[8] Wenn man alle Verhaltensweisen hineinnimmt, welche die Amerikaner als „deviance" betrachten, einschließlich Zigarettenrauchen, verbotenem und zu frühem Alkoholtrinken – also Verhaltensweisen, die wir in Deutschland nicht ohne weiteres in eine Täterbefragung im Dunkelfeld hineinnehmen würden, die aber, wie *Kreuzer* in einer seiner frühen Dunkelfelduntersuchungen in Hamburg gezeigt hat, eng mit anderen Auffälligkeiten verknüpft sind – dann kumulieren sich bei den zwölfjährigen Jungen die Anteile derer, die eine oder mehrere dieser Verhaltensweisen zugeben, auf 93%. Die auf Personen bezogene Prävalenzrate ist mit

[7] Vgl. weitere Nachweise bei *Eisenberg* Kriminologie, 5. Aufl. 2000, S. 621f.; *Sessar* Kriminologische Erkenntnisse zur Entwicklung und zum Verlauf von Jugendkriminalität, und Folgerungen für die Kriminalpolitik, in *Dünkel/von Kalmthout/Schüler-Springorum* (Hrsg.) Entwicklungstendenzen und Reformstrategien im Jugendstrafrecht im europäischen Vergleich, 1997, S. 67ff.

[8] *Puzzanchera* Self-Reported Delinquency by 12-Year-Olds, 1997, OJJDP Fact Sheet, 2000.

Sicherheit sehr viel geringer, weil Überschneidungen dahin gehend vorkommen, dass einzelne Jungen gleichzeitig in verschiedenen Bereichen auffällig sind; sie lässt sich aber aus den mitgeteilten Daten nicht erschließen. Wenn wir Alkohol- und Zigarettenkonsum ausschließen und uns auf Marihuanagebrauch, Waffen tragen, Gangbeteiligung und anderes konzentrieren, kommen wir immerhin noch auf 46%. Nicht überraschend ist bei Zwölfjährigen, dass als die dominanten Taten im eher engen Bereich der klassischen Kriminalität folgende zu verzeichnen sind: Sachbeschädigung (31%) und einfache Körperverletzung (18%) – das deckt sich strukturell gut mit den Kohortenerhebungen des Freiburger Max-Planck-Instituts;[9] schwerere Delikte sind relativ selten.

Sind nun alle diese Taten indikativ für eine kriminelle Gefährdung? Alle Fachleute wissen, dass das nicht der Fall ist, und das Stichwort von der passageren Natur der Kinder- und Jugendkriminalität ist bereits in anderen Beiträgen angesprochen worden. Wir kennen das andere Stichwort, das ich ergänzen möchte, Spontanremission oder Selbstheilung, das wir auch aus dem Drogenbereich kennen oder auch in einem ganz anderen Zusammenhang im Bereich der Schule: Viele Auffälligkeiten „reparieren sich" sozusagen, wenn sie nicht entdeckt werden, irgendwie von selbst, wohlgemerkt nicht quasi naturgegeben, sondern durch andere Mechanismen der Persönlichkeitsreifung, der soziobiographischen Stabilisierung, des Greifens von Hilfen nahestehender Personen und informellen Interventionen aus dem sozialen Umfeld, aber jedenfalls alle außerhalb eines amtlichen Zugriffs oder gar einer förmlichen Sanktion. Von *Lesley Wilkins* gibt es dazu den zugespitzten Satz, dessen Wortspiel nur auf Englisch bzw. auf Amerikanisch Sinn gibt, weil er sich explizit auf die tabuisierten Wörter mit vier Buchstaben („four letter words") bezieht, die beispielsweise, wenn sie jemand bei einer Sendung im Rundfunk oder im Fernsehen gebraucht, durch einen künstlich eingeblendeten Piepser überdeckt werden. Der Satz lautet sinngemäß, dass das Beste, was man zur Bekämpfung der Jugendkriminalität tun könne bzw. solle,

[9] *Grundies* Polizeiliche Registrierungen von 7- bis 23-jährigen – Befunde der Freiburger Kohortenstudien, in *H.-J. Albrecht* (Hrsg.) Forschungen zu Kriminalität und Kriminalitätskontrolle am Max-Planck-Institut für ausländisches und internationales Strafrecht, 1999, S. 371ff.

„less" sei, also weniger als üblicherweise empfohlen. Der Ratschlag, wie ich selber ihn in leicht anderer Formulierung vorgetragen habe („im Zweifel weniger"), stützt sich in negativer Hinsicht auf die Befürchtung, dass eine offizielle förmliche Reaktion, jedenfalls eine scharfe Reaktion, im Ergebnis statt zu einer Besserung möglicherweise eher zu einer Abweichungsverstärkung („deviance amplification") beitragen könnte.

Das drastischste und bis heute wissenschaftlich nicht voll verstandene, jedenfalls aber inhaltlich bzw. methodisch auch nicht widerlegte Beispiel ist die Cambridge Somerville Youth Study, die in den vierziger Jahren des vergangenen Jahrhunderts das erste genau geplante und kontrollierte Zufallsexperiment in der Geschichte der Prävention von Kinder- und Jugendkriminalität war. Ein Sample von knapp tausend Jungen aus denselben Problemvierteln der beiden Städte Cambridge und Somerville in Massachusetts wurde per Zufallsauswahl in eine Behandlungsgruppe und eine gleich große Kontrollgruppe aufgeteilt. Nach fünf Jahren im wesentlichen sozialpädagogischer Betreuung und Behandlung, die nach den Quellen im einzelnen unterschiedlich ausfiel, bei besonderem Bedarf aber recht intensiv war, wurden Angaben zu behördlich registrierten Auffälligkeiten erhoben. Das Ergebnis war ernüchternd: Bezüglich Jugenddelinquenz ergab sich kein signifikanter Unterschied zwischen den Gruppen; bei anderen Verhaltensauffälligkeiten zeigte die Behandlungsgruppe sogar höhere Werte als die Kontrollgruppe. *Joan McCord* gelang es nach 30 Jahren, die allermeisten Probanden wieder zu finden. Und als zentrales Ergebnis ihrer Nachuntersuchungen in Registern der verschiedensten Behörden stellte sich heraus, dass nach wie vor für die Gruppe der Behandelten mehr Auffälligkeiten verzeichnet waren als für die Gruppe der Nichtbehandelten.[10] Auf die Details kann ich hier nicht eingehen, auch nicht auf mögliche Erklärungsversuche. *McCord* jedenfalls, die gerade bestrebt ist, auch für den folgenden Verlaufszeitraum von 35 bis 40 Jahren noch einmal eine Analyse durchzuführen, sagte nach Abwägung verschiedener Kriterien und theoretischer Zugangsmöglichkeiten zu dem Problem, sie habe selber keine wissenschaftlich wirklich überzeugende Interpretation anzubieten.

[10] *McCord* A Thirty Year Followup of Treatment Effects. The American Psychologist 1978, 284-289.

Aber es könnte der Gedanke interessant und weiter überprüfungswürdig sein, dass einigen der Behandelten viele Lebensentscheidungen abgenommen wurden. Es wurde in der Schule geholfen, es wurde bei Familienproblemen geholfen, es wurde bei Arbeitsschwierigkeiten geholfen, bei besonders problematischen Fällen fand zwei Mal in der Woche sozialpädagogische intensive Einzelfallberatung statt. Vielleicht, so ihre Idee, haben die Nichtbehandelten, die sich selber durchbeißen mussten, eine gewisse Eigeninitiative und Aktivität entwickelt, die ihnen (auch) später geholfen hat, kritische Lebensereignisse zu bestehen.

Zusammengefasst und sehr abgekürzt formuliert: Die These der regulären Notwendigkeit und Nützlichkeit von personalisierter Spezialprävention ist heikel, auch wenn sie im pädagogischen Gewand auftritt. Was die Generalprävention betrifft, kann ich mich auf Projekte von *Schöch,*[11] *Dölling*[12] und *Schumann u. a.*[13] sowie weitere Veröffentlichungen beziehen, die den Befund erbringen, dass das Jugendstrafrecht gegenüber den Einflüssen von Personen und Institutionen aus dem Bereich der primären Sozialisation einen vernachlässigbaren Einfluss auf Einstellungen und Verhalten junger Menschen hat, dass ihm für sich genommen jedoch immerhin eine begrenzte Funktion zugesprochen werden kann; und ich habe keine neuen Untersuchungen gefunden, die die Resultate und Einsichten dieser Studien hätten widerlegen können.

Der Focus der Einsichten geht, verdichtet formuliert, dahin: Entscheidend ist – in meinen Worten – der Glaube an bzw. das Vertrauen in die moralische Verbindlichkeit der herrschenden Verhaltensnormen, die Bindung an und die Angst vor dem Verlust der Achtung durch signifikante Andere, also durch Personen, auf deren Anschauungen und Zuneigung man Wert legt und von denen man sich moralisch-

[11] Z. B.: Wie erfolgreich ist das Strafrecht? In *Jehle* (Hrsg.) Individualprävention und Strafzumessung, 1992, S. 243 ff.

[12] Z. B.: Was lässt die Kriminologie von den erwarteten spezial- und generalpräventiven Wirkungen des Strafrechts übrig? in *Bundesministerium der Justiz* (Hrsg.) Das Jugendkriminalrecht als Erfüllungsgehilfe gesellschaftlicher Erwartungen, 1995, S. 265 ff.

[13] Z. B.: *Schumann/Berlitz/Guth/Kaulitzki* Jugendkriminalität und die Grenzen der Generalprävention, 1987.

ethisch in seiner sozialen Einbindung abhängig fühlt. Das passt gut zu dem, was *Göppinger* [14] durchaus zu seiner eigenen Unzufriedenheit nur in erster Annäherung fixieren konnte, nämlich zur Wichtigkeit des Wertgefüges und der Relevanzbezüge. Das passt weiter gut zu dem, was die Vertreter der so genannten sozialen Kontrolltheorien formuliert haben, am explizitesten *Travis Hirschi* in seinen frühen und mittleren Arbeiten vor der für viele – einschließlich meiner selbst – eher fragwürdigen Wende zur so genannten „general theory of crime"[15]. Die Grundidee ist: Auf die Konformität kommt es an! Vereinfacht: Wer keine „stakes in conformity" hat, wer also wenig zu verlieren hat in Hinblick auf soziale Teilnahme, soziale Einbindung und interpersonelle Anerkennung, dem bietet sich Kriminalität wie von selber an. Kriminelles Verhalten ist von diesem Ansatz her nicht weiter erklärungsbedürftig, weil es – um ein eingedeutschtes philosophisches Wort zu nehmen – emergent ist. Emergent heißt ein Phänomen dann, wenn es sich entwickelt aus möglicherweise tausenderlei Bedingungen, deren Interaktion und Wirkungsrichtung im Einzelfall gar nicht genau kausal zu bestimmen sind. Kriminalität „entsteht", „ergibt sich", „tritt auf", wenn eine bestimmte Art und Weise der Daseinsgestaltung, von Verhaltensmustern, alltäglichen Lebensstilen und grundlegenden Attitüden die Orientierung an der Konformität schwächt. Biographische Vorgeschichte, aktueller Verhaltensstil und situativer Kontext wären drei Kriterien, die für besonders wichtig erachtet würden. Entscheidend sind personal-soziale Bindungen, die „bonds", erzeugt und verstärkt in rekursiven interaktionellen Prozessen durch „attachment", die enge persönliche Anbindung an Andere; durch „commitment" – es gibt kein deutsches Wort dafür, sondern nur das eingedeutschte Fremdwort Engagement, Engagement für eine Sache; durch „involvement", die Einbindung in positiv aufbauende, gelegentlich auch energieverzehrende konventionelle Aktivitäten; und schließlich durch „belief", den Glauben bzw. die Überzeugung, dass Gut und Böse keine inhaltsleeren Kategorien sind und dass demgemäß die überkommenen Werte verdienen, dass man sich grundsätzlich an ihnen orientiert. Ergänzend ist aus der so genannten Resilience-For-

[14] Der Täter in seinen sozialen Bezügen, 1983, Kapitel 5.

[15] *Hirschi/Gottfredson* Control Theory and the Life-Course Perspective, Studies on Crime and Crime Prevention 4, 2, 1995, 131ff.; *dies.* In Defense of Self-Control, Theoretical Criminology 4, 2000, 55ff.

schung bekannt, freilich gerade für die Delinquenz im Detail erst sehr unvollständig erschlossen, dass einzelne Kinder und Jugendliche in besonders hohem Maße „geschützt“ oder „widerständig“ erscheinen, was biographischen bzw. Umfelddruck betrifft, der „eigentlich“ nach mehreren kriminologischen Theorien zu Kriminalität führen müsste.[16]

Nimmt man derartiges ernst, ohne behaupten zu wollen, dass damit bereits eine Art Königsweg zum Verstehen oder gar Erklären von Kriminalität insgesamt gefunden wäre, dann führt dies in das Feld der Primärprävention im Rahmen einer umfassend verstandenen Kriminalprävention. Hier läuft derzeit eine heftige Diskussion in den Bereichen der Jugendhilfe, der Jugendinstitutionen und der Sozialinstitutionen. Die kritische Position wird in einem Aufsatz von *Kappeler* in der *Neuen Kriminalpolitik* pointiert auf den Begriff gebracht. *Kappeler*[17] befürchtet die Vereinnahmung des angebotsorientierten materialen präventiven Zugangs auf junge Menschen durch einen ordnungspolitisch verengten Begriff der Kriminalprävention. Ein kleines Aperçu sei mir erlaubt: *Kappeler* spricht von den gigantischen Summen, die für Kriminalprävention derzeit ausgegeben würden. Aus der Sicht eines örtlichen Jugendamtes gesehen mag das vielleicht stimmen, aber alle diejenigen von uns, die ein wenig mit den Realitäten zu tun haben, würden das als leicht übertrieben bezeichnen. Richtig ist auch aus kriminologischer Sicht im übrigen sicherlich: Das Anbieten von positiven Gelegenheiten, das Herstellen eines positiven Erfahrungsumfelds, die Vermittlung von Chancen hat implizit kriminalpräventiven Bezug in dem Sinne, dass solche Angebote möglicherweise zur Vermeidung von Auffälligkeiten beitragen; es ist aber nicht explizit sinnvoll „als“ Kriminalprävention zu konstruieren. Die kriminalpräventive Fixierung birgt die Gefahr, entgegen der allgemein wohlmeinenden Orientierung im Ergebnis doch den „bösen Blick“ auf Kinder und Jugendliche zu entwickeln; ein solcher Blick lässt misstrauisch werden und verändert die Strukturen des Zugehens auf diese Kinder und Jugendlichen.

Es käme also auf eine Stärkung der Abwehrkräfte aller gegen allfällige Versuchungen an, die in Straftaten enden können. Kriminalität

[16] *Lösel/Bender* Protektive Faktoren gegen Delinquenzentwicklungen in *Jehle* (Hrsg.) Täterbehandlung und neue Sanktionsformen, 2000, S. 117ff.

[17] Neue Kriminalpolitik 2000, 2, 23ff.

macht gelegentlich Spaß. Und nicht nur in dem Buch von *William Buford*[18], der seine Beteiligung an Aktionen von Hooligans in journalistischer Weise drastisch beschrieben hat, sondern auch in neueren Befragungen von amerikanischen Kollegen über Kinder und Jugendliche kommt ziemlich deutlich heraus, unter wie vielen Bedingungen es schlicht aufregend ist, anregend, selbstbestätigend, irgend etwas Verbotenes zu tun bzw. getan zu haben. Über die möglichen negativen Konsequenzen denkt man sozusagen erst ernsthaft nach, wenn sie schon eingetreten sind. Praxisnah gewendet führt uns dies auf breiter angelegte Konzepte, die zentral auf die Umgestaltung des Umfelds der Menschen im Sinne der Modifizierung von Faktoren abzielen, welche in der Wahrnehmung den in die eine oder andere Richtung deutenden „situativen Kontext" ausmachen; beispielhaft dafür kann die Kommunale Kriminalprävention genannt werden.[19]

Daneben gilt die wichtige Einsicht, dass vieles an Jugendkriminalität opportunistisch ist. Opportunistisch nicht im moralischen Sinne, sondern im analytischen, d. h. von der Gelegenheit gesteuert. Grundbereitschaften oder sogar durch Gewohnheit verwurzelte Antriebe mögen einen jungen Menschen allfällig tatgeneigt machen. Dass aber eine konkrete Tat entsteht, dass tatsächlich und in einer bestimmten Art und Weise gehandelt wird, ist von Gelegenheiten, situativen Gegebenheiten oder umgekehrt von verpassten bis verhinderten situativen „Gegen-Gelegenheiten" abhängig. Durch eine noch nicht im Einzelnen veröffentlichte Meta-Analyse von *Fischer* und *Weissburd* aus dem Jahr 1998 wurde gezeigt, dass nach etlichen Studien der von vielen, auch von mir, befürchtete Verlagerungseffekt – wenn irgendwo Prävention örtlich zu greifen scheint, tritt in Wirklichkeit die Kriminalität eben nur woanders auf – auch bzw. gerade bei Jugendlichen dezidiert nicht eintritt. Wenn Jugendliche mithin an einem bestimmten Ort eine bestimmte Gelegenheit zu Delikten erwarten, diese dann aber gar nicht oder jedenfalls nicht in genau der erwarteten Weise vorfinden, verlagern sie vielfach ihr Handeln nicht in einen anderen Bereich, sondern geben es ganz auf. Dies bedeutet einen interessanten Beitrag zur weiteren Erforschung der situativen

[18] Geil auf Gewalt, 1992.

[19] Vgl. statt vieler *Kury* (Hrsg.) Konzepte Kommunaler Kriminalprävention, 1997.

Kriminalprävention[20] gemäß dem Stichwort: Es ist relativ schwierig, Menschen zu verändern, aber es ist – zum Teil – relativ leicht, ihr Handlungsumfeld zu ändern, damit den situativen Kontext des Anreizes zu bestimmten Reaktionen, und im Ergebnis dessen das Ausmaß des Problemverhaltens der Vielen. Es ist von daher gesehen richtig und wichtig, kriminalpräventiv etwas zu tun.[21]

II. Junge Mehrfachtäter auf dem Weg in die kriminelle Karriere

Im zweiten Teil meines Referates geht es um junge Wiederholungstäter, die in Gefahr stehen, in eine länger dauernde so genannte kriminelle Karriere abzugleiten, und um die Frage, was man hier gegebenenfalls präventiv tun kann, um das Abgleiten zu vermeiden bzw. die schon begonnene Karriere abzubrechen. Hier ist die Problematik noch verästelter und komplexer als bei Jugendkriminalität insgesamt. Den Ausgangspunkt bildet ein sich wiederholender Befund aus Studien zur Mehrfachtäterschaft: Ziemlich altersunabhängig – insoweit gibt es keine strukturellen Unterschiede zwischen Kindern, Jugendlichen und jungen Erwachsenen, soweit ich bisher die Forschungsergebnisse nachvollziehen konnte – begehen bis zu 5 % des Altersjahrgangs, wenn wir über die Jungen und jungen Männer reden, im Querschnitt bis zu 30–35 % aller für die Jahrgangsangehörigen bekannt gewordenen Straftaten, und im Längsschnitt auf mittlere Frist 50–70 % aller bekannt gewordenen Delikte der Geburtskohorte, je nachdem, welchen Bereich wir betrachten. Insoweit wurden die alten kriminalistisch-kriminologischen Einsichten, dass wenige vieles tun und die vielen wenig, neu und mit besseren Daten bestätigt.[22] Übrigens gibt es das ja auch sonst, worauf ein Skeptiker hingewiesen

20 *Weisburd* Reorienting Crime Prevention Research and Policy, in *Kerner/Jehle/Marks* (Hrsg.) Entwicklung der Kriminalprävention in Deutschland, 1998, S. 61ff.

21 Siehe zum Gesamtansatz moderner Kriminalprävention noch *Heinz* Kriminalprävention – Anmerkungen zu einer überfälligen Kurskorrektur der Kriminalpolitik, in *Kerner/Jehle/Marks* (o. Fn. 20), S. 17ff.

22 Vgl. etwa *Kerner* Jugendkriminalität zwischen Massenerscheinung und krimineller Karriere, in *Nickolai/Reindl* (Hrsg.) Sozialarbeit und Kriminalpolitik, 1993, S. 28ff.; zu jüngsten Ergebnissen bezüglich der Verteilung von Verurteilungen gemäß dem Britischen Offenders Index siehe *Prime u. a.* (o. Fn. 5).

hat, in positiver Hinsicht: Beim Sport erbringen nur Wenige Spitzenleistungen, dasselbe gilt bei der Vermögensbildung und, wenn wir so wollen, bei den Publikationen von Professoren. Man kann es auch mathematisch formulieren: Es sind ungleiche Verteilungen, die wohl eine bestimmte Grundstruktur der Mischung unterschiedlicher „Kapitalien" abbilden, die Menschen mit bringen bzw. von denen sie zehren können.

Was die Verteilung delinquenter Aktivitäten im Dunkelfeld angeht, so sind aus jüngerer Zeit vor allem die Ergebnisse des Zweiten Britischen Lifestyle-Surveys aufschlussreich. Sie vermitteln Einsichten über das Ausmaß, die Häufigkeit und die Art und Weise der Delinquenz einer repräsentativen Stichprobe (N = rund 5000) der 12- bis 30-jährigen Bevölkerung von England und Wales. Rund 19 % der Befragten (26 % der Männer und 11 % der Frauen) gaben an, in den vergangenen 12 Monaten mindestens eines aus einer Liste von 27 vorgegebenen Delikten begangen zu haben. Die höchsten Angaben kamen aus der Altersgruppe zwischen 14 und 21 Jahren. Rund die Hälfte der Jungen bzw. Männer, die von Delikten berichteten, bzw. 10 Prozent des Samples, gaben allenfalls 1 oder 2 Delikte zu; diese Delikte machten 15 % des Gesamtaufkommens an Delinquenz aus. Umgekehrt gaben rund 11 % der „Täter" bzw. 2 % des Samples an, 10 oder mehr Delikte begangen zu haben. Diese summierten sich auf 48 % aller Taten, die von der gesamten Gruppe berichtet wurden.[23]

Die kritische Frage ist die der spezialpräventiven Beeinflussbarkeit im Sinne einer Verhinderung des Weges in die kriminelle Karriere. Der Ausgangspunkt des herrschenden Diskurses bis vor kurzem ist ebenfalls als Schlagwort bekannt: „nothing works" – nichts hilft, nichts wirkt, abgeleitet von der *Martinsonschen* Frage „what works?". Dieser therapeutische Pessimismus oder Behandlungspessimismus wird, wenn ich es richtig sehe, seit ungefähr fünf bis sieben Jahren wieder etwas mehr aufgebrochen. Ich will versuchen, in aller Kürze den jüngsten Stand der Debatte anhand von einigen Forschungsergebnissen zu skizzieren. Nicht alle sind konzentriert auf Jugendliche, be-

[23] *Campbell/Harrington* Youth Crime: Findings from the 1998/1999 Youth Lifestyles Survey. Home Office Research, Development and Statistics Directorate, Research Findings No. 126, London 2000.

greifen aber die Jugendlichen mit ein, und im übrigen glaube ich, dass die Unterschiede zwischen jüngeren und älteren Tätern nicht so bedeutsam sind, sondern dass es um ein generelles Problem geht.

Zunächst: Mehrfachtäterschaft führt nicht notwendig in verlängerte kriminelle Karrieren. Interessant sind insoweit die Analysen zur Mehrfachtäterschaft des Landeskriminalamts Sachsen, die nicht als wissenschaftliche Studien angelegt waren, aber methodisch gut durchdacht sind und wissenschaftlich verwertet werden können. Den Ausgangspunkt bildet eine Analyse von rund 129000 im Polizeilichen Auskunftssystem Sachsen (PASS) seit 1991 erfassten Individualdatensätzen von Tatverdächtigen. Bis 1996 waren rund 63 % der ermittelten Personen erst- und einmalig als Tatverdächtige in Erscheinung getreten. Die verbleibenden 37 % standen im Verdacht, mehr als 60 % der aufgeklärten Delikte begangen zu haben.[24] Zur Untersuchung individueller Verläufe kindlicher Tatverdächtiger zwischen 10 und 14 Jahren wurden zwei Stichproben von je 200 kriminalpolizeilich in Erscheinung getretenen Kindern gezogen, die eine Gruppe bestehend aus einmalig aufgefallenen, die andere Gruppe aus mindestens zweimal aufgefallenen; auswertbar waren die kriminalpolizeilichen Unterlagen von 151 bzw. 150 Kindern. 5 und mehr Straftaten hatten 37 der Mehrfachtatverdächtigen (rund 25 % der Teilgruppe) begangen. An dieser Stelle soll nicht auf die Gruppenergebnisse im Detail eingegangen werden, sondern der Gesamtbefund anhand von ausgewählten Einzelfällen exemplifiziert werden.

Betrachten wir zunächst einmal einen solchen Mehrfachtäter (Proband Nr. 048): im ersten Jahr der Beobachtung, dem ersten Zeitraum, 11, dann Anstieg auf 53 Straftaten, also ein Zuwachs um 42 Straftaten in einem Beobachtungszeitraum, erste Straftat im Alter von 10 (Ladendiebstahl), danach weitere Ladendiebstähle, Sachbeschädigung, nächstes Jahr besonders schwerer Diebstahl, danach im nächsten Jahr 39 Straftaten, 32 besonders schwere Diebstahle, zwei räuberische Erpressungen, ein Raub und ein räuberischer Diebstahl. Auch für Mädchen sind solche interessanten Entwicklungen zu erkennen. Der interessante Befund im Überblick ist, dass 50 % von

[24] *Landeskriminalamt Sachsen* (Hrsg.) Mehrfachtatverdächtige im Freistaat Sachsen, 1998, S. 1 und 6f.

den ursprünglich erfassten Mehrfachtätern dieses Kalibers – quantitativ betrachtet – im zweiten Beobachtungszeitraum nicht mehr auftauchten. Und bemerkenswert ist: Die zwei Spitzenreiter, ein Junge mit 85 Straftaten und ein Mädchen mit 43, waren überhaupt nur die relativ kürzeste Zeit in der so genannten kriminellen Karriere. Das heißt, die Delinquenz entwickelt sich sehr schnell, sie hört aber für die meisten jungen Delinquenten auch, selbst bei intensiver Mehrfachtäterschaft, relativ schnell wieder auf.[25] In der Gesamtverteilung aller Mehrfachauffälligen war in Sachsen der Höhepunkt bereits mit dem 15. Lebensjahr erreicht.

Sodann ist für diejenigen, die eben doch längere Zeit auffällig bleiben, die Frage nach kausalen Zusammenhängen der Entwicklung krimineller Karrieren für Prognosestellungen und für individualisierte Sanktionierungen und Behandlungsprogramme interessant. Hier besteht nach wie vor das massive Problem, dass wir relativ solide Prädiktoren finden, welche die Teilgruppe der überhaupt oder jeweils nach einer bestimmten Auffälligkeit weiter Aktiven von der Gruppe der früh Aufhörenden bzw. nach einigen Auffälligkeiten Ausscherenden zu unterscheiden erlauben, dass aber diese Prädiktoren, individuell gewendet, nur mit sehr großen Vorbehalten als taugliche Prognosekriterien gewertet werden können. Vor allem in der psychologisch-kriminologischen Literatur werden sehr schnell Prädiktoren mit Prognosefaktoren gleichgesetzt, d. h. bestimmte Merkmale, die mit fortgesetzter Straffälligkeit relativ hoch korrelieren, werden dann auch als individualprognostisch relevante Faktoren verstanden. Jedoch zeigen auch die neuesten Ergebnisse empirischer Forschungen nach wie vor, dass selbst relativ gute Prädiktoren für die weitere Entwicklung und das Verhaltensprofil einer Gruppe von Mehrfachauffälligen als Merkmale im Einzelfall für eine genaue prognostische Bestimmung nicht ausreichen.

Hierfür ein Beispiel: 22 amerikanische Kollegen und ihre Teams haben über zwei Jahre hinweg eine Meta-Analyse von 66 Behandlungsstudien erstellt und außerdem eine Reanalyse des „Seattle Social Development Projects" mit einem longitudinalen, also einem Ver-

[25] *Landeskriminalamt Sachsen* (Hrsg.) Mehrfachtatverdächtige im Freistaat Sachsen, Folgeauswertung, 1999.

laufsdatenset durchgeführt. Im April 2000 sind die ersten Ergebnisse in einer Kurzfassung veröffentlicht worden.[26] Man hat sich mit fünf Faktorenbereichen beschäftigt: Persönlichkeit, Familie, Schule, Gleichaltrigengruppe („peer group") sowie Gemeinde und Nachbarschaft. Ich darf aus den einzelnen recht interessanten Ergebnissen einen ganz verdichteten Extrakt vortragen. Man hat geprüft: Was ist prädiktiv für die 6- bis 11-jährigen, damit sie im Alter von 15 bis 25 zu schweren oder gewalttätigen Tätern werden, und was ist prädiktiv für die Gruppe derer zwischen 12 und 14? Der erste interessante und anschaulich belegte Befund lautet, dass in unterschiedlichen Altersstufen unterschiedliche Faktoren auf der Prädiktorenebene bedeutsam sind. Aber diese Faktoren sind eben nun nicht sehr hilfreich für die Behandlung des Einzelfalls. Bei der Gruppe der 6- bis 11-jährigen besteht die stärkste Korrelation mit „general offences", also dem allgemeinen Begehen von Delikten (Korrelationskoeffizient .38, also 14% Erklärung der Varianz, 86% bleiben unerklärt). „Substance abuse", früher Drogengebrauch und Alkoholgebrauch im Alter von 6 bis 11, ist ebenfalls relevant. Die stärkste Variable bei den 12- bis 14-jährigen, wohlgemerkt eher erwartungswidrig nicht bei den 6- bis 11-jährigen, ist die Ausprägung der sozialen Bindungen (Je schwächer die sozialen Bindungen sind, desto stärker ist die weitere Entwicklung zu schwerer oder Gewaltkriminalität), und ebenfalls erst bei den 12- bis 14-jährigen spielen die „antisocial peers", also die delinquenzbereiten Gleichaltrigen, eine Rolle. Das passt nun andererseits ganz gut zu dem, was wir von der Vergesellschaftung, von Pubertät und anderen Dingen wissen. Die statistische Erklärungskraft beträgt insgesamt um die 20%, der Rest bleibt unerklärt. Und dann nimmt die Bedeutung schnell weiter ab. Befunde, dass alte Sicherheiten so nicht stimmen, bleiben erhalten; „broken home" erklärt weder etwas bei den 6- bis 11-jährigen noch bei den 12- bis 14-jährigen. Bei den 6- bis 11-jährigen sind die „antisocial peers" überhaupt nicht bedeutsam; bei den 12- bis 14-jährigen ist „substance abuse" auf eine ganz unbedeutende Erklärungskraft zurückgesunken. Man könnte meinen, es spiele keine Rolle; die Interpretation ist aber eher anders: Weil so viele die Substanzen schon nehmen, ist die Unterscheidungskraft nicht mehr so groß. Wenn wir dann in der Veröffentlichung selber

26 *Hawkins u. a.* Predictors of Youth Violence. Juvenile Justice Bulletin, Washington D.C. 2000.

nach einer Antwort auf die Frage suchen, was sie über die individuelle Voraussagbarkeit einer Karriere aussagt, heißt es, dass insoweit noch weiter geforscht werden müsse.

Die zweite Untersuchung, auf die ich kurz hinweisen möchte, ist die Studie von *Loeber u. a.* über „Predictors of Youth Violence", zu der die hier beigezogene Veröffentlichung schon etwas früher erschien: „Developmental Pathways in Boys' Disruptive and Delinquent Behavior", also „Entwicklungswege zu sozial störendem und auffälligem Verhalten von Jungen".[27] Die Auswertung stützt sich auf die „Pittsburgh Youth Study", ein Verlaufsforschungsprojekt voll von interessanten Befunden. Der interessanteste ist: Es gibt nach dieser Studie drei gut unterscheidbare „pathways" – Entwicklungswege –: der eine der offene Protest, mit Gewaltkriminalität verbunden, der andere, den die Autoren „covered" nennen, der eher unterschwellige, nach außen hin nicht widerständige Entwicklungsweg, und dann ein dritter, den die Autoren „authority conflict pathway" nennen. Diese drei Entwicklungslinien lassen sich von der frühen Kindheit bis zur späteren Jugend sehr gut unterscheiden und es überrascht nicht, dass Jugendliche, die eine Mischung von diesen verschiedenen Wegen zeigen, diejenigen sind, die am allerstärksten in eine offizielle kriminelle Karriere hineinkommen. *Loeber u. a.* betonen sehr stark etwas, was bei uns derzeit eher nicht im Vordergrund steht: die „attention deficit hyperactivity disorder", also das Aufmerksamheitsstörungs-/Hyperaktivitäts-Syndrom. Interessant ist der Befund, den sie zur Unterscheidung von „persisters" und „experimenters" bringen, also denen, die wirklich „hartnäckig" in der Delinquenz bleiben, und denen, die ein oder zwei Jahre auffällig sind und dann aufhören. Abgesehen von hochinteressanten Einzelergebnissen für die Teilgruppen der jungen Menschen als Gruppen sind die Befunde auch hier im Hinblick auf Kriterien, die man für den Einzelfall als direkt prognostisch verbindlich verwenden könnte, relativ mager. Signifikante Differenzen zwischen hartnäckigen Wiederholungstätern und den experimentierenden Tätern wurden über alle drei „pathways" hinweg gefunden. So waren die „persisters" etwas älter als die „experimenters", mit einer durchschnittlichen Differenz von vier Monaten, und sie kamen

[27] *Kelley/Loeber/Keenan/DeLamatre* Developmental Pathways in Boys' Disruptive and Delinquent Behavior. Juvenile Justice Bulletin, Washington 1997.

häufiger aus ökonomisch benachteiligten Familien. Im Übrigen gab es aber keinen der erwarteten Unterschiede im Hinblick auf die Ethnizität, also die Zugehörigkeit zur weißen, spanischen oder schwarzen Bevölkerungsgruppe, oder die Familienstruktur. Also auch hier haben die Variablen aus der Familienstruktur für keine der Entwicklungslinien irgendeinen bedeutsamen Zusammenhang erbracht.[28] Aber welche Variablen haben nun einen inhaltlich bedeutsamen Effekt gehabt? Die Autoren haben viele Unterschiede im Einzelnen auf Gruppenebene gefunden, aber nichts, was bei unmittelbarer Verwendung nicht völlig inakzeptabel hohe Prozentsätze der sog. falschen Positiven nach sich ziehen würde, also Probanden, denen man fortgesetzte Auffälligkeit prognostiziert, die aber tatsächlich sofort oder nach ein oder zwei weiteren Taten mit der Karriere aufhören.

Die dritte Untersuchung, auf die ich hinweisen möchte, wurde 1999 von *Jones u.a.* veröffentlicht. In Philadelphia hatte man beim Department of Human Services, im Nachgang zu bzw. etwas angeregt durch die Philadelphia-Kohortenstudien von *Wolfgang u. a.*, eine Verlaufsstudie über Risikofaktoren bei auffällig gewordenen Kindern und Jugendlichen durchgeführt. Man glaubte, *das* Instrument für den Einsatz in der Praxis gefunden zu haben, weil bei der vorherigen Studie in Orange County die dortigen Forscher eine Liste von rund 25 Kriterien zusammengestellt hatten, die sich als signifikante Prädiktoren auf Gruppenebene herausstellten. Hier taucht vieles auf, was wir aus der kriminologischen Diskussion über die Bedingungen und Ko-Variaten[29] von Jugenddelinquenz kennen: Geschichten von Familiengewalt, gestörter Kommunikation in der Familie, mangelnder Kontrolle und Supervision der Kinder, eingeschränktes oder ganz fehlendes Leistungsstreben in der Schule, auffällige Freunde, also poinitert gesagt „die ganze Palette“. Als man dieses Instrument aus Orange County in Philadelphia auf die immerhin mehreren tausend

[28] Vgl. aber *Thornberry/Smith/Rivera/Huizinga/Stouthamer-Loeber* Family disruption and delinquency. Juvenile Justice Bulletin, Washington D. C. 1999, für die funktionale Störung der „family disruption“ im Sinne von mehrfachem Wechsel in der Zusammensetzung des „Elternpaares“, mit dem die Kinder zusammen lebten.

[29] *Huizinga/Loeber/Thornberry/Cothern* Co-occurence of Delinquency and Other Problem Behaviors. Juvenile Justice Bulletin, Washington D. C. 2000.

Kinder und Jugendlichen, die in dieser Studie ursprünglich betrachtet wurden, anwendete, stellte man fest, dass drei Dinge übrig blieben: auf der Ebene der Schule mit einem Signifikanzniveau von 5% häufiges Schuleschwänzen, bei den Familienproblemen auf dem 5% Niveau, dass die Familie schon einmal bei der Jugend- oder Sozialbehörde anhängig gewesen war, und auf der Ebene des persönlichen Fehlverhaltens auf dem 10% Niveau vorheriger bekannter Missbrauch von Alkohol oder Drogen. Alle anderen Kriterien erwiesen sich nicht als individuell aussagekräftig für die Weiterentwicklung der kriminellen Karriere.

Es blieben dann für eine Intensivanalyse 1400 Täter übrig, unter denen sich 7,5% „chronische Täter" im Sinne der Definition von *Marvin Wolfgang*, d.h. mit mindestens fünf offiziellen Auffälligkeiten befanden. Nun hat man, da die Einzelkriterien nichts brachten, versucht, mit einer Baumanalyse, also einer Verzweigungsanalyse von fortlaufenden Zusammenhängen nacheinander in die Analyse eingeführter Kriterien (CHAID), homogene Gruppen zu gewinnen. Es ergaben sich auch viele homogene und Interpretationen herausfordernde Gruppen, aber wiederum: sie waren wenig aussagekräftig für die Prognose individueller Verläufe. Ich nehme diejenige Untergruppe, welche die in der Substanz ergiebigste Verästelung hatte, nämlich am Ende der Prozedur 28% chronische Täter aufwies. Was waren die entscheidenden Kriterien? Die erste Festnahme im Alter von weniger als 15 Jahren, Vorbelastungen und dann die Variable „young for school grade", die wohl ein besonderes Schulproblem (eventuell: zu früh eingeschult, zu jung für die besuchte Schulklasse) betreffen dürfte.

Zusammengefasst: Alle Risikogruppen einschließlich der hohen kamen auf einen Erwartungswert von 21% chronischen Tätern unter den Ersttätern, d.h. aber umgekehrt, dass bei 79% keine Entwicklung hin zur „Chronizität" angenommen werden konnte. Und da passt recht gut, was wir in Tübingen bei einer detaillierten Sekundärauswertung der Philadelphia-Studie herausarbeiten konnten, auf der Grundlage eines neu konstruierten Sozialen Belastungsindexes: Wenn wir die Probanden betrachten, die an das Ende einer (ggf. auch nur bis zur Grenze des Jugendalters reichenden) Karriere gelangt sind, stellen sich scheinbar evident enge Zusammenhänge mit Belastungen heraus; wenn wir aber alle Angehörigen einer Geburtskohorte betrachten und von den Belastungen ausgehen, die dort zu finden sind, dann sind die vorher imponierenden Zusammenhänge entweder gar nicht festzustellen oder jedenfalls sehr viel dünner ausgeprägt und in keinem Fall ungefiltert individuell verwertbar, weil man bei ihrer schematischen Anwendung unvertretbar hohe Raten von falschen Positiven produzieren würde.[30]

Werfen wir vergleichend einen Blick auf neuere Ergebnisse aus England: Dort ist die Bewährungshilfe radikal reorganisiert worden, inzwischen auch mit der Pflicht für die Bewährungshelfer, zu jedem Probanden einen Risikofragebogen, der auf der anhand von rund 14000 Verurteilten entwickelten Offender Group Reconviction Scale (OGRS) beruht, für die weitere Entscheidungstätigkeit der Richter auszufüllen. *Ricky Taylor* hat überprüft, was die verbesserte Version leistet, die anhand von rund 30000 weiteren Verurteilten entwickelt wurde und spezifisch darauf abzielt, die Prognosegenauigkeit für 13- bis 17-jährige Jungtäter zu verbessern und eine höhere Trefferrate bei Sexual- und Gewalttätern allgemein zu erzielen. Und was wir nach der Analyse von *Taylor* sehen, ist das alte Bild: Je mehr Risikofaktoren vorhanden sind, desto mehr aus der betroffenen Teil-Gruppe werden rückfällig. Und die Kriterien, die durchschlagen, sind wiederum die bekannten, abgesehen vom Geschlecht nämlich das Alter zur Zeit der ersten Verurteilung, das jetzige Alter und die Vorbelastung. Für ein Risikoprofil und allgemeine Planungen der Einwirkung auf Täter mag das, ähnlich wie sonstige Ergebnisse, von merklicher Relevanz sein. Aber es reicht nicht für den ungefilterten prognostischen Einsatz. Bei der Teilgruppe mit dem höchsten Risikoscore (25 und mehr Belastungspunkte) ergab sich bei einem Follow-up von 2 Jahren immerhin, aber eben auch nur ein Rückfallquotient von 34 %.[31]

Und das lenkt zum Schluss den Blick erneut auf die Frage, was helfende und/oder sanktionierende Zugriffe für die Rückfallvermeidung erbringen. Ich selber habe in einem 1996 erschienenen Sammelband

30 Vgl. *Kerner* (o. Fn. 22).

31 *Taylor* Predicting Reconvictions for Sexual and Violent Offences Using the Revised Offender Group Revonviction Scale. Home Office Research, Development and Statistics Directorate, Research Findings No. 104, London 1999.

zum Hauptthema des Rückfalls nach Jugendstrafvollzug versucht, die (hauptsächlich) in Europa bis dato durchgeführten Rückfall- und Evaluationsforschungen zusammen zu sehen und zu gewichten, und bin im Ergebnis bei der These der Gleichwirkung von Sanktionen, als einer interessanten wissenschaftlichen Hypothese, an der weiterzuarbeiten ist, geblieben.[32]

Was seither an neueren Veröffentlichungen erschienen ist, bestärkt eigentlich nur den Befund. Inzwischen liegt von der englischen Verurteilten-Sonderstatistik „Janus", die retrospektive und prospektive Beobachtung erlaubt, eine Analyse derjenigen Täter der Verurteilungs-Jahrgänge 1987 bis 1996 vor, die entweder eine Gefängnisstrafe beendet haben oder eine ambulante Sanktion erhielten oder lediglich mit einer Geldstrafe bestraft wurden. Verglichen wurden über die gesamten Jahrgänge hinweg, mit repräsentativen Stichproben im Gesamtumfang von rund 7000 Fällen, unbedingte Freiheitsstrafe, bedingte Entlassung ohne Weisungen oder Auflagen, also „conditional discharge, sowie „probation", „community service" und „combination order", das ist Bewährungsshilfe verbunden mit gemeinnütziger Arbeit und ggf. noch einigen weiteren Auflagen und Weisungen. Diejenige Sanktion, die am schlechtesten abgeschnitten hat über die langen Jahre, ist die „combination order". Die Freiheitsstrafe liegt im mittleren Bereich. Am besten hat noch über die langen Jahre hinweg die gemeinnützige Arbeit als selbständige Sanktion abgeschnitten, aber die Unterschiede bewegen sich, wenn sie von methodischen Fehlerfassungen bereinigt werden, in einer Größenordnung von 2% (gemessen an einer Wiederverurteilung innerhalb von zwei Jahren – das ist nicht viel, deckt aber, wie wir wissen, schon einen relativ großen Teil der Rückfälligkeit bei intensiver Gefährdeten ab) und sind somit fast vernachlässigbar. In einer detaillierteren Querschnittsbetrachtung für das Jahr 1995 wurde die Rückfälligkeit nach ambulanten Sanktionen unter Bereinigung der Daten von allen Pseudo-Rückfällen (= Verurteilungen im Beobachtungszeitraum, die auf Taten zurückgehen, die vor der Tat der Bezugsverurteilung geschahen), und unter möglichst großer Homogenisierung der Gruppen der Verurteilten gemessen. Die auf diese Weise vorhergesagten

32 *Kerner* Erfolgsbeurteilung nach Strafvollzug, in *Kerner/Dolde/Mey* (Hrsg.) Jugendstrafvollzug und Bewährung, 1996, S. 3ff.

Rückfallraten wichen von den tatsächlich festgestellen nur ganz geringfügig ab, so dass die auf den ersten Blick bemerkenswerten Unterschiede nicht als Sanktionswirkungen, sondern eher als Selektionseffekte betrachtet werden dürfen: Geldstrafe = 44 %, bedingte Entlassung ohne Zusätze = 44 %; gemeinnützige Arbeit = 50 %; alle Formen von Bewährungshilfe zusammen = 60 %.[33]

Chris May[34] hat versucht, diesen Fragenbereich etwas zu vertiefen mit Blick darauf, ob man sich für die Frage des Zugriffs auf die Legalvariablen wie Vorbelastungen und erste Auffälligkeit begrenzen sollte oder ob soziale und biographische Variablen sehr viel mehr bringen könnten. Er hat einige biographische Variablen mit einbezogen und deren Einfluss dann auf die einzelnen Sanktionen herunter dekliniert. Das Gesamtergebnis war: Wenn man Variablen aus der Legalbewährungs- oder Vorgeschichte allein in die Berechnungen herein nimmt, erklärt man 71,6 % der Wiederverurteilungsrate; wenn man die sozialen Variablen dazu nimmt, 72,1 %. Die Rate der falschen Negativen, also derjenigen, denen Straffreiheit prognostiziert wird, die aber tatsächliche rückfällig werden, ist von 13,6 % auf 13,4 % gesunken. Also wird etwas Verbesserung im Detail erreicht, aber strukturell bleiben die Ergebnisse so gut wie identisch.

Die anspruchvollste Untersuchung, über die in den jüngsten Jahren erstmals ausführlicher berichtet wurde, scheint mir diejenige von *Don M. Gottfredson*[35] zu sein. Es handelt sich um eine prospektive Verlaufsstudie mit einer Dauer von über 20 Jahren, an der sich 18 Richter beteiligt haben und bei der die Erhebungsphase erst kürzlich abgeschlossen wurde. Ausgewählt wurden 962 Fälle von Verbrechen (felonies), wobei anzumerken bleibt, dass der amerikanische felony-Begriff sehr viel großzügiger bzw. ausgreifender ist als der deutsche

[33] *Kershaw/Goodman/White* Reconviction of Offenders Sentenced or Released from Prison in 1995. Home Office Research and Statistics Department, Research Findings No. 101, London 1999; siehe auch *Kershaw* Reconvictions of Those Commencing Community Penalties in 1993, England and Wales. Home Office Statistical Bulletin 5, London 1997.

[34] The Role of Social Factors in Predicting Reconviction for Offenders on Community Penalties. Home Office Research and Statistics Department, Research Findings No. 97, London 1999.

[35] *Gottfredson* Effects of Judges Sentencing Decisions on Criminal Careers, National Institute of Justice, Research in Brief, Washington 1999.

Verbrechensbegriff. Ich darf kurz paraphrasieren, was *Gottfredson* am Ende der ersten Auswertung sagt: Die verfügbaren Strafzumessungsalternativen oder Sanktionierungsmöglichkeiten haben nur einen geringen Effekt über den der Neutralisierung der Täter durch die Unterbringung im Strafvollzug hinaus. Sie haben wenig Effekt auf die Wiederverurteilung: Ob die Täter zu einer unbedingten Freiheitsstrafe oder zu einer ambulanten Sanktion verurteilt wurden, machte keinen substantiellen Unterschied aus. Ob die Täter in einem „jail", in einer Jugendvollzugsanstalt oder in einer Vollzugsanstalt für Erwachsene inhaftiert waren, machte nur einen geringen Unterschied aus, wobei nachvollziehbarerweise der Jugendvollzug zunächst einmal die höchsten Wiederverurteilungsraten hatte. Die Länge der dem Täter auferlegten Strafe machte überhaupt keinen Unterschied aus, die Länge der Verbüßungszeit ergab einen ganz geringen Unterschied, die berühmte „split sentence", also die Kombination von Einstiegsarrest und Bewährungshilfe, zeigte überhaupt keinen Unterschied. Und schließlich, das betrübt vor allem die Reformer, Geldstrafen und Schadenswiedergutmachung taten dies auch nicht. Für *Gottfredson* ist die wichtigste Folgerung, die man daraus ziehen kann, die folgende: Aus spezialpräventiven Gründen sind unbedingte Freiheitsstrafen im Allgemeinen entbehrlich, und aus spezialpräventiven Gründen kann man kürzere Strafzeiten als üblich verhängen, wenn man die Freiheitsstrafe an sich aus anderen Gründen verhängen zu müssen glaubt, wie denjenigen der Generalprävention, der Sühne oder der Vergeltung. Wenn die Strafe nämlich zu lang ist, können Gegenwirkungen bei den Verurteilten auftreten, die etwaige positive Anfangswirkungen neutralisieren oder in ihr Gegenteil umkehren. Diese Ergebnisse sind wichtig im Sinne einer nüchternen und Strafverschärfungen vermeidenden Kriminalpolitik und Strafenpraxis. Sie bedeuten, auch nach den eigenen Worten *Gottfredsons*, jedoch keinen irgendwie abschließenden Beweis dahingehend, dass wirklich „nichts wirkt" und insbesondere ein differenziertes Behandlungsangebot an Verurteilte und Gefangene sinnlos sein müsste. Denn auch das von ihm entwickelte sorgfältige methodische und inhaltliche Design ändert nichts daran, dass die Studie bezüglich der alltäglichen Wirklichkeit der Strafvollstreckung und des Strafvollzugs als Black-Box-Verfahren funktioniert, also im Wesentlichen Eingangs- und Ausgangszustände bzw. -entwicklungen misst, aber die inhaltlichen Fragen, wie mit den Verurteilten umgegangen wurde und ob man insbesondere individualisierte Behandlungsprogramme umsetzte, offen lässt. Daraus folgt, dass weiterhin auf der Notwendigkeit von differenzierten, an den Inhalten ausgerichteten, Verlaufsanalysen bestanden werden muss.[36]

Das eigentlich Interessante für mich ist aber die Metaanalyse von *Lawrence Sherman*, die er auf dem amerikanischen Kriminologenkongress 1999 und jetzt bei seiner Antrittsvorlesung in der University of Pennsylvana in Philadelphia 2000 vorgestellt hat. Hier vergleicht er anhand einer Fülle von Informationen aus verschiedenen Wissenschaftsbereichen die Sanktionsempfindlichkeit der Sanktionierten mit dem Sanktionierungsstil der Sanktionierenden. Er bezieht sich dabei in der grundlegenden theoretischen Ausrichtung auf *Eliah Anderson*, einen Stadtsoziologen, der dieses Problem anhand von sozialer Kontrolle in Stadtvierteln untersucht hat, und unterscheidet am positiven Ende einer virtuellen Skala die vernünftig zurückhaltende Sanktionierung mit Begründungen gegenüber sozial angepassten Menschen und dann im anderen Extrem die harsche Reaktion ohne Begründungen auf sozial nicht angepasste Menschen. Was im Ergebnis nicht überrascht, aber vorher selten bis nie in solcher Klarheit anhand von verschiedenen Beispielen gezeigt werden konnte, ist in alltagssprachlicher Verdichtung für den Jugendbereich umgesetzt Folgendes: Angepasste junge Menschen werden schon durch kleine Reaktionen auf die rechte Bahn geführt, regen sich über als ungerecht empfundene Sanktionen gegebenenfalls mächtig auf, werden aber dennoch nicht

[36] *Kerner* (o. Fn. 32), S. 93ff.; *Heinz* Die Wechselwirkungen zwischen Sanktionen und Rückfall bzw. Kriminalitätsentwicklung, in Strafrechtliche Probleme der Gegenwart, 23. Strafrechtliches Seminar 1995. Schriftenreihe des Bundesministeriums für Justiz, Wien 1996, S. 1ff.; *Gottfredson/Barton* Closing Institutions for Juvenile Offenders, 1997; *Nuttall/Goldblatt/Lewis* Reducing Offending: an Assessment of Research Evidence on Ways of Dealing with Offending Behaviour. Home Office Research Study 187, London 1998; *Dünkel* Resozialisierung (erneut) auf dem Prüfstand, in *Jehle* (o. Fn. 16), S. 379ff.; *Dölling* Täterbehandlung: Ende oder Wende? Eine Bilanz, in *Jehle* (o. Fn. 16), S. 21ff.; *Farrington/Hancock/Livingston/Painter/Towl* Evaluation of Intensive Regimes for Young Offenders. Home Office Research, Development and Statistics Directorate, Research Findings No. 121, London 2000; *Lipsey/Wilson/Cothern* Effective Intervention for Serious Juvenile Offenders. Juvenile Justice Bulletin, Washington D.C. 2000; *Rosay/Gottfredson/Armstrong/Harmon* Journal of Quantitative Criminology 2000, 3, 341ff.; *Wassermann/Miller/Cothern* Prevention of Serious and Violent Juvenile Offending. Juvenile Justice Bulletin, Washington 2000.

aus der Bahn geworfen. Soziobiographisch gestörte junge Menschen werden durch kleine Reaktionen kaum erreicht, werden aber durch harte und insbesondere als ungerecht empfundene Strafen erst recht von innen heraus zum Aufbegehren, trotziger Verweigerungshaltung und schließlich hartnäckiger Wiederholung derselben Fehler bzw. abweichenden Verhaltensweisen getrieben. Auch darf gerade bei gestörten jungen Tätern der soziale und ökologische Kontext, in dem sie alltäglich leben und aus dem heraus die zentralen Determinanten von Verhaltensstilen resultieren, nicht übersehen werden.[37] In all den Vergleichen jedenfalls, die *Sherman* vornimmt, erweisen sich die Täter, von denen verbreitet in der überkommenen Theorie und Praxis angenommen wird, dass sie Strafe brauchen, regelmäßig nach dem Erleben der Strafe widersetzlicher, auffälliger oder erneut straffällig.

Gottfredsons Ergebnisse und *Shermans* Analyse zusammengenommen indizieren erneut die Richtigkeit eines an sich schon länger vertretenen Befundes: Vernünftige, vorsichtige, zurückhaltende Sanktionen zahlen sich in der Bilanz auch oder sogar gerade bei Karrieretätern noch am ehesten aus. Ansonsten ist eine breite Palette von Maßnahmen der primären und sekundären Prävention zur Stärkung der positiven Seiten von jungen Menschen einerseits, zur Abschwächung der Wirkung von Risikolagen andererseits einzusetzen. Dafür, dass mit gezielt auf genau definierte Problemkonstellationen angelegten, im Verlauf kontrollierten und ggf. modifizierten Programmen spezifische Wirkungen erreicht werden können, sprechen neuere Meta-Analysen.[38] Sie zeigen aber auch, dass selbst alteingeführte Behandlungsprogramme und Betreuungsmaßnahmen, die theoretisch höchst wirksam sein sollten, weil ihnen einsichtige pädagogische, psychologische oder jugendkriminologische Erwägungen zugrunde liegen, der rigorosen Prüfung im Sinne einer so genannten effektorientierten Evaluation nicht stand halten und ggf. aufgegeben werden müssen. Insgesamt erweisen sich, bildhaft gesprochen, die Karten der Prävention von Jugendkriminalität als wieder besser gemischt denn noch vor 10 oder 20 Jahren. Darauf kann und sollte aufgebaut werden.

[37] *Chaiken* Violent Neighborhoods, Violent Kids. Juvenile Justice Bulletin, Washington D. C. 2000.

[38] *Sherman/Gottfredson/MacKenzie/Eck/Reuter/Bushway* Preventing Crime: What Works, What Doesn't, What's Promising. National Institute of Justice, Washington D. C. 1998.

Wie soll die Justiz auf Jugendkriminalität reagieren?

Heinz Schöch

I. Justiz und innere Reform des Jugendstrafrechts

In keinem anderen Rechtsgebiet ist die tatrichterliche Praxis so einflußreich für die Rechtswirklichkeit und Reform des Gesetzes wie im Jugendstrafrecht. „Jugendstrafrechtsreform durch die Praxis“ ist seit dem Konstanzer Symposium (1988)[1] zu einem geflügelten Wort geworden. *Dölling* hatte sich damals mit den methodischen und rechtsstaatlichen Bedenken gegen von manchen befürchteten „übergesetzlichen Wildwuchs“[2] in der Rechtsfortbildung auseinandergesetzt. Er kam zu dem Ergebnis, daß die „Veränderungen in der jugendstrafrechtlichen Praxis mit der Vermeidung unnötiger Belastungen des Jugendlichen durch förmliche Verfahren und der Absenkung des Sanktionsniveaus auch zur Verwirklichung der rechtsstaatlichen Intention des Ausbaus individueller Freiheit beigetragen haben“.[3] Kurz darauf hat sich der Gesetzgeber im 1. JGGÄndG vom 30.8. 1990 im wesentlichen auf diese „innere Reform“[4] des Jugendstrafrechts, die auch als „Kriminalpolitik von unten“[5] bezeichnet wurde, gestützt.[6]

Natürlich geht diese Reform des Jugendstrafrechts durch die Justizpraxis weiter, denn sie ist in dem „beweglichen System“ des JGG angelegt.[7] Teilweise deckt sie sich mit dem Reformbedarf, den der

1 *Bundesministerium der Justiz (Hrsg.)* Jugendstrafrechtsreform durch die Praxis. Symposium vom 6.–9.10.1988 in der Universität Konstanz, 1989.

2 *Schaffstein/Miehe* ZStW 98 (1986), 101, 119.

3 *Dölling* Rechtsprobleme der Jugendstrafrechtsreform durch die Praxis, in *Bundesministerium der Justiz* (o. Fn. 1), S. 243 ff., 264.

4 Vgl. *Heinz* JGG-Reform durch die Praxis – Standortbestimmung aus jugendstrafrechtlicher, jugendkriminologischer und rechtsvergleichender Sicht, in *Bundesministerium der Justiz* (o. Fn. 1), S. 13ff., 14; erstmals hierzu *Peters* MschrKrim 1966, 49 ff., 62.

5 *Pfeiffer* Kriminalprävention im Jugendgerichtsverfahren, 1983, S. 119 ff., 334.

6 Vgl. *Böttcher/Weber* NStZ 1989, 561 ff., 562.

7 *Dölling* (o. Fn. 3), S. 264.

Deutsche Bundestag in einer bisher einzigartigen Entschließung bei der Verabschiedung des JGGÄndG anerkannt hatte.[8] Insbesondere die seinerzeit geforderte Aufwertung des Täter-Opfer-Ausgleichs, die schon lange vorher auch von *Rudolf Brunner* befürwortet worden war[9], ist von der Praxis eindrucksvoll im Rahmen der staatsanwaltschaftlichen Diversion gem. § 45 II S. 2 JGG umgesetzt worden, während die vergleichbare richterliche Weisung gemäß § 10 I S. 3 Nr. 7 JGG totes Recht geblieben ist. Die Praxis hat hier besser als der Gesetzgeber erkannt, daß eine auferlegte Weisung dem Autonomieprinzip widerspricht, das der richtig verstandenen Wiedergutmachung zugrundeliegt.[10]

Ein anderes Ziel der Bundestagsresolution und vieler Wissenschaftler, die Zurückdrängung der Zuchtmittel zugunsten der Erziehungsmaßregeln, ist dagegen nicht realisiert worden. Insbesondere der viel kritisierte Jugendarrest hat 1997 mit 15878 Anordnungen und einem Anteil von 18,1 % aller Verurteilten seit 1990 wieder zugenommen, während die Weisungen beträchtlich zurückgegangen sind und 1997 mit einer Zahl von 16351 (18,6%) nur noch knapp vor dem Jugendarrest lagen.[11] Auch die weitere Einbeziehung der Heranwachsenden in das Jugendstrafrecht, zugleich eine alte Reformforderung der Deutschen Vereinigung für Jugendgerichte und Jugendgerichtshilfen e.V., ist nach dem kontinuierlichen Anstieg der Jugendstrafrechtsquoten von 20,6% im Jahr 1954 bis zur Höchstzahl von 65,0% im Jahr 1988 ins Stocken geraten. Obwohl in den Jahren 1993/1994 eine rechtspolitische Initiative der CDU/CSU-Bundestagsfraktion zur völligen Herausnahme der Heranwachsenden aus dem Jugendstrafrecht aufgrund breiter Ablehnung zahlreicher Wissenschaftler[12] und Prak-

[8] BT-Drucksache 11/7421 v. 19.6.1990, S. 4.

[9] *Brunner* ZBl. 1976, 269.

[10] Vgl. *Schöch* FS Roxin, 2001, S. 1045ff. m.w.N.

[11] Berechnet nach *Stat. Bundesamt* Strafverfolgung 1997, Tab. 4.3; zu den Zahlen für 1990 *Schöch* Jugendstrafrechtliche Sanktionen, in *Kaiser/Schöch* Kriminologie, Jugendstrafrecht, Strafvollzug, 4. Aufl. 1994, § 15 Rn. 6: Weisungen 30,1% aller Sanktionen, Jugendarrest 11,8 % aller Sanktionen.

[12] Vgl. z.B. *Ostendorf* DVJJ-Journal 1993, 113f.; 1994, 229ff.; *Pfeiffer* DVJJ-Journal 1993, 116ff., 212ff.; *Walter* DVJJ-Journal 1993, 111ff.; *Kreuzer* DVJJ-Journal 1993, 214 ff.; *Schumann* StV 1993, 324 ff.

tiker[13] scheiterte, war die jugendstrafrechtliche Praxis – vermutlich wegen der schweren rechtsextremistischen und fremdenfeindlichen Gewalttaten Anfang der 90er Jahre – irritiert.[14] Der Jugendstrafrechtsanteil ging bis 1994 auf 57,7 % zurück und erreichte damit den niedrigsten Stand seit 1982.[15] Seither ist die Quote der nach Jugendstrafrecht verurteilten Heranwachsenden wieder auf 60,1 % im Jahr 1997 gestiegen, eine Quote, die wir allerdings bereits 1983 erreicht hatten (60,1 %).[16]

Soll man die Jugendstrafrechtspraxis, die noch vor kurzem wegen ihrer Bereitschaft zur inneren Reform gelobt wurde, deshalb oder wegen der Wiederbelebung des Jugendarrestes schelten? Oder sind wir bereit, herrschende Meinungen in der Literatur auch einmal durch die Justiz in Frage stellen zu lassen? Könnte es z. B. nicht doch überzeugende Gründe für das beharrliche Festhalten der Justiz am Jugendarrest geben, den die Mehrheit der Wissenschaftler möglichst sofort abschaffen möchte? Sind die an vielen Orten feststellbaren Ansätze zur pädagogischen Ausgestaltung nicht doch so verheißungsvoll, daß es viele Richter für vertretbar halten, nach mehreren Diversions-, Auflagen- und Weisungsversuchen noch eine Warteschleife im Jugendarrest einzuschieben, bevor die Sanktionsspirale die Jugendstrafe erreicht? Oft geht es ja auch nur darum, Zeit zu gewinnen, bis eine kritische Episode durch Persönlichkeitsreifung überstanden ist.

Natürlich kann man nicht richtige Erkenntnisse zugunsten eines faulen Kompromisses mit einer uneinsichtigen Praxis preisgeben. Aber die mehrheitlich doch sehr aufgeschlossene Jugendstrafrechtspraxis verdient es, daß man sich ernsthaft mit ihren Konzeptionen auseinandersetzt. Starke Divergenzen innerhalb der Praxis sowie anhaltende Kontroversen zwischen Wissenschaft und Justiz können auch Indizien für eine unbefriedigende Gesetzeslage sein.

[13] Resolution des 1. Bundestreffens der Jugendrichter/innen und Jugendstaatsanwälte/innen vom 8.–10.12.1993 in Villingen-Schwenningen, DVJJ-Journal 1993, 320 f.

[14] *Heinz* Deutschland, in *Dünkel/Kalmthout/Schüler-Springorum* (Hrsg.) Entwicklungstendenzen und Reformstrategien im Jugendstrafrecht im europäischen Vergleich, 1997, S. 3 ff., 62.

[15] Berechnet nach *Stat. Bundesamt* Strafverfolgung 1998, Tab. 1.2; Einzelheiten in der Tabelle im Anhang.

[16] S. o. Fn. 15.

Normatives Leitprinzip für die sachgerechte Reaktion der Justiz auf Jugendkriminalität muß das Ziel des Jugendstrafrechts sein, künftige Straftaten des Jugendlichen unter Beachtung der Prinzipien der Verhältnismäßigkeit und Subsidiarität strafrechtlicher Sanktionen[17] zu verhindern. Erziehung ist – worauf *Heinz* zutreffend hingewiesen hat – nicht das Ziel des Jugendstrafrechts, sondern nur ein Mittel zum Zweck künftigen Legalverhaltens. Die „Reformulierung des Erziehungsgedankens“[18] in den letzten 12 Jahren hat – neben der notwendigen Begrenzung erzieherischer Sanktionen – das Bewußtsein dafür geschärft, daß zu einem modernen Jugendstrafrecht auch rechtsstaatliche Verfahrensgarantien[19] und die Gebote der Bestimmtheit und Vorhersehbarkeit strafrechtlicher Sanktionen gehören.[20] Individualisierung der Reaktion auf Jugendkriminalität darf weder zu übermäßiger Ausforschung der Täterpersönlichkeit führen noch zu einer Mißachtung des Gleichbehandlungsgebotes in der Weise, daß jeder Richter oder Staatsanwalt ohne Rücksicht auf die sonstige Praxis seine kriminalpolitische Überzeugung durchsetzt. Das gilt übrigens auch für die Richtlinien der Landesjustizverwaltungen.

Lassen Sie mich im folgenden einige Beispiele nennen, von denen ich meine, daß die Justizpraxis Änderungsbedarf signalisiert, sei es durch Selbstkorrektur, sei es durch Änderung des Gesetzes, sei es durch Überdenken der herrschenden Meinung in der wissenschaftlichen Literatur.

17 Vgl. *Dölling* (o. Fn. 3), S. 264.

18 Vgl. *Heinz* (o. Fn. 14), S. 58f.; *ders.* Abschaffung oder Reformulierung des Erziehungsgedankens im Jugendstrafrecht? In *Bundesministerium der Justiz* (Hrsg.) Grundfragen des Jugendkriminalrechts und seiner Neuregelung. 2. Kölner Symposium, 1992, S. 369 ff. m.w.N.; ähnlich bereits *Walter* Über die Bedeutung des Erziehungsgedankens für das Jugendkriminalrecht, in *ders.* (Hrsg.) Beiträge zur Erziehung im Jugendkriminalrecht, 1989, S. 59 ff.

19 *Beulke* Gedächtnisschrift für Karlheinz Meyer, 1990, S. 677ff.; aus internationaler Sicht *Schüler-Springorum* ZStW 99 (1987), 834 ff.

20 Vgl. *Eisenberg* JGG, 8. Aufl. 2000, § 105 Rn. 3; speziell zu Weisungen *Brunner/Dölling* JGG, 10. Aufl. 1996, § 10 Rn. 3.

II. Ausweitung der Diversionspraxis

Die seit 1983 Jahr für Jahr steigende Ersetzung formeller jugendstrafrechtlicher Sanktionen durch informelle Erledigungen nach den §§ 45, 47 JGG ist vom Gesetzgeber im 1. JGGÄndG nicht nur aus verfahrensökonomischen Gründen, sondern auch aus spezialpräventiven Gründen akzeptiert und gefördert worden.[21] Die Diversionsrate hat deshalb einen zusätzlichen Schub erhalten und ist seit 1990 von 61 % auf 68 % im Jahr 1996 angestiegen.[22] Obwohl sie damit um 20 %-Punkte über derjenigen des allgemeinen Strafrechts liegt, sind angesichts der Besonderheiten der Jugenddelinquenz spezial- oder generalpräventive Nachteile dieser Praxis bisher nicht zu befürchten.[23] Dazu tragen auch die vielfältigen Differenzierungsmöglichkeiten zwischen intervenierender und nichtintervenierender Diversion bei.

Ob die präventive Gleichwertigkeit auch für die seit über 10 Jahren praktizierte extrem hohe Diversionsrate von über 90 % in Hamburg und über 80 % in Bremen gilt, erscheint mir eher zweifelhaft. Die Untersuchungen zur spezialpräventiven Gleichwertigkeit von formellen und informellen Sanktionen beziehen sich überwiegend auf informelle Entscheidungen bei Ersttätern in den 80er Jahren.[24] Obwohl *Heinz* und Mitarbeiter inzwischen sogar für die 3. informelle Reaktion bei Diebstahl und Fahren ohne Fahrerlaubnis eine leichte Überlegenheit gegenüber der formellen Reaktion festgestellt haben,[25] erscheint mir die Frage der Effizienz der Hamburger und Bremer Strategie ohne gezielte Vergleichsuntersuchung zwischen diesen beiden Stadtstaaten und ähnlichen Großstädten in den relativ homogenen

[21] *Böttcher/Weber* NStZ 1990, 562; *Heinz* DVJJ-Journal 1998, 245ff., 249; Begründung des Regierungsentwurfs, BT-Drucksache 11/7421, S. 1, 13.

[22] *Heinz* DVJJ-Journal 1998, 250.

[23] *Heinz* (o. Fn. 14), S. 56.

[24] Vgl. *Dölling* Diversion, in *Sieverts/Schneider* (Hrsg.) Handwörterbuch der Kriminologie, 2. Aufl. Band 5, Nachtrags- und Registerband, 1991, S. 275 ff., 283; vgl. neuerdings die bundesweite Untersuchung von *Storz* Jugendstrafrechtliche Reaktionen und Legalbewährung, in *Heinz/Storz* Diversion im Jugendstrafverfahren der Bundesrepublik Deutschland, 1992, S. 176, Tab. 19.

[25] *Heinz/Spieß/Storz* Prävalenz und Inzidenz strafrechtlicher Sanktionen im Jugendalter, in *Kaiser/Kury/Albrecht* (Hrsg.) Kriminologische Forschung in den 80er Jahren, 1988, S. 649 f.; s. auch *Heinz* DVJJ-Journal 1999, 17.

anderen Bundesländern nicht abschließend beantwortbar zu sein. Bei Diversionsraten von 90% und mehr ist jedenfalls die Gefahr einer schematischen Abwicklung, die langfristig zu einer Beeinträchtigung der normbekräftigenden staatlichen Reaktion führen kann, nicht ausgeschlossen. Mit Recht weisen *Brunner/Dölling* darauf hin, daß auch die „Nichtintervention" dazu beitragen soll, dem Jugendlichen zum Bewußtsein zu bringen, daß er für begangenes Unrecht einzustehen hat.[26]

Weniger gravierend sind m. E. die von *Heinz* und Mitarbeitern dokumentierten Unterschiede in den regionalen staatsanwaltschaftlichen Diversionsraten, die sich 1996 im wesentlichen im Gesamtspektrum der meisten Bundesländer zwischen den sonst üblichen 40–70% bewegten. Das sind – teilweise instabile – Differenzen, die sich noch im Rahmen der bei Ermessensentscheidungen erreichbaren Gleichbehandlung halten. Letztlich fällt auch der hanseatische Sonderweg angesichts manch lokaler Traditionen nicht so stark ins Gewicht, daß die zahlreichen Vorteile der Diversion deshalb in Frage gestellt werden müßten. Die Ungleichheiten lassen sich durch Richtlinien der Landesjustizverwaltungen in gewissem Umfang eindämmen.[27]

Auch die Mißbrauchsgefahr bei der staatsanwaltschaftlichen Diversion scheint sich auf seltene Einzelfälle zu beschränken, wie etwa in dem vom BGH im Hinblick auf die Körperverletzung im Amt entschiedenen Fall des Staatsanwalts aus Kleve, der 20 Verfahren gegen Jugendliche und Heranwachsende gemäß § 45 II JGG einstellte, nachdem er den Beschuldigten zuvor mit deren Einverständnis, bei Jugendlichen auch mit Genehmigung der Eltern, persönlich unter Ermahnung zu künftigem Wohlverhalten Schläge auf das nackte Gesäß verabreicht hatte.[28]

Die gravierendsten Rechtsprobleme gibt es derzeit bei Diversionsentscheidungen an der Nahtstelle von Polizei und Staatsanwaltschaft, weil hier in einigen Ländern die Verfahrensherrschaft im Ermittlungs-

[26] *Brunner/Dölling* (o. Fn. 20), § 45 Rn. 10.

[27] Vgl. *Heinz* DVJJ-Journal 1998, 261ff., der allerdings auch auf die Gefahr einer Festschreibung von Unterschieden (z.B. bezüglich Wertgrenzen) hinweist (aaO., 266).

[28] BGHSt 32, 357ff. = NStZ 1986, 27 m. Anm. *Fezer*.

verfahren tangiert wird, die nach geltendem Strafprozeßrecht allein der Staatsanwaltschaft zusteht (§§ 160, 163, 167 StPO). Sie darf nicht durch „eine der staatsanwaltschaftlichen Entscheidung vorgreifende und sie präjudizierende Tätigkeit der Polizei unterlaufen werden."[29] *Brunner/Dölling* sagen – in Übereinstimmung mit der ganz herrschenden Meinung – kurz und bündig, daß eine „polizeiliche Diversion" gesetzwidrig wäre,[30] betonen aber zugleich, daß präventiv-polizeiliche Maßnahmen mit erzieherischem Gehalt (z. B. die Vorführung eines Mopeds in ordnungsgemäßem Zustand) oder polizeiliche Maßnahmen und Belehrungen zulässig seien und als erzieherische Maßnahmen i. S. des § 45 II JGG gewertet werden könnten.[31] Es geht also um die Abgrenzung zwischen zulässigen diversionsorientierten Ermittlungen und Vernehmungen durch die Polizei einerseits und den unzulässigen polizeilichen Vorentscheidungen über eine Diversion andererseits.[32]

Heinz gelangt nach sorgfältiger Prüfung aller Diversions-Richtlinien der Länder zu dem Ergebnis, daß die in den Jahren 1998/99 erlassenen Richtlinien der Länder Schleswig-Holstein und Berlin, aber auch Niedersachsen polizeiliche Vorschlags- und Entscheidungsbefugnisse vorsehen, die einen Einstieg in die unzulässige „Polizei-Diversion" darstellen.[33] Während in Niedersachsen nur ein ermahnendes Gespräch der Polizei mit dem Beschuldigten als erzieherische Maßnahme i. S. von § 45 II JGG vorgesehen ist, sollen in Berlin und Schleswig-Holstein Polizeibeamte zusätzlich nach telefonischer Rücksprache mit dem Staatsanwalt Maßnahmen wie gemeinnützige Arbeit, Arbeit zur Schadenswiedergutmachung, kleinere Geldzahlungen o. ä. entweder selbst anordnen (so in Schleswig-Holstein) oder – wie in Berlin – durch Einschaltung eines Diversionsmittlers veranlassen können.

[29] *Heinz* DVJJ-Journal 1999, 137.

[30] *Brunner/Dölling* (o. Fn. 20) § 45 Rn. 12; vgl. *Heinz* DVJJ-Journal 1999, 137, m.w.N. 146 Fn. 106.

[31] *Brunner/Dölling* (o. Fn. 20) § 45 Rn. 12.

[32] Vgl. hierzu und zum folgenden die Zusammenstellung bei *Heinz* DVJJ-Journal 1999, 139 ff.

[33] *Heinz* DVJJ-Journal 1999, 141.

Trotz der formalen Zustimmung der Staatsanwaltschaft hat die Polizei jedenfalls nach dem Berliner und Schleswig-Holsteinischen Modell so viel Entscheidungs- und Auswahlkompetenzen bezüglich des Ob und Wie der Diversion, daß ich mit *Heinz* einen Verstoß gegen die Verfahrensherrschaft der Staatsanwaltschaft und ihre Entscheidungsbefugnisse nach § 45 II JGG bejahen möchte. Bei dem ermahnenden Gespräch des Polizeibeamten nach dem niedersächsischen Modell, das in der Regel mit der Beschuldigtenvernehmung verbunden werden kann, erscheint mir die Präjudizierung durch die Polizei geringer, und auch ein Übergriff in die richterliche Ermahnungskompetenz nach § 45 III JGG liegt m. E. nicht vor, weil es sich eher um einen Annex zur Beschuldigtenvernehmung bezüglich der Rechtsfolgenentscheidung als um eine dem Richter vorbehaltene Auflage oder Weisung handelt. Auch von einer faktischen Präjudizierung der Staatsanwaltschaft kann man im niedersächsischen Modell nicht sprechen. Anders als *Heinz*, der wohl auch das niedersächsische Modell für unzulässig hält, halte ich das vorweggenommene Erziehungsgespräch bei der Polizei für zulässig.

III. Die Einbeziehung der Heranwachsenden in das Jugendstrafrecht

Bei keinem anderen rechtspolitisch relevanten Problem sind sich Wissenschaftler und Berufsverbände so einig wie bei der Forderung nach vollständiger Einbeziehung der Heranwachsenden in das Jugendstrafrecht unter Wegfall des § 105 JGG.[34] Die DVJJ hatte dazu 1977 unter Mitwirkung von *Brunner* eine sorgfältig begründete Denkschrift veröffentlicht[35], die noch im gleichen Jahr beim Saarbrücker Jugendgerichtstag nach den Referaten von *Kreuzer*[36] und *Remschmidt*[37]

[34] *Schaffstein/Beulke* Jugendstrafrecht, 13. Aufl. 1998, S. 72f. m.w.N; *Diemer/Schoreit/Sonnen*, JGG, 3. Aufl. 1999, § 105 Rn. 10 m.w.N; Stellungnahmen von *Walter, Lempp* u. a. in DVJJ-Journal 1997, 322ff. sowie von *Ostendorf, Hinrichs/Schütze, Masche, Esser, Toker* in DVJJ- Journal 1999, 19 ff.

[35] *DVJJ* Denkschrift über die kriminalrechtliche Behandlung junger Volljähriger, 1977.

[36] *Kreuzer* MschrKrim 1978, 1 ff. sowie in *DVJJ* (Hrsg.), Junge Volljährige im Kriminalrecht, 1977, S. 32 ff.

[37] *Remschmidt* in *DVJJ* (o. Fn. 36), S. 81 ff.

mehrheitlich befürwortet wurde. Die Gründe hierfür sind überzeugend und trotz starker gegenreformatorischer Strömungen in der Politik bis heute gültig.

Nicht nur die 14- bis 18-jährigen, sondern auch die 18- bis 21-jährigen Menschen befinden sich noch in der Persönlichkeitsentwicklung und können mit den vielfältigen jugendstrafrechtlichen Sanktionen besser beeinflußt werden als mit den Strafen und Maßregeln des allgemeinen Strafrechts.[38] Die Herabsetzung des Volljährigkeits- und Wahlmündigkeitsalters auf 18 Jahre im Jahr 1974 erfolgte aus jugend- und gesellschaftspolitischen Gründen und hatte nichts mit neuen Erkenntnissen zur geistigen und sittlichen Reife junger Menschen zu tun.[39] Im Gegenteil: Der Sozialisationsprozeß junger Menschen ist in den letzten 30 Jahren aus vielerlei Gründen schwieriger geworden; insbesondere wegen Auflösung der Familienstrukturen, längerer Ausbildung, Engpässen im Ausbildungs- und Arbeitsmarkt, negativer Medieneinflüsse, problematischer Freizeitgestaltung, Wertewandel und ethischer Orientierungslosigkeit.[40] Die Jugendpsychiatrie und -psychologie ist sich heute, nachdem *Bressers* Gegenkonzeption aus dem Jahr 1975[41] ohne Resonanz blieb, darin einig, daß das Jugendalter als Entwicklungsabschnitt nicht durch Altersgrenzen bestimmt ist.[42]

Die Justiz hat sich diesen Erkenntnissen nicht verschlossen und die 1953 vom Gesetzgeber als Ausnahme gedachte Anwendung des Jugendstrafrechts bis 1988 Jahr für Jahr häufiger praktiziert (s. Tabelle im Anhang). Den größten Einfluß dürfte dabei der Bundesgerichtshof gehabt haben, der seit 1958 in ständiger Rechtsprechung betont hat, daß § 105 JGG kein Regel-Ausnahme-Verhältnis für die Anwendung von Jugend- oder Erwachsenenstrafrecht normiert habe.[43] Lasse sich aber nach Ausschöpfung aller Möglichkeiten nicht mit Sicherheit feststellen, ob der Heranwachsende zur Zeit der Tat einem Jugendlichen gleichstand, so sei Jugendstrafrecht anzuwenden. Den beiden

[38] *Kaiser* RdJ 1997, 35, 38.

[39] *Schaffstein/Beulke* (o. Fn. 34), S. 72 f.

[40] *Kreuzer* Unsere Jugend 1999, 56, 64.

[41] *Bresser* FS Schaffstein, 1975, S. 323 ff.

[42] *Specht* in *Venzlaff/Foerster* (Hrsg), Psychiatrische Begutachtung, 3. Aufl. 2000, S. 275 ff., 288.

[43] BGHSt 12, 116.

Grundsatzentscheidungen vom 23.10.1958[44] und vom 6.12.1988[45] läßt sich m. E. entnehmen, daß es dabei nicht um die Anwendung des klassischen Beweisgrundsatzes in dubio pro reo geht, der ja nur bei Zweifeln über einzelne Tatsachen anwendbar wäre, also z. B. bezüglich Alkohol- oder Drogenkonsum, Freizeitgestaltung oder Leistungen im beruflichen und schulischen Bereich. In der ersten Entscheidung wird ausdrücklich betont, daß die jugendstrafrechtliche Entscheidung nicht stets die mildere gegenüber der Regelung des allgemeinen Strafrechts wäre.[46] Im zweiten Urteil erwähnt der BGH auch nicht mehr die Notwendigkeit der Beiziehung eines Sachverständigen zur Ausschöpfung aller Möglichkeiten.[47] Bei der Anwendung des § 105 JGG geht es also um eine empirisch fundierte normative Gesamtbeurteilung des Einzelfalls. Der Richter soll darüber befinden, ob es sich um einen „in der Entwicklung stehenden, noch prägbaren Menschen handelt, bei dem Entwicklungskräfte noch in größerem Umfang wirksam sind".[48] Im Zweifel ist Jugendstrafrecht nicht wegen des In-dubio-Prinzips anzuwenden, sondern – wie der BGH schon 1958 zum Ausdruck gebracht hat – wegen der besseren erzieherischen Möglichkeiten, die „für den jungen Menschen nicht nur in seinem Interesse, sondern auch im Interesse der Allgemeinheit geschaffen" seien.[49] Kriminalpolitisch sei die Gefahr, daß ein Heranwachsender nach Jugendstrafrecht behandelt werde, nicht so bedeutungsvoll wie die umgekehrte Gefahr eines Mißgriffs durch unzulängliche Berücksichtigung der erzieherischen Bedürfnisse, die sich aus einer vorhandenen, aber nicht hinreichend bekannten Reifeverzögerung ergebe. § 105 JGG ist also auch im Lichte spezialpräventiver Bedürfnisse auszulegen.

Mit Recht bemerken *Walter/Pieplow* in ihrer Anmerkung zum Urteil von 1988, daß der BGH eine empirisch orientierte Normkorrektur vorgenommen habe, die kaum mehr Spielraum für die Anwendung des Erwachsenenstrafrechts lasse.[50] Auf der Basis des Entwicklungs-

44 BGHSt 12, 116.
45 BGHSt 36, 37.
46 BGHSt 12, 116, 119.
47 BGHSt 36, 37 ff.
48 BGHSt 12, 116, 118; 36, 37, 40.
49 BGHSt 12, 116, 119.
50 *Walter/Pieplow* NStZ 1989, 576.

kriteriums bedürfe sogar die Altersgrenze von 21 Jahren einer neuen tragfähigen Begründung.

Umso erstaunlicher ist es, daß die tatrichterliche Praxis bei der Anwendung des Jugendstrafrechts seit 1988 stagniert. Neben dem schon erwähnten Einbruch im Jahr 1994 wegen der rechtsextremistischen Gewalttaten sind es vor allem die Straßenverkehrsdelikte, die einer Ausweitung des Jugendstrafrechts entgegenstehen, teils wegen der problematischen Annahme vieler Praktiker, daß aus dem Führerscheinbesitz auch die volle strafrechtliche Reife folge, teils wegen der Nichtanwendbarkeit des Strafbefehlsverfahrens bei jugendstrafrechtlichen Sanktionen (§§ 79 I, 109 II JGG). M.E. wäre es sinnvoll, den von der DVJJ-Kommission unter Mitwirkung von *Brunner* 1977 vorgeschlagenen „Jugendrichterlichen Bescheid“[51] als Ersatz für das Strafbefehlsverfahren wieder in die Diskussion einzubringen, da er vor allem für die Massendelikte im Straßenverkehr gedacht war, die trotz der Ausweitung der Diversion immer noch gut ein Drittel der Verurteilungen nach Erwachsenenrecht ausmachen.

Das Hauptproblem bei § 105 JGG ist aber die erstaunliche Unterschiedlichkeit in der Anwendung von Jugendstrafrecht auf Heranwachsende.[52] Bei schweren Delikten wie Mord, Totschlag, Raub oder Vergewaltigung wird erheblich häufiger als bei leichteren und mittelschweren Delikten Jugendstrafrecht angewandt. Noch gravierender sind die teilweise beträchtlichen Unterschiede zwischen einzelnen Bundesländern. Während in Hamburg, und Schleswig-Holstein seit langem über 90% der Heranwachsenden nach Jugendstrafrecht verurteilt werden, waren es in Baden-Württemberg und Rheinland-Pfalz zuletzt weniger als 50%.[53] Aber auch innerhalb der Länder gibt es beträchtliche Unterschiede zwischen einzelnen Gerichtsbezirken sowie ein Stadt-Land-Gefälle.[54] *Böhm* fragt mit Recht, ob hier noch das Grundrecht auf Gleichbehandlung beachtet sei[55], und *Schaff-*

51 *DVJJ* (o.Fn. 35), S. 60 f.
52 Vgl. *Schaffstein/Beulke* (o.Fn. 34), S. 71.
53 *Böhm* Einführung in das Jugendstrafrecht, 3. Aufl. 1996, S. 57.
54 *Dünkel* Jugendstrafrecht im europäischen Vergleich, in *Dünkel/van Kalmthout/Schüler-Springorum* (o. Fn. 14), S. 565 ff., 628.
55 *Böhm* (o.Fn. 53), S. 57.

stein/Beulke sprechen von einer erstaunlichen Ungleichmäßigkeit.[56] Wenn bald die neuen Bundesländer in die Statistik eingehen, wird dies noch deutlicher werden als bisher.

Das Gesetz überfordert die Praxis, weil es eine Feststellung zu Altersreifestufen verlangt, die es in dieser starren Form nicht gibt. Der Begriff der Jugendverfehlung (§ 105 I Nr. 2 JGG) ist noch unbestimmter und in seinem Verhältnis zu § 105 I Nr. 1 JGG problematisch. § 105 JGG läßt also den Gerichten zu großen Spielraum für subjektive kriminalpolitische Überzeugungen, die oft noch von der diffusen Vorstellung geprägt sind, das Jugendstrafrecht sei zu mild. Die Möglichkeiten des Bundesgerichtshofs zur Rechtsvereinheitlichung sind ausgeschöpft. Der Appell an den Gesetzgeber darf nicht verstummen und er käme gerade jetzt auch nicht zur Unzeit. Denn erstmals seit Mitte der 80er Jahre ging die Kriminalität der Jugendlichen 1999 um 1 % zurück, während sie bei den Heranwachsenden nur noch leicht anstieg (+ 1,3 %).[57]

Nachdem der Freistaat Bayern im vergangenen Jahr über den Bundesrat einen Gesetzesantrag zur Erweiterung des strafrechtlichen Sanktionensystems vorgelegt hat[58], in dem für das JGG – neben durchaus begrüßenswerten Vorschlägen wie erweitertes Fahrverbot oder Meldepflicht – auch § 105 JGG geändert werden soll, wäre die Zeit für eine neue Initiative zur Abschaffung des § 105 JGG reif. Der bayerische Entwurf bezeichnet die häufige Anwendung des Jugendstrafrechts als Fehlentwicklung und will unter Berufung auf einen Beschluß der Innenministerkonferenz vom 26.9.1997 im Regelfall Erwachsenenstrafrecht und nur ausnahmsweise bei erheblichen Entwicklungsverzögerungen Jugendstrafrecht anwenden. Ob die dahinter stehende Vorstellung einer unangemessenen Milde mit den Thesen *Pfeiffers* zur größeren Härte des Jugendstrafrechts[59] widerlegt werden kann, erscheint mir zweifelhaft, da *Pfeiffer* den Selektionseffekt der höheren Diversionsquote im Jugendstrafrecht nicht berücksichtigt und den Jugendarrest überbewertet.[60] Gewichtiger erscheinen mir als

[56] *Schaffstein/Beulke* (o. Fn. 34), S. 71.
[57] Polizeiliche Kriminalstatistik 1999, S. 76 f.
[58] BR-Drucksache 449/99.
[59] *Pfeiffer* DVJJ-Journal 1991, 114, 117 ff.; StV 1991, 363 ff.
[60] Kritisch daher *Schöch* (o. Fn. 11), S. 185.

Argumente die innere Schlüssigkeit der Entwicklungskonzeption des BGH, die Ausweitung der erzieherischen Angebote bis zum 27. Lebensjahr im Jugendhilferecht und die eklatante Ungleichbehandlung, die bei Einbeziehung der neuen Bundesländer vermutlich noch deutlicher wird.

Um den naheliegenden Einwand zu großer Milde abzuwehren, könnte die sachlich durchaus gerechtfertigte Erhöhung des Höchstmaßes der Jugendstrafe von 10 auf 15 Jahre (§ 105 III JGG) bei Heranwachsenden aus dem bayerischen Entwurf übernommen werden, jedenfalls für Kapitaldelikte.[61] Sie würde nach der Sanktionspraxis unserer Gerichte nur in wenigen Fällen grausamer oder wiederholter Morde relevant und dürfte für die gesellschaftliche Akzeptanz des neuen Heranwachsendenrechts bedeutsam sein.

IV. Verantwortungsreife der Jugendlichen nach § 3 JGG

Von der Wissenschaft heftig kritisiert wird die Justizpraxis wegen der oft oberflächlichen Behandlung der strafrechtlichen Verantwortlichkeit der Jugendlichen nach § 3 JGG. Obwohl nach der gesetzlichen Konzeption die Strafmündigkeit in jedem Einzelfall sorgfältig zu prüfen und zu begründen ist, behilft sich die Praxis oft mit stereotypen Leerformeln.[62] *Ostendorf*[63] spricht von einer Nichtpraktizierung des § 3 JGG, *P.-A. Albrecht*[64] von einer tendenziellen Nichtbeachtung.

Diese Kritik wäre sicher berechtigt, wenn die Nachlässigkeit auch die Fälle beträfe, in denen Jugendstrafe verhängt wird. Hier muß die Verantwortungsreife detailliert ermittelt und dargelegt werden, und – schon bei den geringsten Zweifeln – notfalls ein Sachverständigengutachten eingeholt werden. Nach meinen Erfahrungen verfährt die Praxis bei der schwereren Jugendkriminalität – insbesondere bei 14- und 15jährigen – auch so. Da die große Mehrzahl der Straftaten Jugend-

61 Ebenso bereits *Kreuzer* MschrKrim 1978, 1, 17; Unsere Jugend 1999, 65 sowie Denkschrift der *DVJJ* (o. Fn. 35).

62 *Schaffstein/Beulke* (o. Fn. 34), S. 56.

63 *Ostendorf* (o. Fn. 15), Grdl. z. § 3 Rn. 4 f.

64 *P.-A. Albrecht* Jugendstrafrecht, 2. Aufl. 1993, S. 99.

licher jedoch leichterer Art ist und mit Weisungen oder Zuchtmitteln geahndet wird, halte ich ein typisierendes Vorgehen bei der Behandlung des § 3 JGG für vertretbar, zumal unser Recht mit der Altersgrenze von 14 Jahren ohnehin im internationalen Vergleich relativ behutsam ist.

§ 3 JGG ist – wie auch § 105 JGG – teleologisch im Hinblick auf die geeignete Reaktion zu interpretieren. Die Verneinung der Verantwortungsreife hat für einen 14- oder 15-jährigen u.U. stigmatisierende Konsequenzen, sie kann auch sein Selbstwertgefühl nachhaltig beeinträchtigen. Natürlich führt in eindeutigen Fällen kein Weg an dieser Konsequenz vorbei. Aber in typischen Fällen der Jugenddelinquenz darf und soll der Richter mangels gegenteiliger Anhaltspunkte vom Vorliegen der Verantwortlichkeit ausgehen.[65] § 3 JGG geht ja nicht von einer Vermutung der Schuldunfähigkeit aus, sondern verlangt nur die ausdrückliche Begründung dafür, daß ein Normalfall vorliegt.

Im übrigen würde die Begutachtung eines Jugendlichen allein wegen der Verantwortungsreife bei leichteren Straftaten – wie auch *Ostendorf* einräumt – gegen den verfassungsrechtlichen Grundsatz der Verhältnismäßigkeit verstoßen[66], weil sie tief in die Intimsspäre des Jugendlichen eingreift. Mit Erziehungsmaßregeln und Zuchtmittel kann der Richter schonender auf die Persönlichkeit des Jugendlichen einwirken als mit pathologisierender Begutachtung, die letztlich doch nur zu vergleichbaren Maßnahmen nach dem Jugendhilferecht führt.

§ 3 JGG soll also nicht durch die Hintertür einen weiteren Weg zur Diversion eröffnen, wie *Ostendorf* meint.[67] Das ist angesichts der Weite der §§ 45, 47 JGG auch gar nicht erforderlich. Entscheidend ist vielmehr zu erkennen, daß es in § 3 JGG wie auch in § 20 StGB nicht um eine ausschließlich empirisch bestimmte Einsichts- und Steuerungsfähigkeit geht, sondern um eine sozialnormative Gesamtbeurteilung. Diese erlaubt eine typisierende Betrachtungsweise unter Beachtung des Grundsatzes der Verhältnismäßigkeit, sofern Reifungs-

[65] In diesem Sinne wohl auch *Brunner/Dölling* (o.Fn. 20), § 3 Rn. 3; a.A. *Walter/Kubintz* GA 1995, 51 ff.

[66] *Ostendorf* (o. Fn. 15), Grdl. z. § 3 Rn. 5.

[67] *Ostendorf* (o. Fn. 15), Grdl. z. § 3 Rn. 5.

defizite nicht naheliegen. Dabei darf auch das Ziel des Jugendstrafrechts im Auge behalten werden, soziale Verantwortlichkeit so zu bestimmen, daß dem Jugendlichen auf dem schonendst möglichen Weg zu einem Leben ohne Straftaten verholfen wird.

Es bleibt also dabei: Die innere Reform des Jugendstrafrechts durch die Justizpraxis geht weiter, wenn auch nicht immer in der Richtung, die der herrschenden Meinung in der Wissenschaft oder in der Politik entspricht.

Anhang

Anwendung von Jugend- und Erwachsenenstrafrecht bei Heranwachsenden (§ 105 JGG)[1]

Jahr	Verurteilte Heranwachsende	nach StGB		nach JGG	
1954	60.567	48.069	79,4 %	12.498	20,6 %
1960	89.784	62.102	69,2 %	27.682	30,8 %
1965	61.161	38.056	62,2 %	23.105	37,8 %
1970	81.768	47.832	58,5 %	33.936	41,5 %
1975	84.599	46.418	54,9 %	38.181	45,1 %
1980	98.845	46.620	47,2 %	52.225	52,8 %
1981	102.815	46.360	45,1 %	56.455	54,9 %
1982	106.820	44.536	41,7 %	62.284	58,3 %
1983	107.021	41.962	39,9 %	65.059	60,1 %
1984	98.600	38.125	38,6 %	60.475	61,4 %
1985	90.667	34.186	37,7 %	56.481	62,3 %
1986	86.532	31.764	37,1 %	54.567	63,1 %
1987	82.798	29.908	36,1 %	52.890	63,9 %
1988	80.271	28.059	35,0 %	52.212	65,0 %
1989	73.078	36.147	35,8 %	46.931	64,2 %
1990	66.972	24.382	36,4 %	42.590	63,6 %
1992	64.043	24.612	38,4 %	39.431	61,6 %
1994	66.006	27.936	42,3 %	38.070	57,7 %
1996	65.789	25.949	39,4 %	39.840	60,6 %
1997	70.196	28.029	39,9 %	42.167	60,1 %
1998	71.930	29.204	40,6 %	42.726	59,4 %

[1] Quelle: Statistisches Bundesamt, Strafverfolgung, zuletzt Tab. 2.1

Entwicklungstendenzen im Jugendstrafverfahren

Olaf Miehe

Das mir gestellte Thema gewährt große Freiheiten. Ich möchte diese Freiheiten in der Weise nutzen, daß ich die Tendenzen, die ich heute zu erkennen glaube, aus den „Weichenstellungen" von gestern entwickele. Dies setzt mich in den Stand, viele Themen und Themenkomplexe wieder aufzugreifen, durch die ich mit dem verehrten Jubilar nach zahlreichen Sitzungen in Kommissionen der Deutschen Vereinigung für Jugendgerichte und Jugendgerichtshilfen verbunden bin. Unser letztes gemeinsames Projekt galt der Vorbereitung der Denkschrift über die kriminalrechtliche Behandlung junger Volljähriger aus dem Jahre 1977.[1] Daß diese Denkschrift heute kaum noch beachtet wird,[2] sollte uns bei den kurzatmigen „Modewellen",[3] welche die aktuelle kriminalpolitische Diskussion im Jugendstrafrecht kennzeichnen, nicht verdrießen. Ich jedenfalls möchte meine Überlegungen mit der Heranwachsendenproblematik beginnen und nehme dabei notgedrungen Anregungen und Eindrücke auf, die ich in unseren damaligen Verhandlungen gewonnen habe (I.). Meine weiteren Bemerkungen möchte ich an den Wandel des jugendrichterlichen Amtes (II.), an die in der Praxis inzwischen massenhaft geübte Diversion (III.) sowie an den Bedeutungsverlust des Erziehungsgedankens (IV.) anknüpfen. Abschließend möchte ich den Versuch einer Tendenzbestimmung unternehmen (V. 1.) und einige kriminalpolitische Anregungen anschließen (V. 2.).

I.

1. Im Vorfeld des JGG 1953 hat vor allem *Karl Peters* Vorbehalte dagegen angemeldet, die *Heranwachsenden* ins Jugendstrafrecht einzubeziehen.[4] Dies nicht darum, weil er den 18- bis 21jährigen ein – im

1 *DVJJ* (Hrsg.) Denkschrift über die kriminalrechtliche Behandlung junger Volljähriger, 1977. Siehe dort S. 1.

2 Mit Ausnahme des Symposiums, das in diesem Band dokumentiert wird.

3 Vgl. *Schaffstein/Beulke*, Jugendstrafrecht, 13. Aufl. 1998, S. 46.

4 *Peters* Werdendes Jugendstrafrecht, 1948, S. 13ff., 20f., 33, 61f.; entschiedener später in seiner Kriminalpädagogik, 1960, S. 248f., und in MschrKrim 1966, 49, 50.

damaligen Verständnis – erzieherisch ausgerichtetes Strafrecht vorenthalten, sondern darum, weil er den Jugendlichen ein auf ihren Entwicklungsstand bezogenes Jugendrecht, vor allem ein entsprechendes Jugendverfahren, erhalten wollte. Er befürchtete, daß mit Einbeziehung der Heranwachsenden das Jugendverfahren notgedrungen in Richtung des allgemeinen Strafprozesses zurückdriften werde. Diese Befürchtung hat sich bekanntlich inzwischen weitgehend bewahrheitet.

2. Die differenzierte Regelung des JGG 1953, daß nämlich die Rechtsfolgen des Jugendstrafrechts auf Heranwachsende nicht ausnahmslos, sondern nur nach Maßgabe ihres Entwicklungsstandes Anwendung finden, verdeckt mitunter, daß Strafverfahren gegen Heranwachsende in vollem Umfang vor die Jugendgerichte gelangen (§§ 107, 108 JGG). Der Gesetzgeber wollte – durchaus sinnvoll – die Reifeentscheidung des § 105 I JGG in die Hand der Jugendgerichte legen. Dementsprechend hat er in § 109 I JGG (also der Regel, welche die in jedem Fall anwendbaren jugendrechtlichen Verfahrensbestimmungen nennt) auch *die* Bestimmungen auf das Heranwachsendenverfahren erstreckt, die eine hinreichende Persönlichkeitserforschung initiieren und sichern sollen. Freilich hat er es im wesentlichen bei diesen Bestimmungen belassen.

Diese rechtliche Ausgangslage dürfte in den ersten Jahren nach Inkrafttreten des JGG 1953, als die Jugendgerichte die Rechtsfolgen des Jugendstrafrechts nur zurückhaltend auf Heranwachsende anwandten,[5] zu einer durchgreifenden Veränderung der Verfahren vor den Jugendgerichten in der von *Peters* bekämpften Richtung geführt haben.[6] Aber auch heute dürfte, wenn man den Verurteilungen nach allgemeinem Strafrecht noch die Freisprüche Heranwachsender hinzuzählt, kaum weniger als ein Fünftel aller Verfahren vor den Jugendgerichten nicht wesentlich anders ablaufen als Strafprozesse gegen Erwachsene. Dies mag man der *Tabelle 1* entnehmen.[7]

5 Und damit auch nicht die jugendrechtlichen Verfahrensregeln befolgten, die § 109 II JGG für diesen Fall in Geltung setzt. Dazu sogleich.

6 Vgl. denn auch *Peters* Strafprozeß, 4. Aufl. 1985, S. 592.

7 Der Anteil von Heranwachsendenprozessen, die sich von Strafverfahren gegen Erwachsene nicht wesentlich unterscheiden, hängt auch davon ab, wieviel Jugendliche abgeurteilt werden. Steigt der Anteil der Jugendlichen, so fällt mit dem

Tabelle 1: Jugendliche und Heranwachsende vor den Jugendgerichten[8]

		Abgeurteilte	Verurteilte alle	nach Jugend-strafrecht	nach allgem. Strafrecht
1		2	3	4	5
insgesamt	1996	163.960	106.795	80.846	25.949/15,8 %
	1997	174.026	115.836	87.807	28.029/16,1 %
	1998	181.726	121.205	90.001	29.204/16,1 %
Jugendliche	1996	71.567	41.006	41.006	–
	1997	77.976	45.640	45.640	–
	1998	84.117	49.275	49.275	–
Heran-wachsende	1996	92.393/56,4 %	65.789	39.840	25.949
	1997	96.050/55,2 %	70.196	42.167	28.029
	1998	97.609/53,7 %	71.930	42.726	29.204

Bei alledem muß man immer den Effekt mitbedenken, der allein dadurch entsteht, daß der Gesetzgeber bei Bildung der Altersgruppen auf den Zeitpunkt der Tat abstellt, die Verfahren jedoch zum Teil erheblich später stattfinden. Allein dadurch werden die Verfahren merklich von Jüngeren auf Ältere verschoben, bei den Heranwachsenden noch einmal von jungen Menschen, die 18, 19 und 20 Jahre alt sind, auf solche von 21 Jahren und älter.

3. Das JGG 1953 hat das Strafrecht gegen junge Menschen zudem mit der Reifeprüfung des § 105 I belastet, die ebenso wie die Prüfung der Schuldfähigkeit nach § 3 JGG getrost als gescheitert bezeichnet werden darf. Das gilt wenigstens in dem Sinne, daß bisher keine Reifekriterien haben aufgewiesen werden können, die den Richter einigermaßen sicher auf Einsichts- und Hemmungsvermögen bzw.

Anteil der Heranwachsenden auch der Anteil der Prozesse, die wie Erwachsenenprozesse ablaufen. Eigentümlicherweise ist der Anteil der Jugendlichen an allen von Jugendgerichten Abgeurteilten starken Schwankungen unterworfen. Er betrug 1982 49,1 %, fiel dann bis 1992 auf 38,4 % und lag in den hier referierten Jahren 1996–1998 etwa in der Mitte zwischen den Extremen, vgl. Tabelle 1, Spalte 2.

[8] Quelle: *Statistisches Bundesamt* (Hrsg.) Fachserie 10: Rechtspflege, Reihe 3: Strafverfolgung, 1996, 1997, 1998, jeweils S. 16/17.

darauf schließen lassen, daß ein Heranwachsender noch in der Entwicklung stehe. Dementsprechend regieren gesetzesferne Maßgaben der Praxis, bestenfalls entscheidet der Blick auf das dem Richter als vernünftig erscheinende Ergebnis.

Auf das Verfahren wirkt sich das darum aus, weil § 109 II JGG wichtige Regeln aus dem Jugendverfahren nur dann auf das Verfahren gegen Heranwachsende erstreckt, wenn – wie das Gesetz zudem noch mißverständlich formuliert – der Richter nach § 105 JGG Jugendstrafrecht anwendet. Welche Unsicherheiten, ja welche rechtlichen Freiräume hier bestehen, möchte ich nur kurz an *einem* Beispiel erläutern, das meine *Tabelle 2* darzustellen versucht.

Tabelle 2: Anwendung materiellen Jugendstrafrechts auf Heranwachsende[9]

Delikte		Verurteilungen			
		insgesamt	nach allgem. Strafrecht	nach Jugendstrafrecht absolut	%
1		2	3	4	5
fahrlässige	1996	209	90	119	56,9
Tötung im	1997	225	88	137	60,9
Straßenverkehr	1998	218	98	120	55,0
fahrlässige	1996	2.899	2.029	870	30,0
Körperverletzung	1997	2.952	2.103	849	28,8
im Straßenverkehr	1998	2.992	2.252	740	32,9

Ob aus der Unvorsichtigkeit eines Heranwachsenden im Straßenverkehr der Tod oder nur die Körperverletzung eines anderen Verkehrsteilnehmers erwächst, hat sicher nichts mit der Frage zu tun, ob der Heranwachsende nach seiner sittlichen und geistigen Entwicklung noch einem Jugendlichen gleichstand. Gleichwohl wenden die Gerichte bei der fahrlässigen Tötung etwa doppelt so häufig Jugendstrafrecht an wie bei der fahrlässigen Körperverletzung. Das mag zum Teil damit zusammenhängen, daß die Richter die Heranwachsenden vor der Sanktion bewahren wollen, die im allgemeinen Strafrecht bei fahrlässiger Tötung vielleicht strenger ausfällt als im Jugend-

[9] Quelle: *Statistisches Bundesamt* (Hrsg.) Fachserie 10: Rechtspflege, Reihe 3: Strafverfolgung, 1996, 1997 und 1998, jeweils S. 34/35.

strafrecht. Im übrigen weist man aber sicher zu recht darauf hin, daß Staatsanwälte und Richter bei der fahrlässigen Körperverletzung auf den Strafbefehl hinauswollen, der ihnen nach §§ 109 II, 79 I JGG nur bei Anwendung allgemeinen Strafrechts an die Hand gegeben ist.[10]

Wie sich die Dinge bei den konkurrierenden Einstellungsnormen der §§ 153a StPO einer-, 45 III JGG andererseits verhalten, kann man angesichts fehlender Daten nur mutmaßen. Ein Staatsanwalt, der das Verfahren gegen einen Heranwachsenden unter Auflagen einstellen möchte, wendet vermutlich allgemeines Strafrecht an, wenn der Heranwachsende zwar nicht geständig, aber „verhandlungsbereit" ist, dagegen verfährt er nach Jugendstrafrecht, wenn die Tat des Heranwachsenden formal zwar ein Verbrechen ist, sich aber nach den konkreten Umständen als weniger gravierend darstellt.[11]

4. Trotz der angesprochenen problematischen Vorgaben des JGG 1953 entstand in der Zeit von der JWG-Novelle von 1961[12] bis zur Senkung der Volljährigkeit im Jahre 1974[13] für das ursprüngliche Konzept eines erzieherisch orientierten Strafrechts für junge Menschen ein geradezu „paradiesischer" Zustand. Die jugendwohlfahrtsrechtlichen Erziehungshilfen wurden auch für die älteren Jahrgänge zwischen 18 und 21 Jahre intensiviert, vor allem die Fürsorgeerziehung wurde praktisch ganz bis zur damaligen Volljährigkeitsgrenze ausgedehnt, so daß Jugendhilfe und Jugendstrafrechtspflege voll nebeneinander herliefen. Verfahrensrechtlich hatte das mindestens Auswirkungen auf die Persönlichkeitserforschung, weil auch bei Heranwachsenden auf die Möglichkeit einer jugendhilferechtlichen Alternative hin zu ermitteln war.

[10] Allgemein zur Praxis, wegen des Strafbefehls bei leichteren Delikten Heranwachsender allgemeines Strafrecht anzuwenden, *Böhm* Einführung in das Jugendstrafrecht, 3. Aufl. 1996, S. 55; *Schaffstein/Beulke* (o. Fn. 3), S. 262 f.

[11] In der jugendstrafrechtlichen Diskussion stehen weniger die unterschiedlichen Voraussetzungen (Geständnis, Vergehenscharakter der Straftat), sondern eher die unterschiedlichen Folgen der jugend- und erwachsenenrechtlichen Einstellungsnormen im Vordergrund. Weil nur die jugendrechtliche Einstellung (im Erziehungsregister) registriert wird, empfiehlt *Ostendorf*, Das Jugendstrafverfahren, 1998, S. 39, Heranwachsende „zur Vermeidung einer Benachteiligung" nach allgemeinem Strafrecht zu behandeln.

[12] Gesetz zur Änderung und Ergänzung des RJWG v. 11.8.1961 (BGBl. I, 1193).

[13] Gesetz zur Neuregelung des Volljährigkeitsalters v. 31.7.1974 (BGBl. I. 1713).

5. Mit der Senkung der Volljährigkeit fiel die Klientel der Jugendgerichtsbarkeit in Minderjährige und Volljährige auseinander. Die jugendhilferechtlichen Alternativen brachen für die Heranwachsenden weg. Die damals im Jugendwohlfahrtsrecht vorgesehenen und heute in § 41 SGB VIII angebotenen Hilfen für junge Volljährige bieten weder theoretisch noch praktisch ein Äquivalent.

Während sich die Fachwelt darum bemühte, den Heranwachsenden wenigstens das materielle Jugendstrafrecht zu erhalten, blieben die prozessualen Auswirkungen der abgesenkten Volljährigkeit weitgehend unbeachtet. Sie lassen sich vor allem an der *Stellung der Eltern* aufzeigen.

Diese waren bis 1974 an Verfahren gegen Heranwachsende selbst dann beteiligt, wenn die Anwendung *allgemeinen* Strafrechts zu erwarten war, vorgeschrieben in § 109 I JGG in bezeichnender Nähe der stets obligatorischen jugendrechtlichen Persönlichkeitserforschung. Es ist gar nicht zu leugnen, daß dadurch zwischen den Altersgruppen des Jugendstrafverfahrens eine gewisse Homogenität gestiftet wurde, weil auch noch die Heranwachsenden als junge Menschen unter Kuratel erschienen.[14]

Freilich, die bevorstehende Volljährigkeit wird schon bei den 18-, 19- und 20jährigen einen Prozeß fortschreitender Verselbständigung ausgelöst haben. Das Neue ist nur, daß dieser Prozeß heute entsprechend schon bei den 15-, 16- und 17jährigen einsetzt. Er findet die Zustimmung des Gesetzgebers. Die neueren Novellierungen des Rechts der elterlichen Sorge wird man vorsichtig als elternkritisch charakterisieren dürfen. §§ 1626 II BGB und 8 SGB VIII weisen ausdrücklich darauf hin, daß Jugendliche nach Maßgabe ihres Entwicklungsstandes an Entscheidungen, die sie betreffen, zu beteiligen sind. In neueren Diskussionen zum Jugendhilferecht ist im Sinne des pädagogischen Freiwilligkeitspostulats verbreitet, aber durchaus contra legem, immer nur davon die Rede, daß die *Zustimmung des jungen*

[14] Der bloße Volljährigkeitsstatus verändert freilich die Bedeutung der Eltern-Kind-Beziehung noch nicht. Richtig rät *Böhm* (o. Fn. 10), S. 119, den Sachwaltern der Jugendstrafrechtspflege, bei erzieherischen Eingriffen an den Eltern nicht vorbeizugehen. Abgeschwächt war es der Denkschrift aus dem Jahre 1977 (o. Fn. 1, S. 70 f.) vor allem darum zu tun, die Eltern nicht als Informanten zu verlieren.

Menschen zu einem erzieherischen Angebot gewonnen werden müsse, die Eltern als die einzig Anspruchsberechtigten kommen überhaupt nicht mehr vor.[15]

Vor diesem Hintergrund dürfte sich auch die Beteiligung der Eltern an Verfahren gegen Jugendliche drastisch „ausdünnen". Zahlen sind schwer zu erlangen. Ich habe darum meine Doktoranden veranlaßt, in Arbeiten, deren Thematik dies nur eben zuließ, Erhebungen zur Elternbeteiligung anzustellen. Die 12 Jugendrichter der Landgerichtsbezirke Mannheim, Heidelberg und Mosbach in Baden, die *Christian Knoll* über 400 Strafverfahren gegen Jugendliche des Jahres 1971 befragte, gaben noch an, es habe an der ganz überwiegenden Mehrzahl der Hauptverhandlungen mindestens *ein* Elternteil teilgenommen.[16] In *Peter Wilds* 100 Jugendlichenverfahren des Jahres 1976 aus den Landgerichtsbezirken Mannheim und Waldshut hatte sich das Bild bereits verändert. Während in Waldshut immerhin noch gut 60% der Eltern in der Hauptverhandlung vertreten waren, beteiligten sich in Mannheim nur noch etwa 35%[17]. Heute wird man, wie ich persönlichen Mitteilungen entnehme, damit zu rechnen haben, daß die Eltern auch in Verfahren gegen Jugendliche weitgehend fehlen.

II.

Die Anhaltspunkte, die man für die Entwicklung des Jugendstrafverfahrens aus der Behandlung der Heranwachsenden gewinnt, bestätigen sich vielfach, wenn man die *Wandlungen des jugendrichterlichen Amtes* in den Blick nimmt.

1. In den fünfziger Jahren war prägend das Bild des Erziehungsrichters, der die Funktionen des Jugendrichters und des Vormundschaftsrichters in seiner Person vereinigte (vgl. § 34 II 1 JGG in der ursprünglichen Fassung[18]). Der wichtigere Teil dieser Vereinigung war eigentlich der Vormundschaftsrichter, dem noch alle Entscheidungen mit erzieherischer Relevanz außerhalb des Strafrechts zufielen, sogar

[15] So auch die DVJJ-Vorschläge für ein neues JGG, Unterkommission IV, DVJJ-Journal 1992, 27 und 29 f.

[16] *Knoll* Empirische Untersuchungen zur jugendrichterlichen Sanktionsauswahl, jur. Diss. Heidelberg 1978, S. 8ff., 13, 143ff.

[17] *Wild* Jugendgerichtshilfe in der Praxis, 1989, S. 21 f.

[18] Jugendgerichtsgesetz v. 4. 8. 1953 (BGBl. I, 751).

die Verteilung des Sorgerechts nach Scheidung und Trennung der Eltern. Dieses Bild hat heute an Faszination verloren. Daß es gleichwohl faszinierend war, habe ich in der ersten Station meiner Referendarausbildung im Sommer 1959 bei einem solchen Erziehungsrichter in Einbeck/Hannover erfahren.

Heute ist dieses Bild vollständig demontiert.

2. *Ein* Keim zu dieser Demontage war freilich schon im JGG 1953 angelegt, nämlich in der den Landesjustizverwaltungen in § 22 IV a.F. erteilten Ermächtigung, Bezirksjugendrichter zu bestellen und Bezirksjugendschöffengerichte einzurichten. Wo dies geschah, war die Einheit von Jugend- und Vormundschaftsrichter praktisch weitgehend aufgehoben, selbst die Übertragung der vormundschaftsrichterlichen Erziehungsaufgaben praktisch weitgehend unmöglich gemacht (vgl. 34 II 3 JGG a.F.). Weitere Nachteile, die heute fortbestehen, kommen hinzu. Der Bezirksjugendrichter verliert häufig einen überschaubaren Bezirk, dessen örtliche Besonderheiten er genau kennt. Der Vorsitzende eines Bezirksjugendschöffengerichtes lernt die Jugendkriminalität nur von ihrer „schlimmen" Seite kennen, von Fällen also, in denen Jugendstrafe zu erwarten ist.[19]

Wo die Landesjustizverwaltungen dagegen der Versuchung zur Konzentration widerstanden, erlebte das Bild des Erziehungsrichters zwischen 1961 und 1974 seine größte Entfaltung. Nicht nur lagen alle erzieherischen Kompetenzen in einer Hand, vielmehr hatte sie – wie schon erwähnt – die JWG-Novelle von 1961 im Hinblick auf die 18-, 19- und 20jährigen auch mit realem jugendwohlfahrtsrechtlichen Gehalt gefüllt.[20]

Von da ab freilich setzte die Auflösung ein.

[19] Gleichwohl wird heute wieder auf die vom Gesetz ermöglichten Zuständigkeitskonzentrationen Wert gelegt, vgl. DVJJ-Vorschläge für ein neues JGG, Unterkommissionen II und III, DVJJ-Journal 1992, 17, 23. Das ist insofern konsequent, als mit dem endgültigen Scheitern der Bemühungen, alle erziehungsrichterlichen Aufgaben in einer Hand zu vereinigen, der Gesichtspunkt fachlicher Qualifikation im Amt des Jugendrichters wieder an Bedeutung gewinnt.

[20] Mit der Einheit von Jugend- und Vormundschaftsrichter stand es vermutlich auch damals nicht zum besten, vgl. die Mitteilungen aus späterer Zeit von *Schaffstein*, NStZ 1981, 286, 287; *Pommerening* MschrKrim 1982, 193, 194; *Böhm* (o. Fn, 10), S. 81.

3. Die Senkung des Volljährigkeitsalters im Jahre 1974 machte den Erziehungsrichter im Hinblick auf die 18- bis 21jährigen zum reinen Strafrichter. Der Vormundschaftsrichter verlor diese Jahrgänge völlig, für den Jugendrichter verschwanden ihnen gegenüber die jugendwohlfahrtsrechtlichen Maßnahmen aus dem Katalog der Erziehungsmaßregeln. Den entscheidenden Schlag führte freilich erst die Jugendhilfegesetzgebung von 1990.[21] Die Jugendhilfe zog, wie man sagte, aus dem „Souterrain der Justiz" aus:[22] Die jugendwohlfahrtsrechtlichen „Maßnahmen" für gefährdete Jugendliche wurden zu „Hilfen zur Erziehung", die allein das Jugendamt den Eltern solcher Jugendlichen anbietet; der Vormundschaftsrichter wurde auf die „Ausputzerrolle" beschränkt, die elterliche Sorge widerstrebender Eltern einzuschränken oder ganz auf andere, insbesondere das Jugendamt, zu übertragen.[23] Den Schlußpunkt der Entwicklung setzte die Reform des Kindschaftsrechts von 1997. Die Familiengerichte, die den Vormundschaftsrichter schon früh aus der Regelung der kindschaftsrechtlichen Folgen von Scheidung und Trennung verdrängt hatten,[24] übernahmen nun alle anderen Kompetenzen aus dem Bereich der elterlichen Sorge.[25] Ob diese „Demontage" des Vormundschaftsrichters Sinn macht, ist hier nicht zu entscheiden; für den Jugendrichter bedeutete sie das Ende der Vision des Erziehungsrichters, weil sein Amt mit dem des Familienrichters nicht verbunden werden kann. Die heute in § 34 II und III JGG aufgeführten „familien- und vormundschaftsrichterlichen Erziehungsaufgaben", darunter die

[21] Gesetz zur Neuordnung des Kinder- und Jugendhilferechts v. 26.6.1990 (BGBl. I, 1163). Das KJHG wurde als achtes Buch dem Sozialgesetzbuch inkorporiert. Dazu später das Erste Gesetz zur Änderung des Achten Buches Sozialgesetzbuch v. 16.2.1993 (BGBl. I, 239).

[22] Formulierung von *Müller/Otto* (Hrsg.) Damit Erziehung nicht zur Strafe wird, 1986, Vorwort der Herausgeber S. VII ff.

[23] §§ 1666, 1666a BGB. Im einzelnen sind die richterlichen Kompetenzen freilich bestritten. Der Text legt die Interpretation zugrunde, die *ich* in der FS Fenge, 1996, S. 429 ff. (auszugsweise abgedruckt in DVJJ-Journal 1997, 260ff.) ausführlich begründet habe.

[24] Vgl. Erstes Gesetz zur Reform des Ehe- und Familienrechts v. 14.6.1976 (BGBl. I, 1421).

[25] Gesetz zur Reform des Kindschaftsrechts v. 16.12.1997 (BGBl. I, 2942).

erwähnte Restkompetenz nach §§ 1666, 1666a BGB, sind unter erziehungsrichterlichem Aspekt nicht attraktiv.[26]

4. Ist die Jugendhilfe aus dem „Souterrain der Justiz" ausgezogen, so nimmt es nicht wunder, daß die *Jugendgerichtshilfe* heute ebenfalls einen solchen Auszug probt. So jedenfalls müssen Äußerungen verstanden werden, welche die Aufgaben der Jugendgerichtshilfe ganz ebenso kennzeichnen wie die der Jugendhilfe: Es gehe darum, dem in ein Strafverfahren geratenen jungen Menschen ein umfassendes Angebot geeigneter Hilfen zu unterbreiten.[27]

Soweit dabei an Leistungen der Jugendhilfe gedacht ist, welche die JGH nach § 52 II SGB VIII „frühzeitig zu prüfen" hat, um eine schleunige Beendigung des Jugendstrafverfahrens nach §§ 45 II, 47 I 2 JGG zu ermöglichen, befindet sich die neue Charakterisierung noch ganz auf der Linie der herkömmlichen Aufgabenbeschreibungen. Soweit jedoch, gestützt auf § 52 III SGB VIII, eine umfassende Verfahrenshilfe gefordert wird,[28] stellen sich Bedenken ein. Die von § 52 III SGB VIII artikulierte Betreuung „während des gesamten Verfahrens" ist, wie § 52 I ausdrücklich hervorhebt, „nach Maßgabe" der §§ 38 und 50 III 2 JGG zu leisten, muß also das Objektivitätsgebot respektieren, unter dem die JGH als Verfahrensbeteiligte steht. Dieses Gebot wird sicher noch nicht durch die fürsorgliche Begleitung des jungen Beschuldigten in einer für ihn unangenehmen Situation tangiert, die spezialisierte Jugendgerichtshelfer in der Befragung *Trenczeks*[29] als Grund für ihre Teilnahme an der Hauptverhandlung angaben. Gleichwohl sollte sich die JGH schon hier eher um die

[26] §§ 1666, 1666a BGB sind nicht attraktiv, weil der Richter – wie schon angedeutet – nicht selbst erzieherische Maßnahmen initiiert, sondern den „Angeboten" der Jugendhilfe lediglich zur Durchführung verhilft. Die Unterstützung der Eltern nach § 1631 III BGB ist im Katalog des § 14 RpflG nicht dem Richter vorbehalten, wird also vom Rechtspfleger besorgt und damit schon vom Gesetz als nicht so bedeutsam eingestuft. Außerdem ist auch hier der Handlungsspielraum des Gerichts vielfach unsicher, vgl. *Hinz* in Münchener Kommentar zum BGB, Bd. 8, 3. Aufl. 1992, § 1631 Rn. 30.

[27] So die DVJJ-Vorschläge für ein neues JGG, insbesondere die der Unterkommission I, DVJJ-Journal 1992, 9f. Ebenso *Trenczek* DVJJ-Journal 1999, 151f.; 375, 376.

[28] *Trenczek* aaO., 152.

[29] AaO., 161.

Aktivierung primärer Bezugspersonen, vor allem der Eltern, bemühen. Keinesfalls sollte sich der Jugendgerichtshelfer in die Position eines Verfahrensbeistands begeben. Meint er, daß der Jugendliche oder Heranwachsende einen solchen Beistand nötig habe, dann sollte er im Sinne guten „social engineering“ auf die Bestellung eines in Jugendsachen erfahrenen Verteidigers drängen.

Am meisten stört an der neuen Akzentuierung der Aufgaben der JGH, daß hinter den Hilfsangeboten die berichtenden und kontrollierenden Aufgaben ganz zurücktreten.[30] Auch wenn künftig die erzieherischen Ansprüche des Jugendstrafrechts deutlich zurückgenommen werden sollten, sind objektive Ermittlungen zur Person des jungen Beschuldigten unerläßlich. Wenn sich die JGH hier zurückzieht, werden andere Kräfte, letztlich solche der Polizei (§§ 43 I 1 JGG, 160 III, 161 StPO), diese Aufgabe übernehmen.[31]

III.

Die auffälligste Veränderung im Jugendstrafverfahren hat sich durch die *Praxis der Diversion* nach §§ 45, 47 JGG ereignet. Es hat deshalb vielleicht schon Verwunderung ausgelöst, daß ich meine Überlegungen nicht mit dieser Veränderung begonnen habe. Indessen glaube ich, daß sie erst auf dem bisher entworfenen Hintergrund voll zur Geltung gelangt.

Die Fakten kann ich als bekannt voraussetzen. Von den Daten, über die *Heinz*[32] berichtet hat, rufe ich in Erinnerung, daß nur noch gut 30 % all derer, die nach Jugendstrafrecht sanktioniert werden (wobei die folgenlosen Einstellungen als Sanktionen mitgezählt werden), eine

[30] *Trenczek* analysiert aaO., 375ff. die Tätigkeit der JGH einseitig unter dem Gesichtspunkt, wieviel Zeit für die Betreuung des jungen Beschuldigten aufgewendet wird, vgl. die Zusammenfassung S. 388. Ansätze für eine solche Tendenz auch bei *Sonnen* DVJJ-Journal 2000, 189 f.

[31] Vgl. die Niedersächsische Leitlinie für die polizeiliche Bearbeitung von Jugendsachen v. 7.12.1998 unter III. 3., DVJJ-Journal 1999, 208, 210. Reiche Anschauung bieten im übrigen die neuen Diversionsrichtlinien der Länder, dazu sogleich.

[32] Letzte Veröffentlichung, soweit ersichtlich, DVJJ-Journal 1998, 245ff., insbesondere 249 f.

formelle Sanktion, also eine Sanktion durch Urteil, erhalten. Unter den informellen Sanktionen überwiegen die allein vom Jugendstaatsanwalt nach § 45 I und II JGG heutiger Fassung zu verantwortenden bei weitem. Ob sich das Bild für die gesamte Jugendstrafrechtspflege, also unter Einbeziehung der nach allgemeinem Strafrecht behandelten Heranwachsenden, nennenswert verschiebt, läßt sich nicht beurteilen.

1. Die Zahlen belegen deutlich, daß das Schwergewicht der Strafverfahren gegen Jugendliche und Heranwachsende heute im Ermittlungsverfahren, allenfalls im Zwischenverfahren, liegt, von den vermutlich wenigen Fällen abgesehen, in denen der Richter erst im Hauptverfahren einstellt (§ 47 II 2 JGG). Ferner dürfte der Anteil Jugendlicher, deren Verfahren vom Staatsanwalt ohne Mitwirkung des Richters eingestellt wird, höher sein als der entsprechende Anteil Heranwachsender. Das kann man allein deshalb vermuten, weil der Anteil der Ersttäter bei den Jugendlichen größer sein dürfte als bei den Heranwachsenden und die Einstellung nach § 45 I und II JGG mit größerer Wahrscheinlichkeit Ersttätern gewährt wird.[33] So verschiebt sich zwar nicht die Klientel der Jugendstrafrechtspflege insgesamt, wohl aber die Klientel des Jugendrichters von den jüngeren auf die späteren Jahrgänge. Er nimmt darum, ähnlich, wenngleich nicht so kraß, wie der Vorsitzende eines Bezirksjugendschöffengerichts, nur einen Ausschnitt schwererer und von Älteren begangener Jugendkriminalität wahr.

2. Die im Jugendstrafverfahren praktizierte Diversion kommt weitgehend ohne Ermittlungen zur Person aus.[34] Sofern die Polizei die JGH überhaupt benachrichtigt, wird sie sich an die PDV 382 halten, sich also auf Fälle beschränken, in denen der junge Beschuldigte schon während der Ermittlungen der Fürsorge bedarf oder in denen eine Gefährdung hervortritt;[35] dies dürften gerade nicht die Fälle sein, die in erster Linie zur Diversion anstehen. Daß die neuen Diversionsrichtlinien der Länder hier Abhilfe schaffen, ist eher unwahr-

33 Vgl. *Heinz* DVJJ-Journal 1999, 11, 15.

34 Grundsätzliche Kritik bei *Schneider* MschrKrim 1999, 202ff. mit dem Hinweis, daß die deutsche Praxis mit der Nichtaufklärung gerade der Primärabweichung die Väter des amerikanischen labeling approach mißverstanden habe.

35 So auch *Heinz* DVJJ-Journal 1999, 131, 138f.

scheinlich.[36] Nun wird die Polizei zwar zu „diversionsorientierter Ermittlungsarbeit“ angehalten, diese gleicht aber die fehlenden Ermittlungen der JGH nicht aus. Vielmehr soll die Polizei zur Vermeidung von Diskriminierungen in den sozialen Nahraum des Beschuldigten gerade nicht eindringen.[37]

Die JGH erhält jedenfalls von den Verfahren in der Regel erst Kenntnis, wenn der Staatsanwalt Bedenken hat, die Diversionsentscheidung ohne Stellungnahme der JGH zu treffen, oder wenn er Anklage erhebt und der JGH die Anklage mitgeteilt wird. Das braucht nicht nur nachteilig zu sein. Da die JGH auf diese Weise von den spezialpräventiv eher unerheblichen Fällen abgeschirmt wird, könnte die lückenhafte und späte Information der JGH zu einer schonenden Inanspruchnahme der Ressource „Jugendgerichtshilfe“ und den Beschuldigten gegenüber zur Beachtung des Verhältnismäßigkeitsgrundsatzes beitragen.[38] Soweit indessen die JGH eingeschaltet wird, sollte sie nun auch wirklich zur Person ermitteln und nicht – gestützt auf § 52 II SGB VIII – nur wieder nach alternativen Hilfen Ausschau halten. Auch die Entscheidung, die schließlich mit Rücksicht auf solche Hilfen das Verfahren einstellt, kann – zumal in schwierigen Fällen – der sorgfältigen Aufhellung des persönlichen Hintergrunds nicht entraten.

3. Die Diversionsverfahren nach §§ 45, 47 JGG zeigen, daß die gesetzlichen Reifeprüfungen nach § 3 und § 105 I JGG in aller Regel schlicht verdrängt werden.

An sich geht die Schuldfähigkeitsprüfung nach § 3 JGG den Einstellungen nach §§ 45, 47 JGG vor. Besteht nicht die hinreichende Wahrscheinlichkeit, daß der Jugendliche nach seiner sittlichen und geistigen Entwicklung über Einsichts- und Hemmungsvermögen verfügte, dann muß der Staatsanwalt das Verfahren nach § 170 II StPO be-

[36] Überblick bei *Heinz*, aaO. – Die neue sächsische Richtlinie v. 27.8.1999 (DVJJ-Journal 1999, 432 ff.) sieht unter II. 1. a) allerdings vor, daß die Polizei das Jugendamt bereits bei der Einleitung des Verfahrens über Straftaten von Jugendlichen unterrichtet.

[37] DVJJ-Vorschläge für ein neues JGG, Unterkommission II, DVJJ-Journal 1992, 17, 19. Zusammenfassend *Heinz*, aaO.

[38] *Heinz*, aaO., 141 f.

enden, der Richter nach § 204 StPO die Eröffnung des Hauptverfahrens ablehnen (sofern er wegen des ungünstigen Eindrucks dieser Entscheidung auf den Jugendlichen nicht zur Sondervorschrift des § 47 I 1 Nr. 4 JGG Zuflucht nimmt). Doch bieten die Diversionsverfahren kaum je die Möglichkeit, solide Informationen über die geistige und seelische Befindlichkeit des Jugendlichen zu erlangen. Selbst ein persönlicher Eindruck fehlt. So können Jugendstaatsanwalt und Jugendrichter zu Entscheidungen nach §§ 45, 47 JGG in aller Regel nur gelangen, wenn sie den Entwicklungsstand schlicht nicht prüfen und von der Schuldfähigkeit des Jugendlichen ausgehen.

Entsprechendes gilt für die Reifeprüfung nach § 105 I JGG, die wir in ihrer Bedeutung für die Opportunitätseinstellungen nach §§ 153a StPO, 45 III JGG schon berührt haben. Der Reifezustand wird nicht geprüft und kann nicht geprüft werden; bestenfalls nutzt der Entscheidungsträger die „Weiche" der §§ 105 I, 109 II JGG, um den Weg einschlagen zu können, der ihn zu dem gewünschten Ergebnis führt.

4. Mit der Zulassung und Förderung massenhafter Diversion wird ein erzieherischer Anspruch, so wie er ursprünglich vom Jugendgerichtsgesetz erhoben worden ist, bewußt aufgegeben. Man setzt auf Normverdeutlichung, die in ihrer Ausgestaltung auf die Individualität des jeweiligen jungen Beschuldigten kaum Bedacht nimmt. Kern ist die Aufdeckung der Tat, die polizeiliche Reaktion bis hin zur Festnahme sowie die polizeiliche Vernehmung. Dem fügen die mit der Diversionsentscheidung verbundenen Maßnahmen oder Hilfen nur ausnahmsweise Entscheidendes hinzu. Solche Ausnahmen sind nach der Seite der Erziehung etwa Hilfen aus dem Katalog der §§ 27ff. SGB VIII, mit denen die Jugendgerichtshilfe die Diversionsentscheidung ermöglicht, nach der Seite sowohl weiterer Normverdeutlichung als auch der neuer sozialisationsrelevanter Erfahrungen der Täter-Opfer-Ausgleich.

5. Zu beklagen ist die große Unterschiedlichkeit der Einstellungspraxis. Gravierende Differenzen bestehen nicht nur zwischen den einzelnen Bundesländern,[39] sondern auch innerhalb der Länder von

[39] *Heinz* DVJJ-Journal 1998, 245, 250 ff.

Gerichtsbezirk zu Gerichtsbezirk,[40] so daß *Heinz* geradezu von regionalen Rechtsanwendungskulturen sprechen kann.[41] Inzwischen haben alle Bundesländer – bis auf Bayern – Diversionsrichtlinien erlassen,[42] welche die Staatsanwälte binden und den Gerichten wenigstens als Empfehlung dienen können. Indessen weichen diese Richtlinien inhaltlich nicht unerheblich voneinander ab, so daß befürchtet werden muß, daß sie die regionalen Differenzen fortschreiben und verfestigen.[43] Eine bundeseinheitliche Richtlinie ist also gefragt,[44] indessen wird es eine entsprechende Vereinbarung zwischen den Landesjustizministern, auch wegen der jetzt schon erkennbaren rechtspolitischen Unterschiede, vermutlich nicht geben.[45] Oder es wird sie geben, dann aber, um die Unterschiede auszugleichen, so weitmaschig und unbestimmt, daß der erhoffte vereinheitlichende Effekt ausbleibt.[46] In dieser Situation ist die Deutsche Vereinigung für Jugendgerichte und Jugendgerichtshilfen gefordert. Sie kann, nach dem Vorgang von *Heinz*,[47] die Länderrichtlinien von ihren Experten vergleichend analysieren und durch ihre Landesverbände, ja durch ihre Mitglieder, die regionale Praxis und deren Begründung sammeln lassen. Empfehlungen, die aus der sorgfältigen Verarbeitung und fachlich qualifizierten Filterung dieses Materials hervorgehen, könnten, auch als „Privatarbeit", im Bundesgebiet durchaus vereinheitlichend wirken.

[40] *Heinz*, aaO., 252 ff.

[41] ZStW 111 (1999), 461, 469 f.

[42] *Heinz* DVJJ-Journal 1998, 245; 1999, 131, 132.

[43] *Heinz* DVJJ-Journal 1999, 261.

[44] DVJJ-Vorschläge für ein neues JGG, Unterkommission II, DVJJ-Journal 1992, 17, 18; in gleicher Richtung *Heinz*, aaO., 265.

[45] Zur Extremposition Bayerns *Heinz* DVJJ-Journal 1999, 131, 132, 143 Fn. 13: Durch Abstandnahme von Richtlinien örtlichen Besonderheiten Raum zu geben, ist gerade fragwürdig. Dagegen sind Bedenken aus dem Gesichtspunkt positiver Generalprävention nicht ganz von der Hand zu weisen. Die Wirkung des polizeilichen Zugriffs, welcher der Diversionsentscheidung vorausgeht, beruht auf der Individualisierung und Konkretisierung der gesetzlichen Strafdrohung. Diese Wirkung muß sich abschwächen, wenn die Voraussetzungen in den einschlägigen Kreisen bekannt werden, unter denen in aller Regel „nichts passiert" (etwa „Ersttäter"; „Schaden unter DM 50,–" etc.).

[46] Zu Recht werden gerade möglichst präzise Diversionskriterien gefordert, vgl. *Heinz* DVJJ-Journal 1999, 261, 266.

[47] AaO., 131, 132 ff., 261 ff.

6. Die angesichts massenhafter leichter und mittelschwerer Delikte junger Menschen notgedrungen schematische und oberflächliche Einstellungspraxis namentlich der Staatsanwaltschaften hat der Frage Nachdruck verliehen, ob nicht bereits die Polizei in einfachen Sachen Diversionsentscheidungen treffen sollte. Die Diskussion dieser Frage ist aus dem bloßen Meinungsstreit herausgetreten, nachdem die Länder Schleswig-Holstein[48] und Berlin[49], zurückhaltend auch Niedersachsen[50], die Polizeidiversion in ihren Diversionsrichtlinien eingeführt haben. Indessen widersprechen diese Richtlinien, auch soweit sie das Vorgehen der Polizei von Rückfragen bei der Staatsanwaltschaft abhängig machen, so eindeutig den gesetzlichen Vorschriften der §§ 45, 47 JGG, daß ihnen keine Rechtswirkungen zukommen. Die damit nach wie vor „offene" Frage der Polizeidiversion können wir hier mit der gebotenen Sorgfalt nicht ventilieren.[51] Wir wollen nur einen rechtspolitischen Gesichtspunkt beisteuern, der aus dem Zusammenhang unserer bisherigen Überlegungen und dem relativen Erfolg der bisherigen staatsanwaltschaftlichen und gerichtlichen Praxis erwächst. Die Konstanzer Untersuchungen,[52] aber auch die bei mir angefertigte Dissertation von *Gertrud Hock-Leydecker*,[53] kommen übereinstimmend zu dem Ergebnis, daß sich divertierte Probanden, auch solche mit folgenloser Einstellung, legal wenigstens nicht schlechter bewähren als formell sanktionierte. Man mag dies schlicht mit der These von der Austauschbarkeit der Sanktionen begründen. Ich meine freilich, man sollte auch in Betracht ziehen, daß der Normverdeutlichung durch polizeilichen Zugriff in großer Nähe zur Tat doch eine gewisse Wirkung zukommen könnte.[54] Diese Wirkung kann

[48] Am 24.6.1998 (abgedruckt in DVJJ-Journal 1998, 260 ff.). „Offizieller" Erfahrungsbericht in DVJJ-Journal 2000, 78 ff. Kritisch *Engel* DVJJ-Journal 1998, 257 f.

[49] Am 22.3.1999 (abgedruckt in DVJJ-Journal 1999, 201 ff.). Kritisch *Herrlinger* DVJJ-Journal 1999, 148 f., 149 ff. (für die Berliner Landesgruppe der DVJJ).

[50] Am 7.12.1998 (abgedruckt in DVJJ-Journal 1999, 208 ff.).

[51] Überblick über den Streitstand bei *Heinz* DVJJ-Journal 1999, 131, 137, mit Nachweis der widerstreitenden Auffassungen in Fn. 104–106 (S. 146).

[52] *Heinz* DVJJ-Journal 1999, 11 ff., 13 ff.

[53] *Hock-Leydecker* Die Praxis der Verfahrenseinstellung im Jugendstrafverfahren, 1994, S. 147 ff.

[54] Der starke Eindruck namentlich der ersten Berührung des Jugendlichen mit der Polizei und ihre Bedeutung für die künftige Einstellung des jungen Menschen zu den Instanzen sozialer Kontrolle wird allenthalben hervorgehoben. Vgl. schon

sich nur vermindern, wenn die gleiche Stelle, die sie auslöst, alsbald erklärt, die Sache werde wegen Geringfügigkeit eingestellt. Eine weitere Instanz, die aus gewissem zeitlichen Abstand ebenso entscheidet, ist da in einer weniger prekären Situation.

IV.

1. Der *Bedeutungsverlust des Erziehungsgedankens*[55] hat in seiner gleichsam juristischen Umsetzung zu der These geführt, daß die Berufung auf erzieherische Erfordernisse Eingriffe in die Rechtsstellung des jungen Menschen nicht zu rechtfertigen vermöge. Diese These scheint mir eher an Gesetzgebung und Gesetzesanwendung gerichtet und auf das materielle Jugendstrafrecht bezogen zu sein. Prozessual hat sie die Gestalt angenommen, daß Jugendliche und Heranwachsende gegenüber Erwachsenen in der gleichen Prozeßsituation aus erzieherischen Gründen nicht benachteiligt werden dürften.[56] In dieser Ausprägung ist die These wenig wirksam.[57] Immerhin sind die in Zweifel gezogenen Benachteiligungen gesetzlich verfügt, sie können nur durch höherrangiges Verfassungsrecht außer Kraft gesetzt werden. Einschlägig ist der allgemeine Gleichheitssatz des Art. 3 I GG, der bekanntlich nur eine Willkürkontrolle ermöglicht. So unvertretbar ist aber die Berufung auf den Erziehungsgedanken auch heute in aller Regel nicht, daß eine auf ihn gestützte

oben Fn 44. Mit Grund gehen darum die niedersächsischen Diversionsrichtlinien (Fn. 49) unter III. 3. auf die Gestaltung des ersten Polizeikontakts besonders ein.

55 Überblick, namentlich zu den Auswirkungen auf die rechtspolitische Debatte, bei *Schaffstein/Beulke* (o. Fn. 3), S. 41 ff. Was der „Erziehungsgedanke" genau bedeutet, kann ich hier nicht auseinanderlegen. Ich stimme *Streng* ZStW 106 (1994), 60 ff., 83 ff., darin zu, daß der Inhalt des Erziehungsbegriffs im Rahmen einer weiten, formalen Begrenzung (etwa „Schutz und Förderung kindlicher und jugendlicher Entwicklung") für den jeweiligen Zusammenhang immer neu bestimmt werden muß.

56 Entwickelt vor allem von *Nothacker* „Erziehungsvorrang" und Gesetzesauslegung im Jugendgerichtsgesetz, 1985, S. 310 ff., im Anschluß an *Bottke* ZStW 95 (1983), 69, 88 ff., und Kommentierungen *Eisenbergs*, die *Nothacker* S. 311 Fn. 179, nachweist. Zur Untersuchung *Nothackers meine* Besprechung ZStW 103 (1991), 186 ff.

57 Kritisch auch *Böhm* (o. Fn. 10), S. 19 f., und die von mir angeregte Dissertation von *Ulrike Burscheidt* Das Verbot der Schlechterstellung Jugendlicher und Heranwachsender gegenüber Erwachsenen in vergleichbarer Verfahrenslage, 2000, Ergebnisse S. 163 ff.

„Benachteiligung" als willkürlich gebrandmarkt werden könnte. Zunächst ist freilich immer aufzudecken, was genau sich hinter der Berufung auf den Erziehungsgedanken verbirgt,[58] die sich in der Tat in namentlich älteren Gesetzesbegründungen findet.

Dies wollen wir an drei Beispielen kurz erläutern.

a) Das schon berührte Erfordernis eines glaubhaften Geständnisses, um zur Verfahrenseinstellung unter Auflagen nach § 45 III JGG zu gelangen, hat sicherlich mit der auch erzieherischen Wirkung des ganzen Geschehens auf den jungen Menschen etwas zu tun, ist aber nichts anderes als die im Grunde selbstverständliche Voraussetzung dafür, daß die dem jungen Menschen abverlangte Leistung überhaupt als Ausgleich auf eine Verfehlung bezogen werden kann. Es dient nur der Abwehr des viel kritisierten, unaufrichtigen Freikaufs des § 153a StPO, mit dem man sich in der Tat einem nach dem Sinn der Leistung fragenden jungen Menschen nicht präsentieren sollte.[59]

b) Daß nach § 55 I JGG Rechtsmittel gegen Erziehungsmaßregeln und Zuchtmittel grundsätzlich versagt sind, will sicherstellen, daß diese Sanktionen wenigstens in leidlicher Nähe zur Tat erzieherisch wirksam werden können. Diese Bestimmung nimmt aber auch darauf Bedacht, daß sich die Verhängung solcher Sanktionen in hohem Maße als persönliche Entscheidung des amtierenden Richters darstellt und dem Rechtsmittelrichter insoweit keine höhere Sachkompetenz zukommt. Dagegen wird man schwerlich etwas einwenden können.[60]

[58] Vgl. die Überlegungen in der Fn. 55.

[59] Ebenso *Böhm* (o. Fn. 10), S. 19f.; *Brunner/Dölling* JGG, 10. Aufl. 1996, § 45 Rn. 24; *Diemer/Schoreit/Sonnen* JGG, 3. Aufl. 1999, § 45 Rn. 19; *Burscheidt* (o. Fn. 57), S. 77 f. *Nothacker* (o. Fn. 56), S. 322, und *Eisenberg* JGG, 8. Aufl. 2000, § 45 Rn. 9 und 24, weichen, wenn der junge Beschuldigte nicht geständig ist, auf § 153a StPO aus.

Im Vordergrund der Diskussion bei den jugendrechtlichen und erwachsenenrechtlichen Diversionseinstellungen steht freilich, daß die jugendrechtlichen (im Erziehungsregister) registriert werden, die erwachsenenrechtlichen einstweilen jedoch unregistriert bleiben. Hierzu schon o. Fn. 11. Es fragt sich jedoch, ob die Registrierung als „Benachteiligung" in den Vergleich der Einstellungsentscheidungen einbezogen werden kann.

[60] Ebenso *Schaffstein/Beulke* (o. Fn. 3), S. 244 f.; *Diemer/Schoreit/Sonnen* (o. Fn. 59), § 55 Rn. 4. Kritisch *Ostendorf* JGG, 4. Aufl. 1997, Grundlinien zu §§ 55 und 56,

c) Dagegen bestehen gegen die Nichtanrechnung von Untersuchungshaft nach § 52a I 2 und 3 JGG mit der Begründung, daß im Falle ihrer Anrechnung „die noch erforderliche erzieherische Einwirkung auf den Angeklagten nicht gewährleistet" sei,[61] ernste Bedenken. Zu massiv sind die Zweifel, ob mit der Jugendstrafe, jedenfalls bei den heutigen Mängeln ihres Vollzuges, erzieherische Wirkungen erzielt werden können. Indessen steht im vorliegenden Zusammenhang die erzieherische Tauglichkeit der Jugendstrafe, sei es in abstracto, sei es in concreto, nicht umfassend zur Diskussion.[62] Vielmehr ist in der Situation des § 52a JGG eine Jugendstrafe, sei es eine solche wegen schädlicher Neigungen oder eine solche wegen besonders schwerer Schuld, bereits verhängt und es geht lediglich um die Frage, ob diese Strafe von vornherein erziehungsuntauglich kurz oder wenigstens von einer solchen Dauer sein soll, daß der ernsthafte Versuch einer erzieherischen Beeinflussung unternommen werden kann. Wenn sich das Gesetz hier für die zweite Alternative entschieden hat, dann kann ihm dies kaum das Verdikt einer willkürlichen Ungleichbehandlung eintragen.[63]

Rn. 4. *Böhm* (o. Fn. 10), S. 20, und *Burscheidt* (o. Fn. 57), S. 117 f., sehen schon darum keinen Verstoß gegen den Gleichheitssatz, weil die Rechtsfolgen der Erziehungsmaßregeln und Zuchtmittel auf das Jugendstrafrecht beschränkt seien. Doch nehmen auch diese Rechtsfolgen allgemein-strafrechtliche Ziele auf, abgesehen davon, daß immerhin die Geldauflage mit der Geldstrafe, der Jugendarrest mit der Freiheitsstrafe vergleichbar ist. Die Vorschläge der DVJJ für ein neues JGG, Unterkommission III, DVJJ-Journal 1992, 23, 24, plädieren de lege ferenda für ersatzlose Streichung.

[61] BGHSt 37, 75, 78f beschränkt die „erzieherischen" Gründe, die nach § 52a I 2 JGG die Nichtanrechnung der Untersuchungshaft tragen, auf die Sicherung der für die Erziehung erforderlichen Strafdauer.

[62] Im Gegensatz zu der bekannten Entscheidung des OLG Schleswig, NStZ 1985, 475, welche die Verurteilung zu Jugendstrafe wegen schädlicher Neigungen auf ihre Vereinbarkeit mit dem Menschenwürdesatz geprüft hat.

[63] Ebenso *Brunner/Dölling* (o. Fn. 59), §§ 52, 52a Rn. 14; *Diemer/Schoreit/Sonnen* (o. Fn. 59), § 52a Rn. 7; *Burscheidt* (o. Fn. 57), S. 110 f.

Abw. *Nothacker* (o. Fn. 56), S. 325; *Ostendorf* (o. Fn. 60), § 52a Rn. 7; *Eisenberg* (o. Fn. 59), § 52a Rn. 8.

Auch die Nichtanrechnung der Untersuchungshaft aus erzieherischen Gründen will die Unterkommission III (vgl. o. Fn. 60), DVJJ-Journal 1992, 23, 25, „um auch insoweit die mit dem Erziehungsgedanken begründete Schlechterstellung der jungen Straftäter im Vergleich zu Erwachsenen zu unterbinden", de lege ferenda ersatzlos gestrichen sehen.

2. Allgemein dürfte der Bedeutungsverlust des Erziehungsgedankens zu mehr rechtsstaatlicher Strenge und auch zu stärkerer Anlehnung des Jugendstrafverfahrens an das allgemeine Strafverfahren führen. Das kann ich jetzt nicht breiter ausführen. Nur der Hinweis sei erlaubt, daß auch die Diskussion über die Rolle des Verteidigers in Jugendsachen dieser rechtsstaatlichen Wende des Jugendverfahrens ihre neuerliche Wiederbelebung verdankt.[64] Aber das ist angesichts der Fülle der inzwischen angewachsenen Stimmen ein Thema für sich.

V.

1. Zusammenfassend diagnostiziere ich Entwicklungstendenzen zu einem stärker auf die Aufgaben des Strafrechts bezogenen, darum peinlicher an rechtsstaatlichen Anforderungen ausgerichteten, mehr auf ältere Jahrgänge zugeschnittenen Jugendstrafverfahren. Wieweit dieses Bild, das eher auf das Regelverfahren paßt, von einer weiter zunehmenden oder auch nur gleichbleibenden Diversion beeinflußt und verändert wird, läßt sich nur schwer voraussagen.

2. Diese Tendenzbestimmung, aber auch manche Einzelergebnisse, fordern Überlegungen de lege ferenda heraus. Diese betreffen vor allem die nach wie vor aktuelle Frage der Altersgruppen, die – wie dieser Vortrag gezeigt hat – eben nicht nur das materielle Recht, sondern auch das Verfahrensrecht betrifft.

a) Die Reifeprüfungen nach §§ 3, 105 JGG haben sich nicht nur dadurch diskreditiert, daß für die Beurteilung der Reifeentwicklung die Kriterien fehlen. Sie verlieren auch dadurch immer mehr an Bedeutung, daß der Gesetzgeber mit der Diversion Verfahrensweisen unterstützt, in denen aus zeitlichen, aber auch aus sachlichen Gründen, weil nämlich Informationen über die Persönlichkeit der jungen Menschen fehlen, eine auch nur einigermaßen angemessene Prüfung des Reifestandes ausgeschlossen ist. Die Reifeprüfungen nach §§ 3, 105 JGG sollten darum künftig ersatzlos entfallen.[65]

[64] Vgl. *Schaffstein/Beulke* (o. Fn. 3), S. 200 ff. mit Nachw.

[65] Umgekehrt wollen die DVJJ-Vorschläge für ein neues JGG, Unterkommission I, DVJJ-Journal 1992, 9, 11f., die Reifeprüfung nach § 3 JGG gerade aktivieren. Das mag damit zusammenhängen, daß § 3 JGG im Rahmen einer Diversion „to nothing" genutzt werden kann.

b) Der Übergang zu festen Altersgrenzen fordert die Frage heraus, ob die Schuldfähigkeit Jugendlicher schon mit 14 oder erst mit 16 Jahren fingiert werden soll. Weil nach geltendem Recht die 14- bis 18jährigen nicht unbeschränkt, sondern nur bedingt schuldfähig sind, abhängig nämlich vom Stand ihrer „sittlichen und geistigen Entwicklung", könnte es naheliegen, auf die Mitte der Zeitspanne, also auf 16 Jahre, zuzugreifen.[66] Zudem hat kürzlich *Frehsee*[67] diese Grenze mit psychischen und sozialen Faktoren, die das Hineinwachsen junger Menschen in die Rechtsordnung in der Gegenwart bestimmen und behindern, eindrucksvoll begründet.

Andererseits wird heute eben die bedingte Schuldfähigkeit gar nicht praktiziert, so daß de facto von einer festen Altersgrenze der Schuldfähigkeit mit 14 Jahren ausgegangen werden kann. Und diese Grenze hat – blendet man das Sonderproblem der Jugendstrafe für ganz junge Jahrgänge zunächst aus – zu mißlichen Konsequenzen nicht geführt. Im Gegenteil: Beruht die heutige Jugendkriminalität, wie verbreitet angenommen wird, auf Bindungslosigkeit, Wertunsicherheit und Orientierungsschwierigkeiten, dann muß man es als besonderen Vorteil ansehen, daß der Staat im Jugendstrafrecht die Grenzen gesellschaftlicher Toleranz mit orientierenden, möglichst wenig diskriminierenden Signalen, wie sie namentlich in den Diversionsverfahren möglich sind, markiert.[68] Die Jugendhilfe kann diese Aufgabe nicht übernehmen; vielmehr ist zu befürchten, daß sie die Straftaten Jugendlicher als Symptome von Erziehungsmängeln fehlinterpretiert und damit das Netz der Jugendkontrolle ausweitet. Rechtsethisch kann man die 14-Jahres-Grenze, die sich entwicklungspsychologisch auch in abstracto kaum zwingend bestätigen oder ausschließen läßt, damit legitimieren, daß die Jugendlichen, die heute der Obhut der Eltern früh entwachsen, auch mit den Risiken dieser Freiheit belastet werden müssen.

66 So denn auch die DVJJ-Vorschläge, Unterkommission I, Sondervoten 1, 2 und 3, aaO. S. 15 f.

67 FS Schüler-Springorum 1993, S. 379, 388 ff.

68 Diese Signale können freilich auch schon für jüngere Jahrgänge hilfreich sein. Konsequent erwägt denn auch der *Jubilar* neuerdings, JR 1997, 492ff., die auf bestimmte Sanktionen beschränkte Einbeziehung 12- und 13jähriger in das Jugendstrafrecht. Vgl. auch *Miehe* ZBl. 1982, 82, 89.

c) Das Haupthindernis der Entscheidung, die Schuldfähigkeit Jugendlicher mit 14 Jahren einsetzen zu lassen, ist der heute fast allgemein als äußerst schädlich und damit als kaum verantwortbar angesehene Vollzug der Jugendstrafe an 14- und 15jährigen.[69]

Darum drängt sich auf, neben der Schuldfähigkeit die besondere Kategorie der Bestrafungsmündigkeit einzuführen und für diese die Vollendung des 16. Lebensjahres zu fordern.[70] Die Zahlen, um die es hier geht, sind gering, was man aus der *Tabelle 3* entnehmen kann; immerhin steigen sie in den 90er Jahren beständig an.

Tabelle 3: 14–17jährige Gefangene in Jugendstrafanstalten[71]

Stichtag	Freiheitsstrafe	Jugendstrafe		
			Alter am Stichtag	
		alle	14–16 Jahre	14–17 Jahre
31.3.1981	36.474	6.456	59 0,9 %	262 4,1 %
1985	41.852	6.360	39 0,6 %	184 2,9 %
1989	36.101	4.705	15 0,3 %	126 2,7 %
1993	37.128	4.284	30 0,7 %	137 3,2 %
1997	45.718	5.724	50 0,9 %	253 4,4 %
1998	50.021	6.438	76 1,2 %	292 4,5 %

Die Folgen einer solchen „gestuften Mündigkeit“ wollen allerdings sorgfältig bedacht sein. Keine Schwierigkeiten bereiten die Jugendlichen, die nur mittelschwere Delikte begangen haben und wegen „schädlicher Neigungen“ in den Jugendstrafvollzug gelangen: Sie ge-

69 Wirksam namentlich bei *Frehsee* (o. Fn. 67), S. 395.

70 Ebenso die DVJJ-Vorschläge für ein neues JGG, Unterkommission I, DVJJ-Journal 1992, 9 ff., 12.

71 Quelle: *Statistisches Bundesamt* (Hrsg.) Fachserie 10: Rechtspflege, Reihe 4: Strafvollzug, 1981, S. 20, 21; 1985, S. 22; 1989, S. 22; 1993, S. 36; 1997, S. 10; 1998, S. 12.

hören in die Obhut der Jugendhilfe.[72] Ihnen sollte möglichst schnell Heimerziehung angeboten und gewährt werden, so daß das Strafverfahren nach §§ 45 II, 47 I Nr. 2 JGG eingestellt werden kann. Damit entfiele auch das die Heime belastende Odium einer formellen strafgerichtlichen Verurteilung.

Bleiben die wenigen Fälle, in denen 14- und 15jährige schwere und schwerste Straftaten begangen. Zurecht fordert *Schaffstein*, daß bei diesen Jugendlichen nicht immer nur auf die ihnen durch den Vollzug zugefügten Nachteile gesehen werden dürfe, daß diese Nachteile vielmehr gegen das berechtigte Rechtsbewährungsinteresse der Gesellschaft abgewogen werden müßten.[73] Nur ist eben fraglich, ob das Interesse der Gesellschaft wirklich überwiegt.[74] Schon heute muß der Mord eines 13-jährigen ebenso ertragen werden wie entsprechende Taten 14- und 15jähriger, die das Gericht – im Mordprozeß nicht undenkbar – noch nicht für schuldfähig im Sinne von § 3 JGG hält. So geht es wohl eher, wenn man die Ahndung mit Zuchtmitteln für indiskutabel milde ansieht,[75] um die Suche nach Auswegen. Der Vorschlag, eine Verurteilung zu Jugendstrafe zwar zuzulassen, diese dann aber in Heimen der Jugendhilfe zu vollziehen, macht die Heime nun auch formell zu Ersatzstrafanstalten; das ist ihnen kaum zuzumuten.[76] Das beste wäre dann noch der Sondervollzug in speziellen Anstalten.[77] Dazu müßten die Länder wegen der kleinen Zahlen aber Vollzugsgemeinschaften bilden, was bekanntermaßen immer wieder auf große, ja unüberwindliche Schwierigkeiten stößt. So bleibt der Gedanke, die Verhängung der Strafe obligatorisch mit der Aussetzung der Vollstreckung zur Bewährung zu verbinden[78] und die Regelung anzuschließen, daß nach Vollendung des 16. Lebensjahres geprüft wird, ob die Vollstreckung der Strafe – auch unter Berück-

[72] Obwohl sich diese gegen Straftäter häufig sträubt. Berechtigte Kritik bei *Streng* (o. Fn. 55), 69, daß sich die Jugendhilfe durch die Beseitigung geschlossener Einrichtungen geradezu unfähig gemacht habe zur Aufnahme von fluchtgefährdeten oder erheblich rückfallgefährdeten Tätern.

[73] FS Schüler-Springorum, 1993, S. 371, 373.

[74] Vorsichtig bejahend *Schaffstein* aaO., S. 376. Ähnlich *Streng* (o. Fn. 55), 77 f.

[75] Immerhin ist die Kombination von Jugendarrest mit langen und beschwerlichen Arbeitsauflagen unter Aufsicht denkbar.

[76] Ähnlich *Schaffstein* (o. Fn. 73), S. 374.

[77] Ebenso *Schaffstein* aaO., S. 377.

[78] Das erwägt auch *Schaffstein* aaO., S. 375.

sichtigung der Leistungen, die der Jugendliche inzwischen zum Ausgleich des begangenen Unrechts erbracht hat – noch erforderlich ist.

d) Die Heranwachsenden sollten ins Jugendstrafrecht einbezogen,[79] das Jugendstrafrecht aber auf diese Einbeziehung hin einer Revision unterzogen werden. So sollte – um dieses schon berührte Bedürfnis der Praxis noch einmal aufzugreifen – der Strafbefehl zugelassen[80] oder ein ähnliches Institut neu geschaffen werden.

Damit bin ich an meinen Ausgangspunkt, die Denkschrift aus dem Jahre 1977, die mit dem „jugendrichterlichen Bescheid" ein solches Institut ausgebildet hat,[81] zurückgekehrt.

[79] Was die Verwirklichung dieser alten Forderung anlangt, so macht sich Resignation breit. *Böhm* (o. Fn. 10), S. 61: Die „überfällige" Einbeziehung sei „rechtspolitisch nicht durchsetzbar oder opportun". *Schaffstein/Beulke* (o. Fn. 3), S. 38: Mit ihr sei „nicht mehr zu rechnen".

[80] Ebenso DVJJ-Vorschläge für ein neues JGG, Unterkommission III, DVJJ-Journal 1992, 23, 26.

[81] O. Fn. 1, S. 60 f.

Das Jugendkriminalrecht und das Opfer der Straftat

Dieter Rössner

Das allgemeine Strafverfahren hat heute – rd. 15 Jahre nach dem ersten Konzept einer umfassenden „opferbezogenen Strafrechtspflege“ [1] – das Opfer in seiner Zeugen- und Verletztenrolle als Subjekt mit menschlichen Bedürfnissen und gewissen eigenen Rechten grundsätzlich anerkannt.[2]

Opferschutz und Opfergerechtigkeit werden mehr und mehr als Verfahrensziele anerkannt, die mit den staatlichen Verfolgungsinteressen und den hergebrachten und natürlich unverzichtbaren Beschuldigtenrechten in Einklang gebracht werden müssen. Natürlich ist auch für die Opfer im Strafverfahren der Zusammenhang mit deren Subjektstellung und dem daraus resultierenden Grundrechtsbezug nicht zu übersehen. In diesem Sinne darf das Opfer vom Strafrecht erwarten, dass die erlittene und erlebte Verletzung festgestellt, sein Status rehabilitierend anerkannt und es vor weiteren Verletzungen geschützt wird.[3] Das Recht auf Bestrafung hat dabei für das Opfer die Funktion, das Verbrechen als Unrecht, nicht als Unglück heilsam zu verarbeiten.[4]

Im Gesamtsystem der sozialen Kontrolle muss das Strafrecht sich als opferbezogene Strafrechtspflege begreifen. Opfergerechtigkeit und

1 *Rössner/Wulf* Opferbezogene Strafrechtspflege, 3. Aufl. 1987.

2 S. z. B. *Baurmann/Schädler* Das Opfer nach der Straftat, 1991; *Bundeskriminalamt* (Hrsg.) Das Opfer und die Kriminalitätsbekämpfung, 1996; *Bundesministerium für Familie, Senioren, Frauen und Jugend* (Hrsg.) Hilfe für die Opfer von Gewalttaten, 1998; *Eder-Rieder* Der Schutz des Verbrechensopfers in Österreich, ZStW 99 (1987), 701 ff.; *Haupt/Weber* Handbuch Opferschutz und Opferhilfe, 1999; *Kerner* Opferrechte/Opferpflichten, 2. Aufl. 1992; *Kilchling* Opferinteressen und Strafverfolgung, 1995; *Patsourakou* Die Stellung des Verletzten im Strafrechtssystem, 1994; *Rieß* Die Rechtsstellung des Verletzten im Strafverfahren, 1984; *Schünemann/Dubber* (Hrsg.) Die Stellung des Opfers im Strafrechtssystem, 2000.

3 Im Einzelnen m. w. N. AK-StPO-*Rössner* vor §§ 374–406 h Rn. 1 ff.; *Rössner/Wulf* (o. Fn. 1).

4 *Reemtsma* Das Recht des Opfers auf die Bestrafung des Täters – als Problem, 1999, S. 26.

Opferschutz sind die wesentlichen Bezugspunkte.[5] Freilich stellt das Zusammenspiel und die praktische Konkordanz der Grundrechtsberücksichtigungen zwischen Verteidigungsinteressen und Opferschutz noch erhebliche Anforderungen an die Kriminalpolitik und die Strafjustiz. Gerechtigkeit und faires Verfahren für Beschuldigte, Zeugen und Opfer sind und bleiben auf absehbare Zeit ein zentrales Thema des rechtsstaatlichen Strafverfahrens weltweit – trotz einiger gesetzlicher Regelungen der letzten Zeit. Ein vorbildliches Konzept der Opferberücksichtigung, -rehabilitierung und -entschädigung enthält das weltweit jüngste und einmalige Strafrechtsmodell der internationalen Gerichtsbarkeit insbesondere für Opfer menschenrechtswidriger staatlicher Gewalt.[6] Unter dem obersten Grundsatz „Gerechtigkeit für die Opfer" werden ihnen weitgehende Verfahrensrechte eingeräumt und soll die Wiederherstellung des Rechtsfriedens durch ideelle und materielle Wiedergutmachungsakte erfolgen.

Trotz dieser Entwicklung kommt die kriminalpolitische Diskussion um den Opferbezug im Jugendstrafverfahren eigentlich nur im Rahmen des Täter-Opfer-Ausgleichs vor, der im Jugendstrafrecht seinen Ursprung hat und auf den noch zurückzukommen ist. Dabei ist nicht zu übersehen, dass die üblichen Belastungen des Opferzeugen sich nicht wesentlich von denen im allgemeinen Strafverfahren unterscheiden.

Neben den Unannehmlichkeiten wie Zeitaufwand, Fahrten zum Gericht und Warten können sensible und ängstliche Personen schon durch den erzwungenen Auftritt in der Öffentlichkeit und irritierendes Fragen sich beeinträchtigt fühlen.[7] Im Fall der Aussage meinen

[5] Zur Opfergerechtigkeit als Strafrechtszweck s. *Rössner* Referat beim 22. Deutschen Juristentag in Bremen, Verhandlungen (Sitzungsberichte) Bd. II/1, 1998, L 9 ff.; s. auch *Rössner* Bewährungshilfe 1994, 18 ff.

[6] S. das bei der United Nations Conference of Plenipotentiaries on the Establishment of an International Criminal Court vom 15.–17. Juli 1998 in Rom verabschiedete Statut des ständigen Internationalen Strafgerichtshofs. Dazu *Kaul* Human Rights Law Journal 1997, No. 5–8; s. auch *Kinkel* NJW 1998, 2650f.; *Tomuschat* Die Friedenswarte 1998, 335 ff.

[7] Nach *Kilchling* Opferinteresse und Strafverfolgung, 1995, S. 646 werden selbst bei keiner oder geringer persönlicher Betroffenheit bei fast allen (95 %) Zeugen Gefühle der Gleichgültigkeit und Unlust geweckt.

9 von 10 Zeugen, dass sie von den Strafverfolgungsbehörden nicht in ausreichendem Maß ernst genommen wurden.[8]

Opferzeugen bei Gewaltdelikten können die im traditionellen Strafverfahren unumgängliche Konfrontation mit dem Täter zum zweiten Mal traumatisch erleben.[9] Ohne besondere Behandlung kann sich ein solches Opfer alleingelassen fühlen und sich in seiner früheren Verlierersituation nun dem Verfahren und der Öffentlichkeit preisgegeben sehen. Wenn aufgrund der Unschuldsvermutung dem Opfer schon von Gesetzes wegen misstraut wird, können Opferzeugen bei Vernehmungen (nicht so gemeinte) Schuldvorwürfe empfinden. Entsprechende Information ist daher notwendig.

Die vorhandenen empirischen Ergebnisse lassen sich auf die Formel bringen: Je gravierender die primären Viktimisierungsmerkmale (z. B. bei sexuellen Gewaltdelikten) sind, je größer die soziale Nähe zum Täter ist und je sensibler die Opfer sind (Frauen, Kinder und alte Menschen), desto stärker leiden sie unter der Prozesssituation durch die erneute Konfrontation mit dem früheren Tatgeschehen und dem jetzigen Zusammentreffen mit dem Täter.[10]

Die Opferzeugen kann auch die härteste Konsequenz ihrer Zeugenrolle treffen: Die Drohung mit Repressalien bis zu angekündigten Gewaltakten im Falle einer belastenden Aussage, was insbesondere bei Bandenkriminalität vorkommt.

Zeugennot und Zeugenleid äußern sich also konkret in einer Bandbreite von lästig-gleichgültiger Verpflichtung über eine Vertiefung der durch die Straftat verursachten Wunden bis zu neuen Gefährdungen.

[8] *Kilchling* (o. Fn. 7) Schaubild 3; *M. Kaiser* Die Stellung des Verletzten im Strafverfahren, 1992, S. 284.

[9] Diese Gefahr besteht insbesondere bei Kindern und Frauen als Opfer sexueller Gewalt: *Baurmann* Sexualität, Gewalt und psychische Folgen, 1983, S. 59ff.; *Baurmann/Schädler* (o. Fn. 2), S. 131ff.; *Hermann/Streng* BewHi 1991, 5 ff.; aber auch bei „Kontaktdelikten" wie dem Wohnungseinbruch, wodurch sich 3/4 der durch die Straftat Betroffenen persönlich beeinträchtigt fühlen (*Kilchling*, o. Fn. 7, S. 626), und in engen Beziehungen (*Wetzels/Pfeiffer* Sexuelle Gewalt gegen Frauen im öffentlichen und privaten Raum, 1995).

[10] *Kilchling* (o. Fn. 7), S. 646.

Konsequent im Sinne der unterschiedlichen Belastung erheben die Betroffenen abgestufte Forderungen: Die Mehrheit der nur „belästigten“ Zeugen wollen keinen formalen Einfluss auf das Verfahren nehmen. Im Vordergrund steht der Wunsch als Person, d. h. als Rechtssubjekt, ernst genommen und behandelt zu werden. Dazu gehören der rücksichtsvolle Umgang ebenso wie eine ausreichende Information über Pflichten und Rechte im Verfahren.[11]

Mit zunehmender Schwere der Verletzung geht es Opferzeugen sowohl um Hilfe für die eigene Krisenbewältigung (vor allem bei Sexualdelikten) und um Einfluss auf den Gang der Dinge im Verfahren sowie die Sanktion und Entschädigung.[12]

Gegenüber Repressalien versteht sich der Ruf nach staatlichem Schutz von selbst. Wenn ein Zeuge in Erfüllung der staatlichen Pflicht einem Angriff auf Leib, Leben, Freiheit oder Eigentum ausgesetzt ist, erwartet er allen erdenklichen staatlichen Schutz. Das gilt natürlich auch für Jugendliche untereinander, wo diese Situation nicht so selten ist, wie man zunächst annehmen könnte. Sie kann den Alltag vergiften, wenn sie auch nicht so bedrohlich wie bei der organisierten Kriminalität ist.

Die notwendig knappe Situationsbeschreibung gibt grundlegende, aber schon differenzierte Antworten: Kein Zweifel dürfte darüber bestehen, dass der Zeuge Rechtssubjekt des Verfahrens ist. Zeugennot und Zeugenleid sind menschliche Not und Leid, die in unmittelbarem Zusammenhang mit dem staatlichen Zwang im Strafverfahren (ent-)stehen. Es ist deshalb keine Frage, dass sich das staatliche Strafverfahren im Rahmen seiner Möglichkeiten der Zeugensorgen anzunehmen und erkennbare Nachteile zu minimieren hat. Im Grundsatz gilt das alles auch im Jugendstrafverfahren.

Entgegen vielen Befürchtungen ist das Zeugenschutzthema, richtig verstanden, kein Generalangriff auf die Rechtsposition des Beschuldigten im Strafverfahren. Dieser Eindruck mag durch manche übereifrigen Anhänger der „Opferbewegung“ entstanden sein, diskredi-

[11] *M. Kaiser* (o. Fn. 8), S. 284; *Kilchling* (o. Fn. 7), S. 646 f.
[12] *Kilchling* (o. Fn. 7), S. 290.

tiert aber nicht die berechtigten Zeugenschutzinteressen bei der prozessualen Feststellung der materiellen Wahrheit. Es geht um eine abgewogene Sicht auf die deutlichen Zusammenhänge zwischen den Rahmenbedingungen für die objektive Wahrheitsermittlung und den Zeugenschutz sowie für die berechtigten Verteidigungsinteressen.[13]

Eine differenzierte und rationale Sichtweise des Spannungsfelds findet den Ansatzpunkt für den fairen Lösungsweg schon am Ausgangspunkt der Überlegungen: Gemeinsam für den Angeklagten wie das Opfer bestehen die staatliche Zwangsbeteiligung am Strafverfahren und die damit verbundenen Freiheitsbeschränkungen in unterschiedlicher Form. Grundsätzlich sind damit beide Grundrechtseingriffe zu berücksichtigen und im Kollisionsfall abzuwägen. Im Strafverfahren des Rechtsstaates hat jeder Grundrechtseingriff möglichst schonend zu erfolgen. Orientierungspunkte dafür sind beim Angeklagten die Unschuldsvermutung und beim Zeugen die durch Art. 1, 2 I GG geschützte persönliche Integrität durch den Zugriff auf seine sinnlichen Wahrnehmungen. Die grundrechtliche Perspektive weist neben der Gemeinsamkeit auf die Unterschiede der Zwangsadressaten: Während der Angeklagte Betroffener des eingriffsintensiven staatlichen Strafanspruchs mit einer möglichen Sanktionsentscheidung ist, geht es beim Zeugen um die nur partielle Einbindung in den Prozess der Wahrheitserforschung. Davon ist der Angeklagte durch sein Schweigerecht gerade entbunden.

Nach den aufgezeigten Differenzierungen gehen unüberdachte kriminalpolitische Rufe nach „Gleichstellung“ oder „Waffengleichheit“ von Beschuldigten und Zeugen sowie Opfern am Problem vorbei. Der Beschuldigte muss sich umfassend gegen den Tatvorwurf wehren können, der Zeuge gegen unerträgliche Lasten und Folgen seiner Verpflichtung zur Aussage.

Die rechtlichen Regelungen und der prozessuale Umgang im Einzelfall haben sich also an den unterschiedlichen Bedürfnissen des Grund-

[13] So auch *Frommel* Das Dilemma zwischen Beschuldigtenrechten und Opferschutz, in *Bauhofer/Bolle/Dittmann/Niggli* (Hrsg.) Jugend und Strafrecht, 1998, S. 307 ff.; *Jung* GA 1998, 328 und dezidiert für den Opferschutz *Wegner* ZRP 1997, 404 ff.

rechtsschutzes der jeweils Betroffenen im Verfahren auszurichten. Wegen der im Kern unterschiedlichen Zielrichtung des Grundrechtsschutzes für Beschuldigte, Zeugen und Opfer wird es wenig echte Kollisionen mit Verteidigungsinteressen geben. Ein Großteil der Zeugen- und Opferschutzvorschriften dient neben dem unabdingbaren Grundrechtsschutz gerade auch der Sachverhaltsaufklärung.[14] Der spezifische zeugen- und opferorientierte Grundrechtsschutz hat mit einer Gleichstellung mit dem Beschuldigten nichts zu tun. Dessen elementare Rechte wie die Unschuldsvermutung, der Grundsatz des rechtlichen Gehörs, die Abwehr von Zwangsmaßnahmen und vor allem die strikte Anwendung der Beweisregel „in dubio pro reo" werden auch nicht ansatzweise tangiert.

Beim Jugendstrafrecht kommt hinzu, dass die erziehungsgeleitete Anordnung der jugendstrafrechtlichen Rechtsfolgen durch die Opferberücksichtigung nicht beeinträchtigt wird. Es steht außer Frage, dass auf diesem Weg nicht quasi durch die Hintertür Vergeltungsaspekte oder generalpräventive Strafziele legitimiert werden. Das Opfer und seine Belange dürfen streng am Erziehungszweck orientiert nur insoweit berücksichtigt werden als die Auseinandersetzung mit dem Leid des Verletzten und die Konfliktregelung die Erziehung des betroffenen Jugendlichen fördern.

Soweit es aber um die Feststellung der Wahrheit, d. h. die Schuldfrage geht, ist der Zusammenhang zwischen der Anwendung opfer- und zeugenschützender Verfahrensnormen und der Qualität der Aussage nicht zu verkennen. Die Aussagepsychologie kann trotz aller ungeklärter Fragen zumindest soviel zeigen: Druck und Stress beeinträchtigen das Erinnerungsvermögen ganz erheblich.[15] In diesem Sinne dient der Schutz sensibler Opferzeugen der Wahrheitsfindung in elementarer Weise. Ein Recht des Beschuldigten und seines Verteidigers, diesen Prozess durch gezielte Stresserzeugung bei dem Zeugen zu stören, ist auch im Jugendstrafverfahren auszuschließen! Der in der StPO je nach Betroffenheit des Opfers und Intensität des Beteiligungsrechts abgestufte, dreigliedrige Opfer- und Zeugenschutz ist wie folgt ausgestaltet:

[14] *Wegner* (o. Fn. 13), 404 ff.; s. auch *Frommel* (o. Fn. 13).

[15] *Spencer/Flin* The Evidence of Children, 1990, S. 220; s. auch *Frommel* (o. Fn. 13), S. 314.

- Einfache Schutzvorschriften im Vernehmungsverfahren wie die Zurückweisung bloßstellender Fragen (§§ 55, 68a StPO), die Geheimhaltung bei Gefährdung des Zeugen (§ 68 II u. III StPO), die Vernehmung in Distanz (§§ 247, 247a StPO), die nichtöffentliche Vernehmung (§§ 171b, 172 Nr. 4 GVG), die ersetzende Vorführung einer Videovernehmung bei besonders sensiblen Opfern unter 16 Jahren (§§ 58a, 255a StPO) oder die Information über das Verfahren durch Akteneinsicht (§ 406e StPO) und die Mitteilung über den Verfahrensausgang (§ 406d StPO) gelten auch im Jugendstrafverfahren uneingeschränkt. Es sind keine schutzwürdigen Interessen der Erziehung zu erkennen, die hier einen Ausgleich mit den Opferinteressen erfordern könnten.
- Die erweiterte Berücksichtigung und Aktivierung der zuvor aufgeführten passiven Schutzrechte durch die Möglichkeit des Opfers, einen Rechtsbeistand zuzuziehen, entweder auf eigene Kosten für das gesamte Verfahren in jedem Fall (§ 406f StPO), oder im Fall der Nebenklageberechtigung mit stärkeren Befugnissen im Verfahren (§ 406g StPO) sowie durch gerichtliche Beiordnung für die Vernehmung bei Verbrechen und sexuellen Vergehen (§ 68b StPO) sind als bloßes Mittel der Rechtsrealisierung auch im Jugendstrafrecht nicht anders zu behandeln als die zugrundeliegenden Rechte.
- Alle opferbezogenen Aktivrechte schließt das Jugendstrafverfahren dagegen aus: Privatklage (§ 80 Abs. 1 S. 1 JGG), Nebenklage (§ 80 Abs. 3 JGG) und das Adhäsionsverfahren (§ 81 JGG).

Dem ausdrücklichen Wortlaut des JGG lässt sich danach bei der am dreigliedrigen gestuften Aufbau der Opferschutzrechte gebotenen Systematisierung klar entnehmen, dass nur die Aktivrechte des Opfers gegen einen Jugendlichen entfallen, nicht aber die Passivrechte der ersten und zweiten Stufe. Entgegen einer noch verbreiteten Meinung werden die bloß passiven Schutzrechte der beiden ersten Stufen weder im Einzelfall[16] noch generell in den Fällen nach §§ 406 e Abs. 1 S. 2 und 406 g StPO[17] ausgeschlossen.

Zum einen kann die Anwendung und Durchsetzung von bloß positiven Opferschutzrechten keine negative erzieherische Wirkung auf den

[16] *Brunner/Dölling* JGG, 10. Aufl. 1996, § 80 Rn. 8.
[17] *Eisenberg* JGG, 8. Aufl. 2000, § 80 Rn. 13.

Jugendlichen haben noch gar Vergeltungsaspekte oder Opferangriffe auf den Jugendlichen enthalten. Es ist vielmehr ein wichtiges Erziehungsziel, die Bedürfnisse und Rechte des Verletzten auch im Strafverfahren dem Jugendlichen zu verdeutlichen. Zum anderen verbietet die gewachsene Bedeutung des Opferschutzes – wie oben dargelegt – eine über den Wortlaut des JGG hinausgehende Einschränkung. Selbst der Ausschluss der aktiven Opferrechte stammt aus einer Zeit, als diese auch im allgemeinen Strafverfahren keine Rolle spielten.

Die dargelegten Auslegungsgrundsätze zum Opferschutz im Jugendstrafverfahren ergeben eine klare Position auch bei der umstrittenen und heftig diskutierten Frage der Nebenklagezulassung im Verfahren gegen einen Jugendlichen, in dem auch gegen Heranwachsende oder Erwachsene nach entsprechender Verfahrensverbindung verhandelt wird. Obwohl die Nebenklage gegen Heranwachsende und Erwachsene grundsätzlich gem. §§ 395 ff. StPO zulässig ist, wird diese allein wegen der Verhandlung in einem Jugendstrafverfahren als ausgeschlossen betrachtet.[18]

Die Annahme eines generellen Verbots der Nebenklage im Jugendstrafverfahren auch gegen Heranwachsende und Erwachsene ist schon in sich nicht schlüssig. Sie übersieht in nicht akzeptabler Weise die Personenbezogenheit der Nebenklage nach §§ 395ff. StPO. Sie ist nur gegen den Heranwachsenden gerichtet und lässt das Verfahren gegen den Jugendlichen ansonsten unberührt.[19] Der generelle Ausschluss der Nebenklage im Jugendstrafverfahren verbietet sich aber auch unter dem hier herausgearbeiteten Aspekt, dass die opferbeeinträchtigenden Regeln im Jugendstrafverfahren restriktiv auszulegen sind. Danach steht fest, dass die Opferberücksichtigung durch Zulassung der Nebenklage gegen einen heranwachsenden Mittäter die Erziehung des Jugendlichen nicht beeinträchtigt, sondern eher fördert.

Die ursprünglich erzieherisch begründete Opferfeindlichkeit des Jugendstrafrechts ist heute nicht mehr zu halten und sollte auch hinsichtlich der Aktivrechte überdacht werden. Dass die Auseinander-

[18] OLG Köln NStZ 1994, 299 mit Anmerkung *Eisenberg*; *Graul* NStZ 1996, 402, *Ostendorf* StV 1994, 606.

[19] S. dazu die überzeugende Darstellung von *Mitsch* GA 1998, 159 ff.

setzung mit dem Opfer nach einer Straftat hohe Bedeutung für die Erziehung hat, zeigen Erkenntnisse aus dem Täter-Opfer-Ausgleich im Jugendstrafrecht deutlich. Danach erscheint es nicht angebracht, den Täter vor dem Opfer zu schützen, indem dessen Schutz im Verfahren entfällt. Vielmehr bedarf es im Sinne eines konstruktiven und integrierenden Reagierens im Jugendstrafrecht der ausdrücklichen Einbeziehung des Opfers in diesen Prozess. Es ist dann kaum zu vermitteln, dass dieses wichtige Ziel gerade durch eine Beschränkung der Opferrechte erreicht werden soll. Das Jugendstrafrecht ist in diesem Bereich nicht mehr auf der Höhe der kriminalpolitischen Diskussion und von der sonst beschworenen „Vorreiterrolle" weit entfernt.

Die Erfahrung der Tat und der Versuch der Wiedergutmachung sind entscheidende Ansatzpunkte für tatbezogenes – also spezifisch strafrechtliches – soziales Lernen. Die Provokation und Zumutung der Begegnung mit dem Leid des Opfers setzen beim Jugendlichen Aufmerksamkeitsprozesse in Gang, die es ermöglichen können, ihn zu anderen, sozial akzeptierten Formen des Miteinanderumgehens und Miteinanderlebens zu bringen. Vor allem geht es darum, am konkreten Fall die Entwicklung sozialer Sensibilität und einer Moral zu fördern, die sich an den Bedürfnissen und Rechten der Mitmenschen orientiert. Dabei gilt die Entwicklung von Empathie als einer der wirksamsten Schutzfaktoren gegen Kriminalität.

Die Verletzung von persönlichen Beziehungen und denen zur Gemeinschaftsordnung ist häufig Hintergrund des Delikts. Ein erster Ansatz zur Integration findet sich im Täter-Opfer-Ausgleich, indem in der Interaktion mit dem Täter versucht wird, die Störung integrativ und nicht ausgrenzend zu bewältigen. TOA kann das Band zur Konformität neu knüpfen und ein positives Selbstkonzept stützen.

In der Theorie des sozialen Lernens ist die Vermittlung sozialer Kompetenz zur friedlichen Konfliktregelung bzw. das praktisch erlebte Modell ein starker Anreiz zur Verhaltensänderung. Es ist das Gegenbild des Zuschlagens und könnte besondere Aufmerksamkeit gerade von den Jugendlichen auf sich ziehen, die bisher nur die autoritäre Reaktion des Zuschlagens kennen. Freilich bedarf es der Umsetzung in das eigene Leben. Dafür ist eine deutliche Kompetenzsteigerung im Verhältnis zu denen erforderlich, die entsprechende Lösungsmöglichkeiten in ihrer Sozialisation vermittelt bekamen.

Neben der Vorbildfunktion und Kompetenzsteigerung beim TOA handelt es sich um eine strukturelle Lernsituation, die Täter und Opfer stärken kann.[20] Der Täter hat die Chance, seine „guten Anteile“ in der Wiedergutmachung sichtbar zu demonstrieren und durch eigene Leistung in die konforme Rolle zu schlüpfen. Das Opfer verliert das Gefühl der Hilflosigkeit, wenn es auf seine Interessen beim TOA pochen kann. Auf die eigene Leistung kommt es an, nicht den äußeren Zwang.

Straftäter neigen dazu, die Verantwortung (teilweise) auf das Opfer zu schieben. Der Normbruch ist so durch entsprechende Rechtfertigungen (Neutralisierungen des Unrechts) für sie erträglicher. Ansatzpunkt fast aller dieser Neutralisationsstrategien ist das Opfer: Die eigene Verantwortung wird abgelehnt und dem Opfer zugeschoben, das Unrecht der Tat wird negiert, der Schaden bagatellisiert, und schließlich wird das Opfer als Person selbst abgelehnt oder entpersonalisiert, da es minderwertig sei und das Unrecht verdient habe.

Nach alldem besteht also kein Anlass, dem Opfer und seinen Rechten im Jugendstrafverfahren ablehnend gegenüberzustehen. Eine Einbeziehung ist vielmehr wesentliches Element eines modernen Erziehungsstrafrechts in der Bürgergesellschaft. Der Jugendliche muss das Prinzip Verantwortung lernen.

Die Regelung des Täter-Opfer-Ausgleichs im Jugendstrafrecht enthält noch einige Ungereimtheiten, die freilich in der Praxis bewältigt werden können. Dazu ist folgendes zu bemerken:

45 II S. 2 JGG erkennt den TOA bzw. das Bemühen darum ausdrücklich als eine erzieherische Maßnahme an, die obligatorisch zum Absehen von der Verfolgung führt, wenn weder die Beteiligung des Richters noch eine Anklage erforderlich ist. Nach Gesetzessystematik und Zweck zielt § 45 II JGG schon auf mittelschwere Jugendkriminalität, denn nach § 45 I JGG ist unter dem Aspekt von Erziehung und Subsidiarität vorrangig zu prüfen, ob das Verfahren folgenlos eingestellt werden kann. Bei gewissenhafter Anwendung wird so eine

[20] *Bush/Folger* The Promise of Mediation, beschreiben diesen Vorgang als transformatorischen Prozeß des TOA.

unnötige strafrechtliche Kontrollerweiterung verhindert, insbesondere wenn die Rechtsbegriffe der geringen Schuld und das öffentliche Interesse jugendgemäß ausgelegt werden.

Der (relativ) freiwillige TOA nach § 45 II S. 2 JGG setzt die Kooperationsbereitschaft des Jugendlichen voraus. Natürlich ist er nur ein Angebot und nicht mit Zwang durchzusetzen. Dem Beschuldigten bleiben alle strafrechtlichen Garantien, insbesondere die Unschuldsvermutung. Ihm dürfen keine besonderen Nachteile entstehen, wenn er statt des TOA das kontradiktorische Verfahren wählt. In der Regel wird sich das Angebot vor allem darauf beziehen, bei dem Tatfolgenausgleich soziale Hilfe durch die Jugendgerichtshilfe oder freie Träger zu erhalten. So lässt sich Chancengleichheit bei der sozialen Kompetenz zur Konfliktregelung gerade für die Jugendlichen herstellen, die in wenig intakten Familien und mit strafend-repressiver Erziehung aufgewachsen sind. Unter dieser Perspektive geht die Fundamentalkritik aus rechtsstaatlicher Perspektive fehl.

Der Regelung in § 45 II S. 2 JGG kann zugestimmt werden. Sie stellt TOA im Jugendstrafrecht in einen angemessenen Rahmen. Sie enthält keine unangebrachten deliktspezifischen Eingrenzungen, lässt materielle und immaterielle sowie unmittelbare und symbolische Wiedergutmachungsleistungen zu und eröffnet einen Freiraum für autonome Tatfolgenregelungen unter Berücksichtigung erzieherischer Belange.

Nach § 45 III S. 1 JGG kommt TOA als Weisung i. S. d. § 10 I S. 3 Nr. 7 JGG oder als Auflage nach § 15 JGG im Rahmen des formlosen jugendrichterlichen Verfahrens in Betracht. Der StA muss dann die Einschaltung des Jugendrichters, nicht aber eine Anklage mit förmlicher Hauptverhandlung für geboten halten. Erforderlich ist ein Geständnis des Jugendlichen. Für den freiwilligen Täter-Opfer-Ausgleich ist dieser Weg verschlossen, denn es macht keinen Sinn, die Konfliktregelung durch den Richter initiieren zu lassen, wenn schon der Staatsanwalt dieses Ergebnis anstrebt. Der zwangsweise durch den Richter auferlegte Tatfolgenausgleich ist nicht mehr als umfassender Täter-Opfer-Ausgleich zu sehen und praktisch nur zur materiellen Schadenswiedergutmachung einzusetzen. So ist der Anwendungsbereich gegenüber § 45 II S. 2 JGG begrenzt auf die Fälle, bei denen eine im Erziehungs- und/oder Opferinteresse angeordnete Schadenswiedergutmachung Erfolg verspricht.

In den echten Fällen des Täter-Opfer-Ausgleichs, d. h. des eigenverantwortlichen Bemühens um eine konstruktive Tatfolgenregelung, hat aber auch der Richter nach der Anklageerhebung die Möglichkeit, nach §§ 47 I Nr. 2 i.V.m. 45 II S. 2 JGG vorzugehen.

§ 10 JGG ist durch das 1. JGGÄndG von 1990 geändert worden. Die nicht abschließend geregelten Weisungsmöglichkeiten wurden um drei Varianten erweitert: Neben der Betreuungsweisung (§ 10 I S. 3 Nr. 5 JGG) und der Teilnahme an einem sozialen Trainingskurs (§ 10 I S. 3 Nr. 6 JGG) wurde in § 10 I S. 3 Nr. 7 JGG der Täter-Opfer-Ausgleich („das Bemühen, einen Ausgleich mit dem Verletzten zu erreichen") als ausdrückliche Weisung in den gesetzlichen Katalog mit aufgenommen.

Die Regelung, den Täter-Opfer-Ausgleich als formelle Weisung in das Sanktionensystem des Jugendstrafrechts zu integrieren, ist zu kritisieren. Da der bisherige § 15 JGG unverändert bestehen bleibt, gibt es nun die gesetzliche Möglichkeit, einen Tatfolgenausgleich im Urteil sowohl als Auflage nach § 15 I Nr. 1 oder 2 JGG wie auch als Weisung nach § 10 I S. 3 Nr. 7 JGG anzuordnen. § 15 I Nr. 1 JGG beschränkt sich nicht auf finanzielle Schadenswiedergutmachung. Somit hat „Täter-Opfer-Ausgleich" in § 10 I S. 3 Nr. 7 JGG denselben materiellen Gehalt wie „Schadenswiedergutmachung" in § 15 I Nr. 1 und 2 JGG.

Es kommt hinzu, dass der in § 10 I S. 3 Nr. 7 JGG genannte Täter-Opfer-Ausgleich eigentlich nicht in einem Urteil verordnet werden kann, sondern als Angebot der konstruktiven Tatverarbeitung im wesentlichen Freiwilligkeit voraussetzt. Eine Anordnung im Urteil missachtet die autonomen Elemente des integrierenden Sanktionierens ebenso wie die Mitwirkungsrechte des Opfers. Die echten Fälle des TOA müssen daher auch vom Richter über § 47 I Nr. 2 i.V.m. § 45 II S. 2 JGG wie vom Staatsanwalt abgewickelt werden. § 10 I S. 3 Nr. 7 hat so ausschließlich „Plakatfunktion" und läuft in der Praxis zu Recht leer.

§ 15 JGG nennt an erster Stelle der abschließend geregelten Auflagen die Schadenswiedergutmachung. Die Auflage der Schadenswiedergutmachung bezieht sich auf alle Verletzungen von Individualrechtsgütern; dabei kann es sich um materielle oder immaterielle Schäden handeln. Wiedergutmachung kommt als Naturalrestitution und Ersatzleistung in Betracht. Sie besteht daher nicht nur in Geldzahlungen, sondern kann auch Arbeitsleistungen für das Opfer beinhalten (RL 1 zu § 15 JGG). Voraussetzung ist, dass eine zivilrechtliche Verpflichtung zur Schadensersatzleistung besteht. Nach der überwiegenden Ansicht darf die Wiedergutmachungsauflage nicht über den zivilrechtlichen Anspruch hinausgehen. Der zivilrechtliche Rechtsgrund bietet die Grundlage der zwangsweisen Wiedergutmachungsauflage. Die Höhe des zivilrechtlichen Anspruchs umschreibt danach die Höchstgrenze der Auflage. Die Streitfrage berührt die Praxis wenig, weil jedenfalls der praktisch fast ausschließlich relevante Fall, nämlich das Zurückbleiben der Schadenswiedergutmachung hinter dem verursachten Schaden, nach allen Ansichten zulässig ist (vgl. § 15 I Nr. 1 JGG: „nach Kräften“). In jedem Fall liegt hier das erzieherisch zulässige Äquivalent für das in § 81 JGG ausgeschlossene Adhäsionsverfahren und sollte auch so gesehen werden.

§ 15 I JGG nennt an zweiter Stelle die Auflage, „sich persönlich beim Verletzten zu entschuldigen“. Wenn man den Qualitätsverlust des gerichtlich verordneten TOA erkennen will, stelle man sich nur einmal vor, wie eine dem Urteil entnommene Entschuldigungsformel auf alle Beteiligten wirkt. Hier wird deutlich, dass bei allen immateriellen Tatfolgenausgleichsleistungen das Prinzip der Freiwilligkeit unverzichtbar ist. Eine Entschuldigung beim Verletzten kann nicht erzwungen werden und verliert darüber hinaus allen Wert, wenn sie am Verhandlungstag in Gegenwart des Richters auf Anordnung ausgesprochen wird: So stellt sie eine reine Formalie dar, die keine Bedeutung mehr für die eigene Schuldverarbeitung, Verantwortungsübernahme und Aussöhnung mit dem Opfer hat.

Das unverzichtbare Prinzip der (relativen) Freiwilligkeit ist im Jugendstrafrecht nur im Rahmen der §§ 45, 47 JGG gewahrt. § 15 I Nr. 1 JGG hat Berechtigung da, wo einem uneinsichtigen Täter klar zu machen ist, dass er für angerichtete Schäden einzutreten und das Opferinteresse zu berücksichtigen hat. Eine konstruktive Tatverarbeitung durch freiwilligen Täter-Opfer-Ausgleich ist so nicht zu erreichen.

Erste Opferbefragungen und Befragungen der Allgemeinheit zeigen, dass die über den TOA erzielte einvernehmliche Regelung ganz überwiegend als adäquat angemessene und ausreichende Konfliktregelung akzeptiert wird.

Die Bundesweite TOA-Statistik[21] liefert Daten und Informationen zur Fallbearbeitung in den TOA-Einrichtungen. 1995 beteiligten sich 42 Projekte aus 11 Bundesländern, die 1813 Fälle regelten. In mehr als zwei Drittel der Verfahren erfolgte die Fallzuweisung durch die Staatsanwaltschaft. In einem extrem breiten Spektrum von Straftaten überwiegen die Gewaltdelikte deutlich. 78 % der Opfer und 92 % der Beschuldigten waren zur Mitwirkung am TOA bereit. In 57 % der Fälle fand ein Gespräch mit einem Vermittler statt, in 19 % der Fälle kam es zu einer privaten Begegnung der Parteien. Ganz überwiegend wurden Ausgleichsvereinbarungen getroffen. Mit 84 % der ausgleichsbereiten Beschuldigten wurde eine vollständige Regelung vereinbart, mit weiteren 4 % eine teilweise Regelung. Neben zahlreichen anderen individuellen Leistungen wurden mehrheitlich Entschuldigungen, gefolgt von Schadensersatz und Schmerzensgeld vereinbart. Gerade durch Wiedergutmachung mittels ideeller Leistungen zeigt sich, dass TOA weit mehr ist, als die bloße Erfüllung zivilrechtlicher Ansprüche. Fast immer wurden diese Vereinbarungen auch erfüllt. Meistens wurde das Strafverfahren von der Staatsanwaltschaft nach erfolgreichem TOA eingestellt. Nach Ansicht der Justiz werden offenbar durch einen TOA die Zwecke des Strafverfahrens erreicht. In den seltenen Fällen, in denen keine Einstellung stattfand, wurden neben dem TOA unterschiedliche strafrechtliche Sanktionen, bis hin zu Freiheitsstrafe ohne Bewährung verhängt. Negative Nebenwirkungen des TOA sind bisher nicht feststellbar.

[21] *Bundesministerium der Justiz* (Hrsg.) Täter-Opfer-Ausgleich in Deutschland, 1998, über die entsprechende Arbeit der Forschungsgruppe TOA (Heidelberg, Konstanz, Marburg, Tübingen), der der Autor angehört und deren Befunde hier im Folgenden zusammengefasst werden.

Zu denselben Erkenntnissen führt die Analyse weiterer Untersuchungen einzelner TOA-Einrichtungen.[22] Als Motivationsgründe für die Teilnahme an einem TOA zeigte sich bei den Opfern der Wunsch nach friedensstiftender Konfliktregelung, Skepsis gegenüber der Wirkung von Strafe, das Bedürfnis dem Täter die Meinung zu sagen, die Erlangung von Schadensersatz und vor allem bei jugendlichen Opfern der Wunsch, dem Täter eine Bestrafung zu ersparen. Bei den Tätern waren neben dem Wunsch nach Besserstellung im Strafverfahren, Schuldgefühle, Verständnis für das Opfer und das Bedürfnis, sich bei dem Opfer zu entschuldigen, die Hauptmotive.

Vielfältige Fallkonstellationen können, wie die Fallbeispiele zeigen, durch einen TOA zufriedenstellend geregelt werden. Allerdings ist dabei auf wichtige Kriterien des TOA wie Freiwilligkeit und Unrechtseinsicht zu achten.

Als Resumée der Gesamtbetrachtung zum Opfer in der jugendstrafrechtlichen Kontrolle gilt es festzuhalten:

- Das Opfer ist Rechtsubjekt auch im Jugendstrafrecht.
- Opferschutz und Opferbeteiligung widersprechen nicht dem Erziehungsgedanken des Jugendstrafrechts, sondern sind bei angemessener Berücksichtigung erziehungsfördernd.
- Die ausnahmsweisen gesetzlichen Restriktionen der Opferbeteiligung in §§ 80, 81 JGG sind im Lichte der „restorative justice" zu überdenken.
- Täter-Opfer-Ausgleich ist die zentrale Institution der Opferberücksichtigung und des Verantwortungslernens im Jugendstrafrecht.[23]

[22] *Rössner/Bannenberg* Empirische Ergebnisse zum Täter-Opfer-Ausgleich, in *Kaiser/Jehle* (Hrsg.) Kriminologische Opferforschung, Teilband I, 1994, S. 65 ff.

[23] S. dazu eingehend *Rössner* Was kann das Strafrecht von jungen Menschen verlangen? in *Justizministerium Baden-Württemberg* (Hrsg.) Verantwortung junger Menschen im Recht, 2000, S. 66ff., und *ders.*, Soziale Verantwortung und Wiedergutmachung – Die jugendstrafrechtliche Perspektive der Partizipation, in *Oerter/Höfling* (Hrsg.) Mitwirkung und Teilhabe von Kindern und Jugendlichen, 2001, S. 76ff.

Die Rechtsfolgen des Jugendgerichtsgesetzes

Dieter Dölling

I. Einleitung

Das eigenständige Rechtsfolgensystem des JGG, das in seinem Anwendungsbereich die Hauptsanktionen des allgemeinen Strafrechts verdrängt, stellt ein Kernstück des Jugendstrafrechts dar. Deshalb steht es seit dem Inkrafttreten des JGG im Zentrum der Bemühungen um die Auslegung des geltenden Jugendstrafrechts und um Reformen des JGG. Der folgende Beitrag befasst sich mit der Frage, inwieweit sich auf der Grundlage der mit dem geltenden Rechtsfolgensystem gesammelten Erfahrungen gesetzliche Änderungen des jugendstrafrechtlichen Sanktionsrechts empfehlen. Ein Bedürfnis nach Änderungen in diesem Bereich wird immer wieder artikuliert. So hat der Deutsche Bundestag in seiner Entschließung vom 20. 6. 1990, welche die Verabschiedung des 1. JGGÄndG begleitete und die Bundesregierung zu dem Entwurf eines 2. JGGÄndG aufforderte, u. a. Gesetzgebungsvorschläge für das Verhältnis zwischen Erziehungsmaßregeln und Zuchtmittel und für die Voraussetzungen der Verhängung von Jugendstrafe angemahnt.[1] Die DVJJ-Kommission zur Reform des Jugendkriminalrechts hat 1992 Vorschläge zur Reform des Jugendstrafrechts vorgelegt, die insbesondere die Sanktionen betreffen,[2] und der 22. Deutsche Jugendgerichtstag von 1992 hat Vorstellungen für ein neues JGG und in diesem Rahmen auch für Reformen des Sanktionenrechts entwickelt.[3] Seitdem sind mit unterschiedlicher Akzentuierung Vorschläge für Änderungen der Sanktionsvorschriften unterbreitet worden.[4] Im Folgenden soll zunächst auf die Grundlagen eingegangen werden, auf denen das jugendstrafrechtliche Sanktionensystem aufgebaut sein sollte, und anschließend

[1] BT-Drs. 11/7421.

[2] DVJJ-Journal 1992, 4 ff.

[3] *DVJJ* (Hrsg.) Jugend im sozialen Rechtsstaat. Für ein neues Jugendgerichtsgesetz. Dokumentation des 22. Deutschen Jugendgerichtstages vom 26. bis 30. September 1992 in Regensburg, 1996.

[4] Vgl. *Heinz* MschrKrim 1998, 399 ff.; *Viehmann* DRiZ 1998, 339 ff.

zu einzelnen Bereichen Stellung genommen werden. Hierbei wird von der geltenden Regelung über die vom JGG erfassten Altersstufen ausgegangen.[5]

II. Grundlagen

Bei Überlegungen zur Ausgestaltung des jugendstrafrechtlichen Sanktionensystems sollte davon ausgegangen werden, dass es sich bei der *Jugendstrafrechtspflege* um eine Institution zur Förderung des Hereinwachsens junger Menschen in die Rechtsordnung und zum Rechtsgüterschutz handelt, die als ultima ratio ergänzend eingreift, wenn es den für die Sozialisation junger Menschen primär verantwortlichen Instanzen (insbesondere Eltern, Schule, Berufsausbildung und Jugendhilfe) nicht gelingt, die jungen Menschen in ein im wesentlichen rechtstreues Leben hineinzuführen. Das Jugendkriminalrechtssystem ist somit eine unter mehreren Institutionen, die für das Hineinwachsen junger Menschen in die Rechtsordnung verantwortlich ist, und hierbei nicht die vorrangige. Hieraus ergibt sich die begrenzte Wirksamkeit der Jugendstrafrechtspflege.[6] Entwicklungen, die für längere Zeit in die falsche Richtung gelaufen sind, können durch jugendstrafrechtliche Maßnahmen nur begrenzt korrigiert werden und neben dem Jugendkriminalrecht wirken zahlreiche andere Kräfte auf die jungen Menschen ein, die nur eingeschränkt kontrollierbar sind. Hieraus ergibt sich u. a. die Notwendigkeit sinnvoller kriminalpräventiver Maßnahmen.[7] Andererseits kann auf das Jugendkriminalrecht nicht verzichtet werden. Rechtsbrüche von Gewicht müssen eindeutig zurückgewiesen werden und ihre Wiederholung muss möglichst verhindert werden. Dies ist eine Bedingung für ein friedliches Zusammenleben der Menschen. Außerdem liegt es im Interesse der jungen Täter, sie davon abzuhalten, in eine kriminelle Karriere, die mit einer erheblichen Schmälerung ihrer Entwicklungschancen und Lebensperspektiven verbunden ist, abzuleiten. Allein durch ein

[5] Zur Diskussion über die Alters- und Reifestufen vgl. die Beiträge von *Schöch* und *Miehe* im vorliegenden Band.

[6] Dazu *Kerner* Jugendgerichtsverfahren und Kriminalprävention. In *DVJJ* (Hrsg.) Jugendgerichtsverfahren und Kriminalprävention. Bericht über die Verhandlungen des 19. Deutschen Jugendgerichtstages in Mannheim vom 3. bis 7. Oktober 1983, 1984, S. 14 ff.

[7] Vgl. dazu den Beitrag von *Kerner* in diesem Band.

Jugendhilferecht mit Angebotscharakter ist dies nicht immer zu erreichen.[8]

Hinsichtlich der Ausgestaltung des Jugendkriminalrechts erscheint die Grundkonzeption des geltenden JGG sinnvoll. Danach ist Grundlage des Jugendstrafrechts der *Erziehungsgedanke.*[9] Dieser sollte im Sinne jugendgemäßer Spezialprävention interpretiert werden.[10] Danach haben sich die jugendkriminalrechtlichen Maßnahmen daran zu orientieren, wie am besten weiterer Delinquenz des jungen Täters vorgebeugt werden kann. Hierbei werden die mit dem Erziehungsgedanken verbundenen Gefahren, z. B. einer unnötigen Sanktionsverschärfung, nicht verkannt.[11] Diesen Gefahren lässt sich jedoch begegnen. Für den Erziehungsgedanken spricht das in ihm liegende Potential, das eine persönlichkeitsadäquate, dem aktuellen Erkenntnisstand von Kriminologie und Pädagogik entsprechende und schädliche Folgen für den Jugendlichen vermeidende Reaktion ermöglicht und es erlaubt, jugendkriminalrechtliche und außerstrafrechtliche Maßnahmen miteinander zu koordinieren. Es ist nicht ersichtlich, dass dieser Konzeption ein allein an Schuldausgleich, Generalprävention und negativer Spezialprävention orientiertes Jugendkriminalrecht überlegen ist. Das am Erziehungsgedanken ausgerichtete Jugendkriminalrecht muss *rechtsstaatlich* ausgestaltet sein. Dies bedeutet insbesondere, dass nur dann sanktioniert werden darf, wenn dies zur Verhinderung weiterer Delinquenz erforderlich ist, die Sanktion nach Art und Umfang verhältnismäßig sein muss und das Jugendstrafverfahren fair ablaufen muss. Auf dieser Grundlage seien im Folgenden einige Aspekte des jugendstrafrechtlichen Sanktionensystems angesprochen.

III. Diversion

Die jugendstrafrechtlichen Reaktionen bestehen heute nur bei einer Minderheit der Täter in einer förmlichen Verurteilung. Die durch das 1. JGGÄndG gestützte „Jugendstrafrechtsreform durch die

[8] Für ein eigenständiges Jugendstrafrecht auch *Kaiser* im vorliegenden Band.

[9] BGHSt 36, 37, 42; *Brunner/Dölling* JGG, 10. Aufl. 1996, Einf. II Rn. 4 ff.

[10] *Dölling* RdJ 1993, 370.

[11] Zur Diskussion um den Erziehungsgedanken vgl. *Streng* ZStW 106 (1994), 60 ff.; *Walter* (Hrsg.) Beiträge zur Erziehung im Jugendkriminalrecht, 1989; *Wolff/Andrzej* (Hrsg.) Erziehung und Strafe, 1990.

Praxis"[12] hat dazu geführt, dass heute etwa zwei Drittel der nach Jugendstrafrecht gegen hinreichend verdächtige Beschuldigte geführten Verfahren „informell" nach den §§ 45 und 47 JGG erledigt werden.[13] Dieser verstärkte Gebrauch von den informellen Erledigungsmöglichkeiten ist grundsätzlich zu begrüßen. Untersuchungen sprechen dafür, dass diese Reaktionsform insbesondere bei leichteren Gelegenheitsdelikten nicht kriminell gefährdeter Täter zur Rückfallverhinderung ausreicht.[14] Bei der Anwendung der §§ 45, 47 JGG sind jedoch eine Reihe von Rechtsproblemen aufgetreten, die Klarstellungen durch den Gesetzgeber angezeigt erscheinen lassen könnten. Das gilt zunächst für das Verhältnis der §§ 45, 47 JGG zu den *allgemeinen Einstellungsvorschriften* der §§ 153, 153a StPO. Nach der hier vertretenen Auffassung handelt es sich bei den §§ 45, 47 JGG um jugendstrafrechtliche Spezialregelungen, welche die §§ 153, 153a StPO verdrängen.[15] Nach anderen Ansichten in der Literatur sollen die §§ 153, 153a StPO im Jugendstrafrecht anwendbar sein, wobei die Frage, wann die §§ 153, 153a StPO und wann die §§ 45, 47 JGG eingreifen sollen, unterschiedlich beurteilt wird.[16] Auch in der Praxis wird das Verhältnis der §§ 45, 47 JGG zu den §§ 153, 153a StPO unterschiedlich gesehen.[17] Die Bedeutung der Divergenz liegt u.a. darin, dass nur Entscheidungen nach den §§ 45, 47 JGG in das Erziehungsregister eingetragen werden (vgl. § 60 Abs.1 Nr. 7 BZRG). Da nach der Neufassung des § 153a StPO im Jahr 1998 Staatsanwaltschaft und Gericht nicht mehr an einen enumerativen Katalog von Auflagen und Weisungen gebunden sind, sondern neue Auflagen und Weisungen erfinden können, würde die Anwendung dieser Vorschrift im Jugendstrafverfahren das System der §§ 45, 47 JGG vollends durcheinanderbringen. Die §§ 45, 47 JGG sollten daher Vorrang vor den §§ 153, 153a StPO haben.

12 Vgl. *Bundesministerium der Justiz* (Hrsg.) Jugendstrafrechtsreform durch die Praxis, 1989.

13 Siehe dazu den Beitrag von *Heinz* in diesem Band.

14 Vgl. insbes. *Heinz/Hügel* Erzieherische Maßnahmen im deutschen Jugendstrafrecht, 1987; *Heinz/Storz* Diversion im Jugendstrafverfahren der Bundesrepublik Deutschland, 1992.

15 *Brunner/Dölling* (o. Fn. 9), § 45 Rn. 3; ebenso *Diemer* in *Diemer/Schoreit/Sonnen* JGG, 3.Aufl. 1999, § 45 Rn. 9.

16 *Eisenberg* JGG, 8. Aufl. 2000, § 45 Rn. 10; *Ostendorf* JGG, 5. Aufl. 2000, § 45 Rn. 5.

17 Vgl. LG Aachen, NStZ 1991, 450 mit abl. Anm. *Eisenberg* einerseits und LG Itzehoe, StV 1993, 537 mit zust. Anm. *Ostendorf* andererseits.

Im Hinblick auf die Anwendung des § 45 JGG ist streitig, inwieweit der *Staatsanwalt* im Rahmen des § 45 II JGG durch Anregung von Leistungen des Jugendlichen die Voraussetzungen für ein Absehen von der Verfolgung schaffen darf.[18] Auch diese Frage hat in der Praxis teilweise zu erheblichen Unsicherheiten geführt. Es erscheint sinnvoll, dies dem Staatsanwalt in dem Maß zu gestatten, in dem der Jugendrichter nach § 45 III JGG im Vorverfahren Sanktionen auferlegen darf.[19] Hierdurch wird einerseits eine unnötige Einschaltung des Jugendrichters vermieden und andererseits die staatsanwaltschaftliche Entscheidungskompetenz hinreichend eingegrenzt.

Probleme haben sich auch bei der Abgrenzung der Kompetenzen von Staatsanwaltschaft und *Polizei* im Rahmen von Diversionsentscheidungen ergeben. Zwar ist anerkannt, dass nach geltendem Recht nur der Staatsanwalt und nicht die Polizei das Verfahren nach § 45 JGG einstellen darf.[20] In neueren Diversionsrichtlinien einiger Bundesländer wird der Polizei aber die Kompetenz zuerkannt, mit dem Beschuldigten ein ermahnendes Gespräch zu führen,[21] und die Polizei teilweise für befugt erklärt, nach telefonischer Rücksprache mit dem Staatsanwalt erzieherische Maßnahmen nach § 45 II JGG anzuregen.[22] Derartige Regelungen bringen – abgesehen von einem zulässigen durch die Polizei erzieherisch geführten Gespräch – die Gefahr mit sich, dass die Staatsanwaltschaft durch die Tätigkeit der Polizei faktisch präjudiziert wird und damit eine Kompetenzverlagerung von der Staatsanwaltschaft auf die Polizei stattfindet, die im JGG nicht vorgesehen ist.[23] An der alleinigen Zuständigkeit der Staatsanwaltschaft für die Entscheidung über den Abschluss des

[18] Siehe *Brunner/Dölling* (o. Fn. 9), § 45 Rn. 26; *Heinz* ZStW 104 (1992), 630 einerseits, *Eisenberg* (o. Fn. 16), § 45 Rdn. 21; *Ostendorf* (o. Fn. 16), § 45 Rn. 13 andererseits.

[19] Vgl. *Brunner/Dölling* (o. Fn. 9), § 45 Rn. 26.

[20] *Brunner/Dölling* (o.Fn. 9), § 45 Rn. 12.

[21] So in den Diversionsrichtlinien von Niedersachsen, abgedruckt in DVJJ-Journal 1999, 208ff.; Berlin („normverdeutlichendes Gespräch"), abgedruckt in DVJJ-Journal 1999, 201ff., und Schleswig-Holstein („erzieherisches Gespräch"), abgedruckt in DVJJ-Journal 1998, 260 ff.

[22] So die Richtlinien von Berlin, welche die Einschaltung eines „Diversionsmittlers" vorsehen, und von Schleswig-Holstein.

[23] Kritisch zu diesen Regelungen auch *Heinz* DVJJ-Journal 1999, 141, sowie *Schöch* und *Miehe* im vorliegenden Band.

Ermittlungsverfahrens sollte jedoch im Interesse einer rechtsstaatlichen Aufteilung der Kompetenzen von Polizei und Justiz im Strafverfahren festgehalten werden. Aufgabe der Polizei sollte es sein, im Rahmen des Verhältnismäßigen diversionsrelevante Umstände zu ermitteln und diese der Staatsanwaltschaft zur Vorbereitung der Entscheidung über den Abschluss des Ermittlungsverfahrens mitzuteilen. Das berechtigte Anliegen einer Verfahrensbeschleunigung gebietet keine Kompetenzverlagerung auf die Polizei. Ihm kann auch auf anderem Wege Rechnung getragen werden. Erwähnt sei z. B. die Zusammenarbeit von Polizei und Staatsanwaltschaft in einem Haus des Jugendrechts, wie sie zur Zeit in Stuttgart erprobt wird.[24]

Klarstellungen in diesen Punkten könnten vielleicht ein wenig zur Eindämmung eines der größten mit der Diversion verbundenen Probleme beitragen: der erheblichen regionalen *Ungleichheit* in der Anwendung der §§ 45, 47 JGG.[25] Die von den Landesjustizministerien erlassenen Diversionsrichtlinien haben anschienend nur in einem begrenzten Umfang eine einheitliche Rechtsanwendung innerhalb des jeweiligen Bundeslandes erreicht.[26] Daneben bestehen erhebliche Unterschiede zwischen den Bundesländern. Ob es angebracht ist, eine bundesweite Vereinheitlichung der Diversionspraxis durch eine detaillierte Regelung der Einstellungsvoraussetzungen im JGG anzustreben, erschient wegen des erheblichen Regelungsumfangs und der Notwendigkeit einer flexiblen Reaktion auf aktuelle Entwicklungen und Erkenntnisse zweifelhaft. Lohnenswert könnte der Versuch sein, die Diversionsrichtlinien der Bundesländer aneinander anzugleichen, wobei die hiermit verbundenen Probleme nicht verkannt werden. Im Übrigen sollten die Diversionspraxis und ihre Auswirkungen durch empirische Untersuchungen erfasst und den Entscheidungsträgern zur Kenntnis gebracht werden.[27] Hierdurch sollte eine empirisch fundierte Diskussion in Gang gebracht werden, die vielleicht zu einer gewissen Vereinheitlichung der Diversionspraxis führen könnte.

[24] Vgl. dazu *Feuerhelm* DVJJ-Journal 2000, 139 ff.

[25] Siehe dazu *Heinz* DVJJ-Journal 1998, 252 ff., sowie im vorliegenden Band.

[26] *Heinz* aaO.

[27] Vgl. *Heinz* DVJJ-Journal 1999, 266.

IV. Ambulante Rechtsfolgen

Kann sich die Reaktion auf eine Jugendstraftat nicht auf Diversionsmaßnahmen beschränken, sondern ist eine förmliche Verurteilung geboten, so ist nach dem Verhältnismäßigkeitsgrundsatz eine ambulante Sanktion zu verhängen, wenn dies zur Einwirkung auf den jungen Täter ausreicht und nicht der Ausnahmefall vorliegt, dass wegen der Schwere der Schuld eine Jugendstrafe mit einer nicht mehr bewährungsfähigen Dauer verhängt werden muss. Für die Verhängung ambulanter Sanktionen bietet das JGG mit den Weisungen und der Erziehungsbeistandschaft, der Verwarnung, den Auflagen und der Jugendstrafe mit Bewährung einen breiten Spielraum, der von der Praxis in den letzten Jahrzehnten zunehmend genutzt worden ist.[28] Für die Einwirkung auf kriminell gefährdete junge Täter kommen insbesondere die *Weisungen* des § 10 JGG in Betracht, die ein flexibles Eingehen auf die delinquenzfördernden Probleme des jeweiligen Täters ermöglichen. Inzwischen gibt es in Deutschland ein recht breites Angebot an ambulanten Maßnahmen nach dem JGG.[29] Entscheidend ist, dass die Maßnahmen sachgerecht ausgewählt werden und dass ihre Durchführung den qualitativen Anforderungen genügt, die an eine erzieherisch erfolgversprechende Maßnahme zu stellen sind. Bei der Auswahl der Maßnahmen kommt es darauf an, die bei dem Täter vorliegenden kriminogenen Faktoren sorgfältig zu diagnostizieren und dann diejenige Maßnahme zu ergreifen, die für die Bewältigung der spezifischen Probleme des Probanden geeignet erscheint.[30] Die Maßnahme muss also im Sinne der spezialpräventiven Aufgabenstellung des Jugendstrafrechts für den jungen Täter „passen“. Die Durchführung der Maßnahme muss Standards im Hinblick auf eine kriminologisch und pädagogisch fundierte Konzeption, Ausbildung und Eignung der Betreuer, Sachmittelausstattung und eine konsequent an den gesetzten Zielen und der Entwicklung des Probanden orientierte Umsetzung entsprechen.

[28] Zur Entwicklung der ambulanten Maßnahmen vgl. *Heinz* DVJJ-Journal 1996, 105, 110 ff.

[29] Siehe *Dünkel/Geng/Kirstein* Soziale Trainingskurse und andere neue ambulante Maßnahmen nach dem JGG in Deutschland, 1998.

[30] Zur Notwendigkeit, Behandlungsmaßnahmen gerade auf die Aspekte zu beziehen, die wahrscheinlich kriminogen wirken, siehe *Dölling* Täterbehandlung: Ende oder Wende? Eine Bilanz, in *Jehle* (Hrsg.) Täterbehandlung und neue Sanktionsformen. Kriminalpolitische Konzepte in Europa, 2000, S. 21, 38.

Diese Anforderungen sind weniger eine Frage der gesetzlichen Regelung im Sanktionenkatalog des JGG als der Sachgerechtigkeit der jugendrichterlichen Entscheidungstätigkeit und der sozialpädagogischen Kompetenz der Betreuer. Zur gesetzlichen Ausgestaltung kann aber gesagt werden, dass an dem offenen Katalog des § 10 JGG trotz der damit im Hinblick auf die Bestimmtheit der Sanktionen verbundenen Probleme festgehalten werden sollte,[31] weil die Offenheit des Katalogs es ermöglicht hat, dass sich in der Praxis erzieherisch sinnvolle und vom Gesetz aufgegriffene Maßnahmen wie die Betreuungsweisung und der soziale Trainingskurs entwickelt haben, und weil durch die von Rechtsprechung und Literatur entwickelten Kriterien eine hinreichende Eingrenzung der Weisungen erreicht werden kann.[32] Fraglich erscheint, ob an den in § 12 JGG geregelten *Hilfen zur Erziehung* in der geltenden Form festgehalten werden sollte. Die Erziehungsbeistandschaft und die – im vorliegenden Zusammenhang trotz ihres stationären Charakters mitbehandelte – Heimunterbringung oder Unterbringung in einer sonstigen betreuten Wohnform werden von den Jugendgerichten sehr selten angeordnet. 1999 erhielten nach der Strafverfolgungsstatistik von 93 602 nach Jugendstrafrecht Verurteilten 343 Hilfen zur Erziehung nach § 12 JGG (274 Erziehungsbeistandschaft und 69 Heimerziehung).[33] Das waren 0,4 % aller Verurteilten. Diese geringe Anwendungshäufigkeit dürfte damit zusammenhängen, dass der Jugendrichter mit der Anordnung dieser Maßnahmen die Sache, die dann in der alleinigen Verantwortung der Jugendhilfe liegt, aus der Hand gibt.[34] Soweit für die Maßnahmen nach § 12 JGG ein Bedürfnis besteht, dass von den Weisungen nicht abgedeckt ist – dies könnte insbesondere für die Heimerziehung in Frage kommen – sollte daher überlegt werden, ob hierfür eine eigenständige Regelung im JGG geschaffen werden sollte.

[31] Für einen offenen Katalog von ambulanten Maßnahmen auch *Herrlinger* Sanktionen im Jugendstrafrecht – Verpflichtungen und Jugendstrafe. In *DVJJ* (o. Fn. 3), S. 600, 603.

[32] Zu den Grenzen der Weisungen vgl. *Schaffstein/Beulke* Jugendstrafrecht, 13. Aufl. 1998, S. 99 ff.

[33] *Statistisches Bundesamt* (Hrsg.) Fachserie 10 Rechtspflege Reihe 3 Strafverfolgung 1999, 2001, S. 64 f.

[34] *Brunner/Dölling* (o. Fn.9), § 12 Rn. 7; *Diemer* in *Diemer/Schoreit/Sonnen* (o. Fn. 15), § 12 Rn. 4, 17.

Ein wichtiges Problem der ambulanten Maßnahmen stellt ihre *Finanzierung* dar. Für sie ist nach überwiegender Meinung die Jugendhilfe verantwortlich.[35] Die Wahrnehmung der Finanzierungsverantwortung ist für ein flächendeckendes, den qualitativen Anforderungen genügendes Angebot ambulanter Maßnahmen von wesentlicher Bedeutung. Die Finanzierung ambulanter Maßnahmen muss ebenso sichergestellt werden wie die Finanzierung stationärer Rechtsfolgen. Sollte es auf der Grundlage der geltenden Rechtslage nicht gelingen, in allen Regionen eine dauerhafte und solide Finanzierung der ambulanten Maßnahmen sicherzustellen, sollte überlegt werden, ob zur Gewährleistung der Finanzierung eine genauere gesetzliche Regelung geschaffen werden sollte.

Ist eine umfassende pädagogische Einwirkung auf den jungen Täter nicht geboten, erscheint es aber angezeigt, ihm das Unrecht der Tat und seine Verantwortlichkeit zu verdeutlichen, kommen nach der Konzeption des JGG als ambulante Sanktionen die Zuchtmittel der *Verwarnung* und der *Auflagen* in Betracht. Die Abgrenzung der Auflagen von den Weisungen kann Schwierigkeiten bereiten. Das gilt insbesondere für die Unterscheidung zwischen Arbeitsweisung nach § 10 I S. 3 Nr. 4 und Arbeitsauflage gemäß § 15 I Nr. 3 JGG.[36] Vielfach wird deshalb gefordert, die Unterscheidung zwischen Erziehungsmaßregeln und Zuchtmitteln aufzugeben.[37] Es ist jedoch zu berücksichtigen, dass die Unterscheidung eine Orientierungsfunktion für die richterliche Sanktionsfindung haben kann. Sie weist den Richter darauf hin, sorgfältig zu prüfen, ob es einer intensiven Einwirkung auf die Persönlichkeit des jungen Täters bedarf – dann sind Erziehungsmaßregeln zu verhängen – oder ob eine Sanktion mit punktueller Appell- und Denkzettelfunktion – also ein Zuchtmittel – angezeigt ist. Dieser Hinweis kann zu einer Begrenzung des justiziellen Zugriffs auf den jungen Täter durch Ausschluss nicht indizierter umfassender pädagogischer Maßnahmen beitragen. Eine in der gesetzlichen Regelung deutlich werdende, die richterliche Tätigkeit leitende Unterscheidung zwischen Maßnahmen mit längerfristiger erzieheri-

35 *Brunner/Dölling* (o. Fn. 9), § 10 Rn. 22a; *Eisenberg* (o. Fn. 16), § 10 Rn. 81.

36 Vgl. dazu *Schaffstein/Beulke* (o. Fn. 32), S. 106 f.

37 Siehe etwa DVJJ-Kommission zur Reform des Jugendkriminalrechts, DVJJ-Journal 1992, 4, 8; *Eisenberg* Bestrebungen zur Änderung des Jugendgerichtsgesetzes, 1984, S. 23.

scher Einwirkung und Sanktionen mit Appell- und Denkzettelwirkung sollte daher beibehalten werden. Aufgegeben werden sollte jedoch der antiquierte Begriff der Zuchtmittel, der in den neuen Bundesländern ohnehin nicht gilt.[38] Er könnte z. B. durch den Begriff der Ahndungsmittel ersetzt werden.

Unter den ambulanten Reaktionen des Jugendkriminalrechts hat der *Täter-Opfer-Ausgleich* (TOA) zunehmend an Bedeutung gewonnen. Er ermöglicht es, dem Täter die verursachten Schäden zu verdeutlichen und dadurch Neutralisierungstendenzen entgegenzuwirken. Der Täter kann lernen, Konflikte in sozial angemessener Weise zu lösen. Außerdem kann mit dem TOA den Interessen des Geschädigten an Wiedergutmachung und Achtung seiner Rechte entsprochen werden. Das JGG enthält Rechtsgrundlagen für den TOA in § 10 I S. 3 Nr. 7 (Weisung zum Täter-Opfer-Ausgleich), in § 15 I S. 1 Nr. 1 und 2 (Auflagen der Schadenswiedergutmachung und der Entschuldigung bei dem Verletzten) und in den §§ 45, 47 (TOA im Rahmen der Diversion). Hierbei entspricht die „Verordnung" eines TOA durch Urteil dem im TOA enthaltenen Moment der freiwilligen Mitwirkung an einer Konfliktbereinigung nicht. Vielmehr sollte der TOA vor einer eventuellen Hauptverhandlung durchgeführt werden. Der TOA kann dann dazu führen, dass auf eine Hauptverhandlung verzichtet oder eine trotz TOA unumgängliche Sanktion gemildert werden kann. Es erscheint daher sachgerecht, die §§ 10 I S. 3 Nr. 7 und 15 I S. 1 Nr. 2 JGG zu streichen. Die Auflagen der Schadenswiedergutmachung nach § 15 I Nr. 1 JGG sollte dagegen beibehalten werden, denn einem uneinsichtigen Täter muss deutlich gemacht werden können, dass er für die Folgen seiner Tat einzustehen hat.[39]

V. Stationäre Sanktionen

Die mit Freiheitsentzug verbundenen Rechtsfolgen des JGG sind rechtspolitisch sehr umstritten. Das gilt zunächst für den *Jugendarrest*. Als Denkzettelsanktion für „im Grunde gutgeartete Täter" eingeführt, wurde er im Wege eines Funktionswandelns zunehmend

[38] *Brunner/Dölling* (o. Fn. 9), § 1 Rn. 6c.

[39] Vgl. *Dölling u. a.* Täter-Opfer-Ausgleich in Deutschland. Bestandsaufnahme und Perspektiven, 1998, S. 486, und *Rössner* im vorliegenden Band.

gegen kriminell gefährdete Delinquenten verhängt.[40] Zunehmende Skepsis gegenüber der Möglichkeit, durch kurzfristigen Freiheitsentzug spezialpräventive Wirkungen zu erzielen, und Betonung der mit der Freiheitsentziehung verbundenen Nachteile haben dazu geführt, dass der Jugendarrest in der Praxis seltener angewendet wird – der Anteil des Jugendarrestes an den gerichtlich verhängten Hauptsanktionen nach Jugendstrafrecht ist von 41 % im Jahr 1955 auf 18 % im Jahr 1999 zurückgegangen[41] – und in der Literatur vielfach die Abschaffung des Jugendarrestes gefordert wird.[42] Ob ein solcher Schritt richtig ist, erscheint jedoch nach der gegenwärtigen Befundlage zweifelhaft. In den vorliegenden Untersuchungen werden für den Rückfall nach Jugendarrest unterschiedliche Daten angegeben.[43] Es müsste unter Differenzierung zwischen den verschiedenen Formen des Jugendarrestes genauer ermittelt werden, in welchen Fällen Jugendarrest verhängt wird, was beim Vollzug des Jugendarrestes im Einzelnen geschieht und ob Zusammenhänge zwischen Anordnung sowie Vollzug des Jugendarrestes und Rückfälligkeit erkennbar sind. Zu überlegen ist auch, wie erfolgversprechende Konzeptionen des Jugendarrestes – etwa eine konsequente Ausgestaltung als stationärer Sozialer Trainingskurs[44] – aussehen könnten. Ob eine Jugendstrafe von kürzerer Dauer als nach geltendem Recht eine erstrebenswerte Alternative wäre, erscheint zweifelhaft,[45] denn damit würde ein Zuchtmittel durch eine echte Kriminalstrafe mit möglicherweise stärkerer Stigmatisierungswirkung ersetzt. Für neue gesetzgeberische Entscheidungen über den Jugendarrest bedarf es somit noch der Vorarbeiten.

Unterschiedliche Auffassungen bestehen auch über die gesetzliche Regelung der *Jugendstrafe*. Zwar wird überwiegend anerkannt, dass im jugendkriminalrechtlichen Sanktionensystem auf die Jugendstrafe

40 Siehe zur Entwicklung des Jugendarrestes *Schaffstein/Beulke* (o. Fn. 32), S. 130 ff.

41 *Statistisches Bundesamt* (Hrsg.) Die Abgeurteilten und Verurteilten 1955, S. 9; Strafverfolgung 1999 (o. Fn. 33), S. 64 f.

42 Vgl. etwa DVJJ-Kommission (o. Fn. 37), S. 33 f.; *Dünkel* 20 Thesen zu einer Neukonzeption freiheitsentziehender Sanktionen im Jugendstrafrecht, in *DVJJ* (o. Fn. 3), S. 609, 612; *Eisenberg* (o. Fn. 37), S. 25.

43 Siehe *Dölling* (o. Fn. 10), 372.

44 *Viehmann* Anmerkungen zum Erziehungsgedanken im Jugendstrafrecht aus rechtschaffender Sicht, in *Walter* (o. Fn. 11), S. 111, 131.

45 Ablehnend zu dieser Alternative auch *Schaffstein/Beulke* (o. Fn. 32), S. 132.

nicht verzichtet werden kann, heftig umstritten ist jedoch, welches die Voraussetzungen für die Verhängung von Jugendstrafe sein sollen. Nach § 17 II des geltenden JGG verhängt der Richter Jugendstrafe, wenn entweder wegen in der Tat hervorgetretener schädlicher Neigungen des Jugendlichen mildere Rechtsfolgen zur Erziehung nicht mehr ausreichen oder wegen der Schwere der Schuld Strafe erforderlich ist. Auf die Jugendstrafe wegen *Schwere der Schuld* kann schwerlich verzichtet werden, denn bei Straftaten mit einem sehr hohen Schuldgehalt erscheint aus Gründen des gerechten Schuldausgleichs und der Generalprävention eine Strafe auch dann unerlässlich, wenn das Delikt von einem jungen Menschen begangen worden ist. Auch der Täter würde in diesen Fällen den Verzicht auf eine Strafe kaum verstehen. Auch wenn nicht verlangt wird, dass die Jugendstrafe wegen Schwere der Schuld auch erzieherisch geboten sein muss,[46] kann durch ihre Beschränkung auf Fälle besonders gravierender Schuld einer zu weiten Ausdehnung dieser Voraussetzung der Jugendstrafe vorgebeugt werden.[47]

Sprechen somit gute Gründe für die Beibehaltung der Jugendstrafe wegen Schwere der Schuld, so ist gegenwärtig höchst umstritten, ob die Verhängung von Jugendstrafe auch unter den Voraussetzungen der ersten Alternative des § 17 II JGG zulässig sein sollte, also dann, wenn *schädliche Neigungen* des Jugendlichen in der Tat hervorgetreten sind und Erziehungsmaßregeln oder Zuchtmittel zur Erziehung nicht ausreichen. Gegen die Jugendstrafe wegen schädlicher Neigungen wird insbesondere eingewendet, dass der Begriff der schädlichen Neigungen eine stigmatisierende Wirkung habe[48] und die Jugendstrafe nicht geeignet sei, den ihr zugedachten Erziehungsauftrag zu erfüllen, sich vielmehr nachteilig auf die Entwicklung des jungen Täters auswirken könne.[49] Deshalb wird häufig die Abschaffung der Jugendstrafe wegen schädlicher Neigungen gefordert.[50] Es lässt sich jedoch nicht verkennen, dass es junge Täter gibt, die immer wieder Taten von Gewicht begehen, ohne dass es gelingt, sie

[46] Dafür BGHSt 15, 224; 16, 261, 263; BGH StV 1994, 602.

[47] Siehe zur Auslegung des § 17 II 2. Alt. *Brunner/Dölling* (o. Fn. 9), § 17 Rn. 14 ff.

[48] *Ostendorf* (o. Fn. 16), § 17 Rn. 3.

[49] DVJJ-Kommission (o. Fn. 37), S. 34.

[50] DVJJ-Kommission (o. Fn. 37), S. 34; *Dünkel* (o. Fn. 42), S. 610; *Eisenberg* (o. Fn. 37), S. 28.

durch Erziehungsmaßregeln und Zuchtmittel zu beeinflussen. Es erscheint zweifelhaft, ob bei diesem Täterkreis von vornherein auf die Möglichkeit einer stationären Einflussnahme als ultima ratio verzichtet werden sollte.[51] Sollte diese Möglichkeit eröffnet bleiben und wird nicht für einen Ausbau von Jugendarrest und/oder Heimerziehung plädiert, bleibt die Jugendstrafe. Ob diese Fälle von der Jugendstrafe wegen Schwere der Schuld hinreichend erfasst werden können, ohne dass der Begriff der Schwere der Schuld seine Konturen verliert, erscheint zweifelhaft. Zu berücksichtigen ist, dass es sich hierbei um einen kleinen Kreis von Tätern handelt. Wird die Jugendstrafe hierauf konzentriert und der Jugendstrafvollzug konsequent am Erziehungsgedanken orientiert, erscheint eine spezialpräventive Einwirkung nicht aussichtslos. Zu bedenken ist weiterhin, dass § 17 JGG auch den Weg zur Jugendstrafe mit Aussetzung der Vollstreckung zur Bewährung eröffnet, von dem in der Praxis in etwa zwei Dritteln der Fälle, in denen Jugendstrafe verhängt wird, Gebraucht gemacht wird.[52] Gerade die Kombination einer intensiven Betreuung in der Bewährungszeit mit dem Druck einer Vollstreckung der Jugendstrafe bei Nichtbewährung könnte bei kriminell gefährdeten Tätern eine geeignete Einwirkungsmöglichkeit sein. Der Begriff der schädlichen Neigungen könnte durch eine weniger stigmatisierende Formulierung ersetzt werden.[53] Beim gegenwärtigen Stand der Überlegungen erscheint daher eine ersatzlose Streichung der Jugendstrafe wegen schädlicher Neigungen problematisch.

Die Regelungen über die Aussetzung der Vollstreckung der Jugendstrafe zur *Bewährung* dürften sich grundsätzlich bewährt haben. Geprüft werden sollte jedoch, ob auf die schwer verständliche und praktisch wahrscheinlich nicht sehr bedeutsame Regelung des § 21 II letzter Satzteil JGG verzichtet werden kann, nach der eine Jugendstrafe von mehr als einem bis zu zwei Jahren trotz günstiger Prognose nicht zur Bewährung ausgesetzt wird, wenn die Vollstreckung im Hinblick auf die Entwicklung des Jugendlichen geboten

[51] Vgl. *Böttcher* Wieviel Strafe braucht die Jugend? In *DVJJ* (o. Fn. 3), S. 543, 548.

[52] 1999 wurden nach der Strafverfolgungsstatistik 63 % der verhängten Jugendstrafen zur Bewährung ausgesetzt (berechnet nach *Statistisches Bundesamt*, o. Fn. 33, S. 60).

[53] *Schaffstein/Beulke* (o. Fn. 32), S. 146.

ist.[54] Außerdem sollte überlegt werden, ob das richterliche Vorgehen im Wege der „*Vorbewährung*" ausdrücklich gesetzlich geregelt werden sollte. Auf der Grundlage des § 57 JGG hat sich eine richterliche Praxis entwickelt, an die Verhängung einer Jugendstrafe eine meist durch Weisungen oder Auflagen ausgestaltete Vorbewährungsphase anzuschließen, und je nach der Bewährung der Verurteilten in dieser Phase über die Aussetzung der Vollstreckung der Jugendstrafe zu entscheiden.[55] Die Zulässigkeit dieses Vorgehens ist umstritten.[56] Der Gesetzgeber könnte insoweit Klarheit schaffen und – wenn er den Bedarf für die Vorbewährung anerkennt – die Praxis durch eine eindeutige Rechtsgrundlage absichern. Außerdem sollte der Gesetzgeber die Regelung des *§ 32 JGG*, die bei mehreren Straftaten in verschiedenen Alters- und Reifestufen die einheitliche Anwendung von Jugendstrafrecht oder allgemeinem Strafrecht vorsieht, auf die Aburteilung in getrennten Verfahren erstrecken, um das unglückliche Nebeneinander einer Sanktion nach Jugendstrafrecht und einer Erwachsenenstrafe zu vermeiden.[57]

Reformbedarf in rechtlicher und tatsächlicher Hinsicht besteht beim *Jugendstrafvollzug*. Die in den §§ 91f. und 114f. JGG für den Jugendstrafvollzug getroffene gesetzliche Regelung ist äußerst knapp. Ob sie den vom Bundesverfassungsgericht an die gesetzliche Regelung von Grundrechtseingriffen gestellten Anforderungen[58] genügt, ist sehr zweifelhaft.[59] Der Gesetzgeber sollte daher schleunigst ein Jugend-

[54] Siehe zur Auslegung dieser Klausel *Brunner/Dölling* (o. Fn. 9), § 21 Rn. 11a, b.

[55] Vgl. *Schaffstein/Beulke* (o. Fn. 32), S. 166 f.

[56] Für Zulässigkeit *Brunner/Dölling* (o. Fn. 9), § 57 Rn. 4; *Eisenberg* (o. Fn. 16), § 57 Rn. 6; *Sonnen* in *Diemer/Schoreit/Sonnen* (o. Fn. 15), § 57 Rn. 11; für Unzulässigkeit *Ostendorf* (o. Fn. 16), Grdl. zu §§ 57-60, Rn. 7; § 57 Rn. 5f; *Schaffstein/Beulke* (o. Fn. 32), S. 167.

[57] Nach BGHSt 36, 270 findet § 32 JGG keine Anwendung, wenn nach Verurteilung zu einer noch nicht erledigten Jugendstrafe in einem weiteren Verfahren eine Erwachsenenstraftat abzuurteilen ist. Zur Kritik an dieser Rechtsprechung siehe *Brunner/Dölling* (o. Fn. 9) § 32 Rn. 11 f. Wird dagegen zunächst die Erwachsenenstraftat abgeurteilt, ist wegen § 105 II JGG nach BGHSt 37, 34 § 32 JGG anwendbar.

[58] Siehe BVerfGE 33, 1; 40, 276.

[59] Für Verfassungswidrigkeit des derzeitigen Zustands *Ostendorf* (o. Fn. 16), §§ 91, 92 Rn. 3.

strafvollzugsgesetz verabschieden.[60] Dieses Gesetz sollte sich wie die geltenden knappen gesetzlichen Regelungen am Erziehungsgedanken orientieren. Dieser sollte in der Praxis konsequent umgesetzt werden, indem zielgerichtet an den mit der Delinquenz zusammenhängenden Problemen der jungen Gefangenen gearbeitet wird und subkulturellen Tendenzen umfassend entgegengewirkt wird. Erforderlich ist es, den Jugendstrafvollzug auf die Täter zu beschränken, für die er als ultima ratio unvermeidlich ist, mit diesen Tätern aber auch intensiv pädagogisch zu arbeiten.

VI. Resümee

Nach den vorstehenden Ausführungen erscheint keine grundlegende Änderung des Sanktionensystems des JGG erforderlich, sondern eine *Weiterentwicklung* in einigen Punkten angebracht. Insbesondere besteht kein Anlass für eine Verschärfung der jugendstrafrechtlichen Sanktionen.[61] Das entspricht der Einschätzung, dass sich das JGG als Rechtsgrundlage für die strafjustizielle Reaktion auf Jugendkriminalität grundsätzlich bewährt hat.[62] Ein Grund hierfür kann darin gesehen werden, dass das Gesetz der Praxis hinreichend Spielraum lässt, um auf neue Entwicklungen und Erkenntnisse angemessen zu reagieren. Ein solches Regelungskonzept setzt freilich voraus, dass diejenigen, die über die Ausfüllung der Spielräume zu entscheiden haben, ausreichend qualifiziert sind und mit den Entscheidungsmöglichkeiten verantwortungsbewusst umgehen. Damit ist die Umsetzung des *§ 37 JGG* angesprochen, nach dem die Jugendrichter und Jugendstaatsanwälte erzieherisch befähigt und in der Jugenderziehung erfahren sein sollen.[63] Da es nicht nur auf das Gesetz, sondern nicht minder auf die Gesetzesanwendung ankommt, sollten Bestrebungen zur Verbesserung des jugendstrafrechtlichen Sanktionensystems von dem Bemühen begleitet sein, § 37 JGG nachdrücklicher umzusetzen, als dies bisher geschehen ist.

[60] Für eine Regelung der Besonderheiten des Jugendstrafvollzugs im JGG und einen Verweis auf das StVollzG im Übrigen *Dünkel* ZRP 1992, 176 ff.
[61] *Heinz* (o. Fn. 4), 422, 424 f.
[62] *Böttcher* (o. Fn. 51), S. 543.
[63] Vgl. dazu *Kreuzer* ZRP 1987, 235 ff.; *Schaffstein* NStZ 1981, 286 ff.

Autorenverzeichnis

DIETER DÖLLING, Professor Dr., Direktor des Instituts für Kriminologie, Universität Heidelberg

WOLFGANG HEINZ, Professor Dr., Lehrstuhl für Kriminologie und Strafrecht, Geschäftsführender Direktor des Instituts für Rechtstatsachenforschung, Universität Konstanz

GÜNTHER KAISER, Professor (em.) Dr. Dr. h.c. mult., ehemaliger Direktor des Max- Planck-Instituts für ausländisches und internationales Strafrecht Freiburg im Breisgau

HANS-JÜRGEN KERNER, Professor Dr., Direktor des Instituts für Kriminologie, Universität Tübingen

OLAF MIEHE, Professor (em.) Dr., em. Ordinarius an der Universität Heidelberg

DIETER RÖSSNER, Professor Dr., Lehrstuhl für Strafrecht und Kriminologie, Institut für Kriminalwissenschaften, Universität Marburg

HEINZ SCHÖCH, Professor Dr., Lehrstuhl für Strafrecht, Kriminologie, Strafvollzug und Jugendrecht, Institut für die gesamten Strafrechtswissenschaften, Universität München

MICHAEL WALTER, Professor Dr., Vorstand der Kriminologischen Forschungsstelle, Universität zu Köln

www.ingramcontent.com/pod-product-compliance
Lightning Source LLC
LaVergne TN
LVHW010548300926
849162LV00002B/269